EU政策法講義

中西優美子［編著］

The Substantive Law of the EU
Edited by Yumiko Nakanishi

信山社

はしがき

1958年発効のEEC条約によりEC（現在のEU）に付与されていた権限分野は、経済統合を目指していたこともあり、関税同盟ないし共同市場、農業政策、共通通商政策など、経済分野への権限移譲に限定されていた。しかし、その後、1987年発効の単一欧州議定書、1993年発効のマーストリヒト条約、1999年発効のアムステルダム条約、2009年発効のリスボン条約により、さらに権限移譲が進み、EUが権限を全くもたない分野を探すのが難しいほどになった。加えて、権限移譲された分野においてEU機関が措置を採択し、第2次法および第3次法が増加した。それらがEU法に深さと広がりをもたらした。EU法により規律されていない分野を見つけるのが難しいほど、さまざまな分野でEUの措置が採択されてきている。そのような中で、EU機構法やEU憲法の部分だけの解説では、EU法全体の理解をすることが難しくなってきている。

そのような中で、2019年3月に信山社の袖山貴氏にEU政策法の教科書プロジェクトについて相談を受けた。ただ、EU政策法を一人でカバーすることは難しいということで、大学でEU法やEU法の影響を受けている国内法を教えておられる先生方に協力をお願いした。快諾していただき、そのおかげで、本書に物の自由移動、サービス・資本の自由移動（佐藤智恵先生・明治大学）、開業の自由・会社法（上田廣美先生・亜細亜大学）、競争法（多田英明先生・東洋大学）、知的財産法・情報法（カール・レンツ先生・青山学院大学）、自由、安全および司法の領域の民事司法協力（中西康先生・京都大学）の章も含めることができた。2019年5月に執筆者会議を開き、そこで、方針について確認した。その後、すべての章の草稿が提出された段階で、2022年3月に執筆者会議を2回、開き、教科書として統一感がでるように、また、読者にできるだけ分かりやすく解説するという点から、すべての章について読み合わせをした。

教科書ということで、注は最小限のもののみを載せている。各章の最後には参考文献が掲げられている。巻末には、学習用の参考になると考えられる邦語および外国語の文献を載せている。EU法をより深く理解するには、法のみならず、EUの政治、文化、経済などの理解が役に立つのではないかと考えた。

本書は、序章と15の章から構成されている。EU法を全く知らない人は、序章を読んでから、関心のある章を読むことをお勧めする。EU 法は常に変化している。原稿を提出後、校正時までの数か月の間にも、新しい EU 措置が提案されたり、採択されたりしている。執筆者間では、それぞれの分野の基本的な法的枠組（骨組み）を提示し、そのうえでできるだけ新しい事象まで入れていこうと話し合った。また、自分で新しい措置や判例を調べることができるように原資料のアクセスの仕方と資料の読み方についても解説している。

本書は、大学生が EU 政策法の講義を受けるときの教科書というコンセプトで執筆している。しかし、大学生だけではなく、EU 法以外の法分野の研究者、EU 研究者、そして、仕事や新聞・ニュース等で EU という名前を聞くけれどよく分からないと思われる方にも読んでほしいと考える。

本書の構想の段階から出版に至るまで、信山社の今井守氏にお世話になった。感謝の意を伝えたい。

2022 年 7 月吉日

中西優美子

〈目　次〉

◈執筆者紹介◈

掲載順　＊は編者

＊中西優美子（Yumiko Nakanishi）── 序章，第4章，第5章，第10章，第11章，第12章，第13章，第15章

一橋大学大学院法学研究科教授
一橋大学大学院博士後期課程退学。ドイツ・ミュンスター大学法学博士

〈主要著作〉

『ＥＵ法』（新世社，2012年），『ＥＵ権限の法構造』（信山社，2013年），『概説ＥＵ環境法』（法律文化社，2021年），『ＥＵ司法裁判所概説』（信山社，2022年），雑誌『自治研究』（第一法規）において「ＥＵ法における先決裁定手続に関する研究」を隔月連載中。

佐藤智恵（Chie Sato）── 第1章，第2章

明治大学法学部教授
マールブルク大学法学部公法・国際法専攻博士課程修了 (Dr. jur)

〈主要著作〉

『ＥＵ海洋環境法』（信山社，2021年），「Brexit後の漁業」ＥＵ法研究11号（2022年），“Effective protection of marine living resources in Asia Pacific Region – What can we learn from the EU experience?”, *Chinese (Taiwan) Yearbook of International Law and Practice*（2020）

上田廣美（Hiromi Ueda）── 第3章

亜細亜大学法学部教授。東証プレミアム市場上場会社の社外役員等
早稲田大学院法学研究科博士課程単位取得退学

〈主要著作〉

「越境組織再編行為に関する指令の成立とBrexit」ＥＵ法研究8号（2020年），「上場会社における女性役員登用の再検証 ── 令和元年度なでしこ銘柄報告書をてがかりとして」亜細亜法学55巻1・2号（2021年），「会社分割の残存債権者保護に国内法上の詐害行為取消権を認容した事例（Case C-394/18）」比較法学55巻3号（2022年）

多 田 英 明（Hideaki Tada）―― **第 6 章，第 7 章**

東洋大学法学部教授
慶應義塾大学大学院後期博士課程単位取得退学

〈主要著作〉
「ＥＵ国家補助規制と環境保護 ――『環境保護とエネルギーへの国家補助に関するガイドライン』を手がかりに」栗田誠・武生昌士編著『公的規制の法と政策』（法政大学出版局，2022 年），「ビジネス・ユーザーを対象とする公平性・透明性の促進――ＥＵプラットフォーム規則を手がかりとして」ジュリスト 1545 号（2020 年），「多国籍企業の租税回避に対するＥＵ競争法の国家補助規制 ―― 米アップル社に対するアイルランド政府の租税優遇措置を素材として」ＥＵ法研究 4 号（2018 年）

カール=フリードリヒ・レンツ（Karl-Friedrich Lenz）―― **第 8 章，第 9 章**

青山学院大学法学部教授
ミュンヘン大学法学部卒業。ミュンヘン大学博士号

〈主要著作〉
Grenzen des Patentwesens（BoD Verlag, 2002），「法学学習戦略」（Createspace, 2016 年），「新インターネット通貨 Bitcoin の法的問題 ―― ＥＵ法・ドイツ法を中心に」青山法務研究論集 7 号（2013 年）

中 西　康（Yasushi Nakanishi）―― **第 14 章**

京都大学大学院法学研究科教授
京都大学法学部卒業

〈主要著作〉
『国際私法（第 3 版）』（共著，有斐閣，2022 年），「ＥＵ法における『相互承認原則』についての考察 ―― 国際私法方法論の観点から」法学論叢 162 巻 1～6 号（2008 年），「外国判決を承認する義務？ ―― 国際私法に対する人権の影響の一側面」山本克己ほか編『民事手続法の現代的課題と理論的解明』（弘文堂，2017 年）

ＥＵ政策法講義

序　章

本章のあらまし

EU 法は、EU 機構法・EU 憲法と EU 政策法に分かれる。本書は、EU 政策法の概説書、つまり EU の主な政策を法的な観点から解説することを目的としている。1 章から 15 章までの政策法に共通する前提知識となる EU 法の基本知識をここでは説明する（Ⅰ）。また、EU 法を深めていきたいと考えるときに原資料（第 1 次資料）にアクセスすることが重要である。その際に、どのようにアクセスするのか、また、本書の本文および注に書かれている記号の説明（Ⅱ）、最後に実際の法行為および判決資料の読み方（Ⅲ）を解説する。

Ⅰ　EU 法の基礎知識

1　EU 法の発展（条約と条約の改正について）

1950 年 5 月 9 日のシューマン宣言を基礎にして、1951 年に欧州石炭鉄鋼共同体（ECSC）条約が署名され、1952 年に発効した。また、1957 年には、経済統合を目的として欧州経済共同体（EEC）条約が署名され、1958 年に発効した。その後、1986 年に域内市場（internal market）という概念を導入する、単一欧州議定書（SEA）が署名され、1987 年に発効した。域内市場の達成が目標とされることで欧州統合は大きく前進した。また、環境分野の規定が挿入されるなど、脱経済統合の動きがみられるようになった。1992 年には、EU 条約（マーストリヒト条約）が署名され、1993 年に EU 条約が発効した。マーストリヒト条約により、3 つの柱からなる EU が創設された。第 1 の柱（EC の柱）、第 2 の柱（共通外交安全保障政策）および第 3 の柱（司法内務協力）である。また、EU 市民の概念が導入され、欧州議会選挙および地方選挙に EU 市民が選挙権および被選挙権を有することになった。加えて、単一通貨ユーロの導入につながる経済通貨同盟の規定が盛り込まれ、また、文化や消費者保護の分野にもEUの権限が及ぶことになった。EECは、もはや経済共同体ではないということで、ECに名称が変化した。アムステルダム条約（1997年署名、1999年発効）では、EUの枠外で結ばれたシェンゲン協定がEUの中に取り込まれ、国境コントロールが原則的に廃止され、「自由・安全および司法領域」という新しい概念が導入された。ニース条約（2001年署名、2003年発効）では、東ヨーロッパ諸国がEU加入する準備として機構改革がなされた。その後、リスボン条約が2007年に署名され、2009年12月に発効した。

リスボン条約は、既存のEU条約およびEC条約を大幅に改正した。EU条約の名称には変化がないが、EC条約はEU運営条約に名称が変更された。また、EU基本権憲章にEU条約およびEU運営条約と同一の法的価値が付与されて、同憲章は法的拘束力をもつようになった。現在は、リスボン条約が効力をもっている。EU「憲法」は、EU条約、EU運営条約およびEU基本権憲章から構成される。

2　EUの機関

EU機関として、欧州議会、欧州(首脳)理事会、EU理事会、欧州委員会、欧州中央銀行および会計検査院、諮問機関として経済社会評議会および地域評議会が存在する（EU条約13条）。その他に条約に規定される下部機関（たとえば、欧州投資銀行、欧州警察機関）およびEUの措置によって設立される下部機関（たとえば欧州環境庁、欧州化学物質庁、欧州医薬品庁）がある。これらの中で、特に措置の採択にかかわる機関が、欧州委員会、欧州議会および理事会であり、EU法の解釈と適用において法が遵守されることを確保するのがEU司法裁判所である。

⑴ 欧州議会

欧州議会（European Parliament）は、ブリュッセルとストラスブールの2か所で開かれ、直接普通選挙で選ばれたEU市民の代表から構成される（EU条約14条）。751人を超えない議員から構成される。議員の任期は5年である。人口を考慮しつつ、小国が優遇された、議席配分となっている。最も人口の多いドイツは96議席、最も人口の少ないマルタには6議席が配分されている。もっとも、欧州議会では、議員が国別に着席するのではなく、政治的方向性が近い複数の政党が国籍を超えて、政治的グループ（political group）を形成している。

欧州議会では、複数の政治的グループと無所属（NI）が存在する。

欧州議会の主要な権限は、立法権限である。理事会と並びに EU の中で立法機関として、重要な役割を果たしている。加えて、条約締結に当たっては、欧州委員会が国際交渉してきた条約に対し同意権限を与えられている。また、オンブズマンを任命する権利、請願を受ける権利を有している。その他、欧州委員会の監督権限、予算権限等も与えられている。

欧州議会には、議長と議長を支える 14 名の副議長がおり、また、各議員は 1 ないし複数の議会の小委員会に属し、具体的な政策を議論し、欧州議会における意思決定形成のための基礎を準備する。個別事項にかかわる 23 の小委員会（Committees）が存在し、欧州委員会に立法提案を要請したり（EU 運営条約 225 条）[(1)]、欧州委員会の提案を審議する際に関係する小委員会がかかわってくる。

⑵ EU 理事会

EU 理事会（the Council of the European Union）は、各構成国の閣僚級の代表によって構成される（EU 条約 16 条）。通常、理事会と呼ばれる。構成国の国家元首または政府の長並びに欧州首脳理事会議長および欧州委員会委員長から構成される、欧州（首脳）理事会（the European Council）は、EU の発展に関して必要な刺激を与え、その一般的な政治的方向性と優先順位を定め、EU 立法過程には参与しないため、EU 理事会とは異なる（EU 条約 15 条）。加えて、EU 理事会は、EU とは別の国際機関であり、フランスのストラスブールにおかれている、欧州評議会（審議会）（the Council of Europe）とも異なる。これら 3 つは、名称が似通っているため、混合しないように注意が必要である。

理事会の議長国は、外務理事会を除き、輪番制で半年ごとに変わる。理事会の編成は、議題により異なる。理事会は、欧州議会とともに立法権限を付与されている。欧州委員会に提案に基づき、欧州議会と理事会が同提案を審議、決定する。国際条約の場合は、条約を締結する権限を与えられている。その他、予算権限、政策決定および調整の任務が与えられている。理事会の決定には、全会一致、特定多数決および単純多数決が存在する。原則は、特定多数決（qualified majority）である。特定多数決とは、理事会構成員の少なくとも 15 名以上で少なくとも 55％以上の賛成かつ EU の総人口の少なくとも 65％以上の

⑴　Ex. EP, A9-0018/2021, European Parliament resolution of 10 March 2021 with recommendations to the Commission on corporate due diligence and corporate accountability.

構成国の賛成を意味する。つまり、理事会の構成員の数とEUの総人口と2つの要素からなる。なお、可決阻止少数（blocking minority）には、少なくとも4名の理事会の構成員の反対が必要とされる。理事会の構成員は、通常はブリュッセルにおらず、各国にいるため、理事会が決定を下す際の準備をする下部機関として、コルペール（常駐代表委員会）COREPER（comité compose des répresentants permanents des Etats membres）が存在する（EU運営条約240条）。

(3) 欧州委員会

欧州委員会は、構成国から独立し（すなわち政府または他の機関から指示を求めず、またそれを受けない）、EUの目的を実現するという、EUの一般的利益を追求する機関である（EU条約17条）。選出については次のような手続が踏まれる。まず、欧州(首脳)理事会が特定多数決により委員長に任命しようとする者を指名し、それを欧州議会が承認する。次に、指名された委員長との合意により、理事会が特定多数決により他の委員の候補リストを採択する。さらに、同委員長と委員は一体として欧州議会の承認を受けなければならない。これにより欧州委員会が間接的に民主的正統性を得ることができる。最終的に理事会が特定多数決により委員会の委員長および委員を任命する。委員の任期は、5年である。

欧州委員会は、まず欧州統合を推進する機関としての役割をもつ。委員会はEUの目的の実現に必要な立法を提案する権限を有する。また、対外関係においてEUを代表として交渉を行う。また、執行は原則的に構成国の任務であるが、欧州委員会は執行機関としての役割ももつ。理事会からの委任を受け、理事会が決定する規定を実施する。その際、委員会は措置を採択する権限を有する。さらに、欧州委員会は、EU法の擁護者としてEU措置の履行を確保する役割もある。欧州委員会は、EU法違反の構成国を裁判所に提訴するなどの方法により、条約およびEU措置の履行が確保されるように行動する。

(4) EU司法裁判所

EUの機関として、EU司法裁判所（Court of Justice of the European Union, CJEU）がルクセンブルクにおかれている。同裁判所は、EU法の解釈と適用において法が遵守されることを確保する（EU条約19条1項）。EU司法裁判所には、司法裁判所（Court of Justice）と一般裁判所（General Court）がある。なお、2004年に設立された職員紛争審判所（European Union Civil Service Tribunal）は、2016年9月1日に終了した。司法裁判所は、裁判官（各国1名）と法務官

（advocate general）から構成される。法務官は裁判所が判決を下す前に裁判所にどのように判決が下されるべきにつき法務官意見を提出する。法務官意見には拘束力はない。法廷の種類には、全員法廷（full court）（定足数は 17 名）、大法廷（grand chamber）（11、13 または 15 名の裁判官が参加する）、小法廷（chamber）（3 名ないし 5 名の裁判官から構成）がある。

一般裁判所（旧第一審裁判所）は、訴訟件数の増加、裁判官の負担増、訴訟期間の長期化を受け、単一欧州議定書により設立され、1989 年 10 月 31 日に機能を開始した。各国 2 名の裁判官から構成される。一般裁判所の管轄権は、主に① EU 機関の行為あるいは不作為に対する自然人あるいは法人による直接訴訟、②欧州委員会に対する構成国による訴訟（EU 運営条約 263 条）、③欧州化学物質庁等下部機関の決定に対する訴訟に関するものになる。競争法分野で企業が欧州委員会の決定の取消を求める場合は、まず一般裁判所に提起しなければならない。その後、同裁判所の判決に不服である場合には、司法裁判所に上訴するということになる。なお、条約違反手続（EU 運営条約 258 条、259 条、260 条 3 項）および判決履行違反手続（EU 運営条約 260 条 2 項）並びに先決裁定手続（EU 運営条約 267 条）、さらに、構成国または EU 機関による欧州議会・理事会に対する取消訴訟（EU 運営条約 263 条）は、は一般裁判所を経ずに司法裁判所で扱われる。

3　法行為採択手続

⑴ 立 法 手 続

EU 立法の手続は、欧州委員会の提案により始まる。原則的に欧州委員会が提案権を独占している。ただ、欧州議会は、EU 立法の制定が必要であると判断する事項について、委員会に法案を提出するように要請することができる（EU 運営条約 225 条）。理事会もまた、委員会に対し提案を提出するよう要請することができる（EU 運営条約 241 条）。加えて、市民イニシアティブを定める EU 条約 11 条 4 項およびその後に採択された規則 2019/788 によると、EU 市民は、百万人以上かつ相当数（構成国の 4 分の 1）の構成国の国民から構成されている条件が満たされている場合には、欧州委員会に提案をするように発議をすることができる。

立法手続には、通常立法手続と特別立法手続がある。通常立法手続は、欧州委員会の提案に基づき欧州議会と理事会が共同で採択する。この際、理事会は特定多数決により決定する。特別立法手続は、欧州委員会の提案に基づき、理事会または欧州議会が採択する。立法手続により採択された法行為は、立法行為となる（EU 運営条約 289 条 3 項)。

⑵　条約締結手続

EU は、目的を実現するために、EU 法行為を採択するのみならず、必要であれば、条約を締結する。国際条約を締結するためには、国際法人格と条約締結権限を必要とする。EU は法人格を有している（EU 条約 47 条)。国際条約の締結に当たっては、まず、欧州委員会は EU 理事会に勧告を行う。その後、EU 理事会は委員会に対し、必要な交渉を開始することを承認し、欧州委員会が EU を代表して交渉にあたる。通常、国際条約の場合は、締結する前に欧州議会の同意を得ることが必要となる（EU 運営条約 218 条)。その後、最終的に理事会が決定を行い、批准手続が完了する。

4　措　置

⑴ 法的根拠条文と権限付与の原則

権限付与の原則（principle of conferral）は、EU は構成国から権限を移譲された範囲においてのみ行動することができるということを意味する（EU 条約 5 条 2 項)。そのため EU は、措置を採択するにあたっては、権限が付与されていることを示す、法的根拠条文（legal basis）を必要とする。

⑵ 措置の種類

EU 諸条約、主に EU 運営条約の法的根拠条文に基づき採択された EU の法行為（legal acts）（措置）は、第二次法、派生法とも呼ばれる。立法手続（通常立法手続または特別立法手続）により採択された措置は、立法行為（legislative acts）となる（EU 運営条約 289 条 3 項)。つまり、立法機関である欧州議会および（または）理事会によって採択されないと立法行為とはならない。たとえば競争法分野の欧州委員会の法行為は、非立法行為（non-legislative acts）となる。さらに、第二次法の EU の法行為（措置）に基づき採択された EU 措置は第三次法となる。主要な第三次法として、委任行為および実施行為が存在する。

EU 法行為の種類は、「規則（regulation)」、「指令（directive)」、「決定（decision)」、「勧告（recommendation)」および「意見（opinion)」である（EU 運営条約 288 条)。規則、指令および決定は法的拘束力を有する。他方、勧告および意見には法的拘束力はない。規則は、すべての構成国を拘束し、直接適用される。

直接適用とは、発効するとそのまま自動的に国内法システムの一部となり、適用可能であることを意味する。規則のメリットは、EU 全体に統一的な法規を制定することができることである。デメリットは、国内立法機関の関与の程度が少なくなってしまうことである。

指令は、結果のみを拘束し、それを達成するための手段と方法は構成国に任される。つまり、この指令の国内法化・実施（transposition）においては構成国に裁量が与えられる。指令のメリットは、地域の条件に応じ、また、構成国の法的システムに適合させることができることにある。構成国ではすでに法制定がなされている場合があり、指令の場合は、既存の国内法を活かすことができる。指令の国内法化は、既存の法律あるいは規則がない場合には、新たに法律制定することであるいは実施規則を定めることによって、法律や規則が存在する場合は、既存の法の一部を改正したりあるいはそれに追加することによってなされる。１つの法律ではなく、複数の法律によって国内法化・実施される場合もある。もし、既存の法で十分に指令の達成すべき結果が実現される場合は、さらなる措置はとらなくてもない。いずれの場合であっても欧州委員会にどのように指令を国内法化・実施したかを通知しなければならない。他方、指令のデメリットは、構成国が国内法化の期限がきても国内法化を怠ったり、あるいは、国内法化はなされたもの不適切になされている場合があり、履行確保が難しい点にある。指令の形でまず採択されて、その後、より厳格な措置が必要であるとして規則の形で採択されることもある。

決定は、そのすべての部分が拘束力をもつ。名宛人を特定した決定は、名宛人のみを拘束する。決定の名宛人は、構成国でも自然人でも法人でもよい。自然人や法人を名宛人とするのは、競争法や補助金に関する決定が多い。また、決定の中には、特定の名宛人をもたないものも存在する。規則と決定の違いは、基本的に規則が抽象一般的な法なのに対して、決定は個別具体的な措置であると考えるとよい。競争法の分野では、欧州委員会の決定の形で採択されることが多い。

II　EU 法のより深い学びのために

1　原資料へのアクセス

本書および EU 法の教科書で基礎的なところを理解したら、今度は自分で第

1次資料にアクセスすることをお勧めする。本書の本文や注で示されているEU措置や判例を実際に読むことでより深く理解することができる。また、本書や他の基本書で法的な構造や基本枠組が示されている。これを土台として、自ら、新しいEU措置やEU司法裁判所の判決に触れることも意義あることである。

EU法の資料は、検索エンジンでeuropa.euと打てば、EUのサイトに到達する。24か国語から1つの言語をクリックすれば、その言語でのEUのサイトを見ることができる。また、EU法のEU条約、EU運営条約およびEU基本権憲章などの第1次法、また、EU措置、さらに、EU司法裁判所の判例を見るためには、Eur-lex（https://eur-lex.europa.eu/homepage.html）にアクセスすることをお勧めする。加えて、欧州議会、EU理事会・欧州(首脳)理事会、欧州委員会、EU司法裁判所等のEU機関がそれぞれサイトをもっているので、たとえば欧州議会での審議が知りたいとか、EU司法裁判所における司法統計を知りたいとかの場合は、そのようなサイトにアクセスするのがいいだろう。いずれもEUのサイトからあるいは検索エンジンから直接アクセスできる。

2　本文および注で用いられている記号

OJ 2021 L123/99と書かれていたら、OJは、EU官報（Official Journal of the European Union）を示している。2021は、2021年を意味する。Lは、Législationの略で法令集を意味する。Cシリーズは、Communications et informations（Information and Notices）の略であり、たとえば、付託された事件、法的拘束力のない勧告や意見、また、種々の通知などが掲載されている。L123/99は、Lシリーズの123号の99頁を意味する。また、COMとあるのは、欧州委員会のCommunication文書を意味する。EPは、European Parliamentで欧州議会の略である。

また、判例を示すときの記号についてであるが、Case C-43/11, R v N, Judgment of 23 January 2013, ECLI:EU:C:2013:128となっている場合、C-43/11は、11は、2011年を43は通し番号で43番目を意味する。R v Nは、Rが原告、Nが被告を意味する。ECLI:EU:C:2013:128の中の、ECLIは、ヨーロッパ裁判所で用いられている記号である。たとえば、欧州人権裁判所、ドイツ連邦憲法裁判所もECLIという記号を用いて判決番号を示している。EUの司法裁判所場合は、EU:C、欧州人権裁判所の場合は、CE:ECHR、ドイツ連邦憲法裁判所の場合は、DE:BVerfG となる。EU 司法裁判所の一般裁判所の場合は、ECLI:EU:T となる。2013 は、2013 年を表し、判決の年を意味する。128 は判例集の頁数ではなく、記号である。裁判所の事件には、記号がつけられているが、フランス語から来ている。たとえば、C-123/99、T-123/99、C-123/99 P などである。C はフランス語の Cour の、T は、Tibunal の、P は Pourvoi の頭文字をとっている。C は、司法裁判所の事件を、T は一般裁判所の事件を、P は上訴を意味する。

〈参考文献〉

中西優美子『EU 法』（新世社，2012 年）
同『概説 EU 環境法』（法律文化社，2021 年）
同『EU 司法裁判所概説』（信山社，2022 年）
庄司克宏『はじめての EU 法』（有斐閣，2015 年）

〈資料〉実際のEUの措置とEU司法裁判所の判決

資料１　EU措置の例：欧州議会と理事会の気候中立を達成するための枠組を設定する規則2011/1119(欧州気候法律)(OJ 2021 L243/1)

資料２　EU判決の例：Case C-645/19, Facebook v Gegevensbeschermingsautoriteit, Judgment of 15 June 2021, ECLI :EU :C :2021 :483（Facebook事件、2021年6月15日の先決裁定（判決））

I

(Legislative acts)

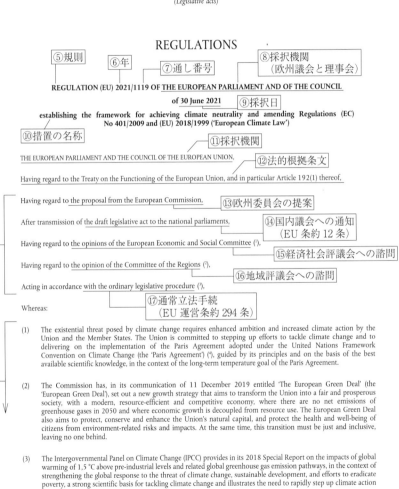

REGULATIONS

⑤規則 ⑥年 ⑦通し番号 ⑧採択機関（欧州議会と理事会）

REGULATION (EU) 2021/1119 OF THE EUROPEAN PARLIAMENT AND OF THE COUNCIL

of 30 June 2021 ⑨採択日

establishing the framework for achieving climate neutrality and amending Regulations (EC) No 401/2009 and (EU) 2018/1999 ('European Climate Law')

⑩措置の名称

⑪採択機関

THE EUROPEAN PARLIAMENT AND THE COUNCIL OF THE EUROPEAN UNION,

⑫法的根拠条文

Having regard to the Treaty on the Functioning of the European Union, and in particular Article 192(1) thereof,

意思決定手続

Having regard to the proposal from the European Commission, ⑬欧州委員会の提案

After transmission of the draft legislative act to the national parliaments, ⑭国内議会への通知（EU 条約 12 条）

Having regard to the opinions of the European Economic and Social Committee ([1]), ⑮経済社会評議会への諮問

Having regard to the opinion of the Committee of the Regions ([2]), ⑯地域評議会への諮問

Acting in accordance with the ordinary legislative procedure ([3]), ⑰通常立法手続（EU 運営条約 294 条）

Whereas:

⑱前文（措置採択の背景、理由等）

(1) The existential threat posed by climate change requires enhanced ambition and increased climate action by the Union and the Member States. The Union is committed to stepping up efforts to tackle climate change and to delivering on the implementation of the Paris Agreement adopted under the United Nations Framework Convention on Climate Change (the 'Paris Agreement') ([4]), guided by its principles and on the basis of the best available scientific knowledge, in the context of the long-term temperature goal of the Paris Agreement.

(2) The Commission has, in its communication of 11 December 2019 entitled 'The European Green Deal' (the 'European Green Deal'), set out a new growth strategy that aims to transform the Union into a fair and prosperous society, with a modern, resource-efficient and competitive economy, where there are no net emissions of greenhouse gases in 2050 and where economic growth is decoupled from resource use. The European Green Deal also aims to protect, conserve and enhance the Union's natural capital, and protect the health and well-being of citizens from environment-related risks and impacts. At the same time, this transition must be just and inclusive, leaving no one behind.

(3) The Intergovernmental Panel on Climate Change (IPCC) provides in its 2018 Special Report on the impacts of global warming of 1,5 °C above pre-industrial levels and related global greenhouse gas emission pathways, in the context of strengthening the global response to the threat of climate change, sustainable development, and efforts to eradicate poverty, a strong scientific basis for tackling climate change and illustrates the need to rapidly step up climate action

---

([1]) OJ C 364, 28.10.2020, p. 143, and OJ C 10, 11.1.2021, p. 69.
([2]) OJ C 324, 1.10.2020, p. 58.
([3]) Position of the European Parliament of 24 June 2021 (not yet published in the Official Journal) and decision of the Council of 28 June 2021.
([4]) OJ L 282, 19.10.2016, p. 4.

資料２：EU判決の例

Reports of Cases

①司法裁判所の判決　②大法廷

JUDGMENT OF THE COURT (Grand Chamber)

15 June 2021*

④判決における keywords　③判決日

(Reference for a preliminary ruling – Protection of natural persons with regard to the processing of personal data – Charter of Fundamental Rights of the European Union – Articles 7, 8 and 47 – Regulation (EU) 2016/679 – Cross-border processing of personal data – 'One-stop shop' mechanism – Sincere and effective cooperation between supervisory authorities – Competences and powers – Power to initiate or engage in legal proceedings)

In Case C-645/19,　⑤事件番号　⑥先決裁定手続　⑦付託裁判所

REQUEST for a preliminary ruling under Article 267 TFEU from the hof van beroep te Brussel (Court of Appeal, Brussels, Belgium,), made by decision of 8 May 2019, received at the Court on 30 August 2019, in the proceedings

Facebook Ireland Ltd,

Facebook Inc.,

Facebook Belgium BVBA,

⑧原訴訟における原告と被告

v

Gegevensbeschermingsautoriteit,

⑨裁判官の構成

THE COURT (Grand Chamber),

⑩長官、裁判長

composed of K. Lenaerts, President, R. Silva de Lapuerta, Vice-President, A. Arabadjiev, A. Prechal, M. Vilaras, M. Ilešič and N. Wahl, Presidents of Chambers, E. Juhász, D. Šváby, S. Rodin, F. Biltgen, K. Jürimäe, C. Lycourgos, P.G. Xuereb and L.S. Rossi (Rapporteur), Judges,

⑪報告裁判官

Advocate General: M. Bobek,

⑫法務官

Registrar: M. Ferreira, Principal Administrator,

⑬書記官

having regard to the written procedure and further to the hearing on 5 October 2020,

after considering the observations submitted on behalf of:

⑭ヒアリング

– Facebook Ireland Ltd, Facebook Inc. and Facebook Belgium BVBA, by S. Raes, P. Lefebvre and D. Van Liedekerke, advocaten,

– the Gegevensbeschermingsautoriteit, by F. Debusseré and R. Roex, advocaten,

* Language of the case: Dutch.

⑮手続言語

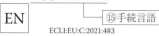

⑯訴訟参加国

– the Belgian Government, by J.-C. Halleux, P. Cottin, and C. Pochet, acting as Agents, and by P. Paepe, advocaat,

– the Czech Government, by M. Smolek, O. Serdula and J. Vláčil, acting as Agents,

– the Italian Government, by G. Palmieri, acting as Agent, and by G. Natale, avvocato dello Stato,

– the Polish Government, by B. Majczyna, acting as Agent,

– the Portuguese Government, by L. Inez Fernandes, A.C. Guerra, P. Barros da Costa and L. Medeiros, acting as Agents,

– the Finnish Government, by A. Laine and M. Pere, acting as Agents,

– the European Commission, by H. Kranenborg, D. Nardi and P.J.O. Van Nuffel, acting as Agents,

⑰EU機関（欧州委員会の参加）

after hearing the Opinion of the Advocate General at the sitting on 13 January 2021,

⑱法務官意見

gives the following

⑲判決（先決裁定）

⑳本事件でどの条文が問題となっているか

Judgment

1 This request for a preliminary ruling concerns the interpretation of Article 55(1), Articles 56 to 58 and Articles 60 to 66 of Regulation (EU) 2016/679 of the European Parliament and of the Council of 27 April 2016 on the protection of natural persons with regard to the processing of personal data and on the free movement of such data, and repealing Directive 95/46/EC (General Data Protection Regulation) (OJ 2016 L 119, p. 1, and corrigendum OJ 2018 L 127, p. 2), read together with Articles 7, 8 and 47 of the Charter of Fundamental Rights of the European Union ('the Charter').

2 The request has been made in proceedings between Facebook Ireland Ltd, Facebook Inc. and Facebook Belgium BVBA, on the one hand, and the Gegevensbeschermingsautoriteit (the Belgian Data Protection Authority) ('the DPA'), as the successor of the Commissie ter bescherming van de Persoonlijke Levenssfeer (the Belgian Privacy Commission) ('the Privacy Commission'), on the other, concerning injunction proceedings brought by the President of the Privacy Commission seeking to bring to an end the processing of personal data, of internet users within Belgium, by the Facebook online social network, using cookies, social plug-ins and pixels.

㉑原訴訟における原告と被告

Legal context

㉒関連条文

European Union law

3 Recitals 1, 4, 10, 11, 13, 22, 123, 141 and 145 of Regulation 2016/679 state:

'(1) The protection of natural persons in relation to the processing of personal data is a fundamental right. Article 8(1) of the [Charter] and Article 16(1) [TFEU] provide that everyone has the right to the protection of personal data concerning him or her.

...

(4) The processing of personal data should be designed to serve mankind. The right to the protection of personal data is not an absolute right; it must be considered in relation to its function in society and be balanced against other fundamental rights, in accordance with the principle of

第1章

域内市場(1)

―― 物の自由移動 ――

本章のあらまし

EUは、1958年に欧州経済共同体が発足して以降、市場統合を進めてきた。EU条約3条は、EUの目的として、関税同盟を基礎とする域内市場の創設を掲げる。域内市場とは、人・物・サービス・資本の4つの自由移動が実現される市場を指す（EU運営条約26条2項）。第1章では、4つの自由移動のうち、物の自由移動について説明する。物の自由移動を妨げる措置としては、関税など金銭的なものと（Ⅰ）、金銭を賦課する以外の措置がある（Ⅱ）。最後に、物の自由移動の適用除外について説明する（Ⅲ）。

Ⅰ　域内市場と関税同盟

1　EUにおける市場統合の発展

1958年に発足したEECは共同市場（common market）の創設を目的としており（EEC条約2条）、そのために、輸出入に係る構成国間での関税および数量制限ならびにそれらと同等の効果を有する措置の撤廃（3条a項）、第三国に対する共通関税の設定と共通通商政策の作成（同条b項）、人・サービス・資本の自由移動に係る障壁の撤廃（同条c項）を目指した[(1)]。共同市場の創設は、3段階に分け、計12年の経過措置を経て完成される予定であったが（8条1項）、EEC条約付属書IIが規定する工業製品を対象とする関税同盟は、当初の予定より早い1968年7月1日に発足した[(2)]。

もっとも、工業製品に係る関税の撤廃以外の分野における構成国の取組は

(1)　EEC条約は、共同市場を支える4つの政策として、①4つの自由移動（EEC条約第2部第1編および第3編）、②農業・運輸などに関する共通政策の導入（同第2編および第4編）、③EU競争法（第3部第1編第1章）、④国内法の調和（同第3章）を規定する。

(2)　OJ 1966 2971/66.

遅々として進まず、特に非関税障壁撤廃の要である構成国の国内法の調和は、理事会の全会一致が必要とされたこともあり（EEC条約100条）、なかなか進まなかった。

このような閉塞状況を打開するため、1985年、欧州委員会は、「域内市場完成白書」[(3)]を公表し、貿易に対する3種類の障壁（物理的障壁・技術的障壁・税制上の障壁）を撤廃するために必要となる措置を明記するとともに、付属書において、措置の実施に関するタイムテーブルを明記することによって、1992年末までに共同市場（域内市場、単一市場）を完成させることを提言した。物理的障壁とは、技術的障壁および税制上の障壁があるために行われる国境での検査等を指す[(4)]。技術的障壁とは、健康・安全・環境・消費者保護等の理由で構成国が採択する製品規格を指す[(5)]。税制上の障壁とは、構成国間での間接税率の相違によって生じる障壁を指す[(6)]。1987年には、「域内市場完成白書」に挙げられた措置に法的拘束力を付与して実施するための「単一欧州議定書」（Single European Act）[(7)]が発効した。「単一欧州議定書」は、実質的にEEC条約を改正する内容であり、1992年末までに物・人・サービス・資本の自由移動を確保する内部に国境のない域内市場（internal market）[(8)]を完成するという目標を掲げ（8a条）[(9)]、共同市場の完成に向けた作業を進めた。「単一欧州議定書」は、新たに100a条を追加することによって特定多数決で決定される事項を増やし（100a条1項）、租税、人の自由移動、労働者の権利・利益に関する規定を除く（同条2項）、国内法の調和措置の採択がスムーズになった。

ECは、1992年末に予定どおり域内市場を完成させた。しかしながら、物や

---

(3)　Completing the Internal Market, White Paper from the Commission to the European Council, COM(85) 310 final, Brussels, 14 June 1985.

(4)　*Ibid.*, 前文パラ11および第1部。

(5)　*Ibid.*, 前文パラ13および第2部。

(6)　*Ibid.*, 前文パラ14および第3部。

(7)　OJ 1987 L 169/1.

(8)　単一欧州議定書では、共同市場（common market、8c条）が使われる以外は域内市場（internal market）という語が使用されているが、それらの用語の実質的な意味はほぼ同じと解される。C. Barnard, *The Substantive Law of the EU, The Four Freedoms, 6th ed.*, OUP, 2019, p. 17.

(9)　単一欧州議定書に付された宣言では、8a条が規定する域内市場完成のための目標年には法的拘束力はないことが確認されているが、完成目標年を明記することは、政治的・心理的な面で構成国に重要な影響を与えた。*Ibid.*, p. 17.

サービスに関する構成国の法およびルールは、常に行われるイノベーションや社会の変化に応じて改正または新たに制定される。そのため、構成国が新たな技術規則を制定する行為が障壁となって物の自由移動が妨げられることがないよう、1998年には構成国が導入する物や農産物に関する規則（基準）の情報提供に関する指令83/139が改正され、新たに指令98/34/EC[10]が採択された。同指令は幾度か改正され、最新の改正は2015年の指令2015/1535[11]による。指令2015/1535は、構成国が国際的規則またはEUの規則と異なる規則を導入しようとする場合には（指令2015/1535の5条1）、当該規則を採択する前に、当該規則（案）を欧州委員会に申告する制度を整備するとともに、申告された規則（案）をEUのホームページ上でTechnical Regulations Information Systems databaseとして公開し、構成国独自の規則が域内市場の障壁とならないよう、欧州委員会、構成国がチェックできる制度を構築している。

2　物の定義

EU運営条約をはじめとする基本条約には物の自由移動の対象となる「物」(goods）の定義に関する明示的な規定がない。EU司法裁判所によると、物とは、「金銭で評価され、商取引の対象となる物」を指す[12]。したがって、芸術作品や考古学的発掘物[13]、電気[14]、廃棄物なども物とみなされる。

3　関税およびこれと同等の効果を有する課徴金の禁止

EU運営条約30条は、輸出入に関する関税およびこれと同等の効果を有するすべての課徴金を構成国間で禁止すると規定する。1958年にEECが設立された当初のEEC条約12条は、輸出入に係るあらゆる関税およびこれと同等の効果を有する措置を新たにとることを控えるよう構成国に求めるのみならず、構

---

(10)　OJ 1998 L 204/3. もともとは、Council Directive 83/139, OJ 1983 L 109/8により導入された制度である。

(11)　OJ 2015 L 241/1.

(12)　Case C-7/68, *Commission v Italy*, Judgment of 10 December 1968, ECLI:EU:C:1968:51, p. 428; Case C-97/98, *Jägerskiöld*, Judgment of 21 October 1999, ECLI:EU:C:1999:515, para. 30.

(13)　Case C-7/68, *Commission v Italy*, Judgment of 10 December 1968, ECLI:EU:C:1968:51, p. 428.

(14)　Case C-492/14, *Essent Belgium*, Judgment of 29 September 2016, ECLI:EU:C:2016:732, para. 98.

成国間の貿易に際してすでに導入されていた関税率を引き上げることを控える（refrain）義務をも規定していた[15]。EEC 条約では、現在の EU 運営条約 30 条のような「禁止」という文言は使われておらず、現在のように関税およびこれと同等の効果の完全な禁止という文言に変更されたのは、アムステルダム条約である。

(1) 関税の禁止

関税とは、物を輸入する際に輸入者によって輸入先国に支払われる金銭であり、関税率は物品毎に譲許表に記載されている。輸入品に関税を賦課することにより、輸入品が国産品に比べて割高になることが多く、関税によって輸入品が不利な扱いを受ける。そのため、物の自由移動を妨げる効果を有する措置としての関税の撤廃は、EEC 条約発効後の EEC の悲願であった。もっとも、1992 年末に域内市場が完成した後、構成国間における物の自由移動が確保され、物の自由移動に伴う金銭賦課の機会は減っている。

(2) 関税と同等の効果を有する課徴金の禁止

関税の撤廃が実現された後は、EU 運営条約 30 条の規定する「関税と同等の効果を有する課徴金」の判断が物の自由移動を妨げる措置として重要となっている。なぜなら、「関税と同等の効果を有する課徴金」に当たる金銭の賦課は、関税という名称ではなく、さまざまな名称および名目で[16]、輸入品または輸出品に賦課され、構成国間における「物」の自由移動を妨げる効果を有するからである。

たとえば、他の構成国から農産物を輸入するための許可を取得する際に国内法に基づいて納付する金銭に関し、EU 司法裁判所は、そのような金銭の賦課が他の構成国からの輸入を理由とするか、または、輸入時に特定の輸入品に対してのみ課され、類似の国産品には同様の金銭的賦課がなされない場合、そのような金銭の賦課は、輸入品の価格を変動させるため、関税と同等の効果を有する措置であると判断した[17]。EU 司法裁判所は、関税と同等の効果を有する

(15) EU 法の直接効果の判例として有名な *Van Gend en Loos*（Case C-26/62, *Van Gend en Loos*, Judgment of 5 February 1963, ECLI:EU:C:1963:1）事件では、オランダがそれまで 3% であった関税を 8% に上げたことが EEC 条約 12 条に違反することが争点の 1 つであった。

(16) Joined cases C-2/62 and 3/62, *Commission of the EEC v Luxembourg and Belgium*, Judgment of 14 December 1962, ECLI:EU:C:1962:45, p. 432.

(17) Case C-10/65, *Deutschmann*, Judgment of 8 July 1965, ECLI:EU:C:1965:75, pp. 473-474.

措置に関し、国境を超えることを理由として輸入品または国産品に課される金銭であって、厳密な意味では（in the strict sense）関税に当たらないものを指すとし、金額の多寡や名称、適用方法を問わないと定義する[18]。例として、統計目的での金銭の徴収[19]や輸入品に対する検疫のための費用[20]、輸入品のための税関書類に係る郵送費[21]、さらには、他の構成国に文化財等を輸出する際に課す税金[22]も関税と同等の効果を有する措置とされている。なお、EU 司法裁判所は、EU 運営条約 30 条の直接効果を認め、違法に徴収された金銭については、EU 運営条約 30 条を根拠に返金を求めることが可能である[23]。

(3) 関税と同等の効果を有する課徴金とみなされない金銭の賦課

EU 司法裁判所は、EU 運営条約 30 条が禁止する関税と同等の効果を有する課徴金には当たらない金銭の賦課を厳格に定義する。たとえば、国産品および輸入品に対して同じ条件で体系的に課される金銭であって、輸入業者が受けるサービスの対価に対する支払いに当たる金銭の徴収[24]、EU 規則に規定された義務として輸入動物に対する健康チェックを行うためにかかった実費を荷送人や荷受人等から徴収すること[25]は、EU 運営条約 30 条が禁止する関税と同等の

(18) Case C-76/17, *SC Petrotel-Lukoil SA*, Judgment of 1 March 2018, ECLI:EU:C:2018:139, para. 21; Case C-24/68, *Commission v Italy*, Judgment of 1 July 1969, ECLI:EU:C:1969:29, para. 9.

(19) Case C-24/68, *Commission v Italy*, Judgment of 1 July 1969, ECLI:EU:C:1969:29, para. 14.

(20) Case C-314/82, *Commission v Belgium*, Judgment of 20 March 1984, ECLI:EU:C:1984:118, para. 16; Case C-39/73, *Rewe Zentralfinanz*, Judgment of 11 October 1973, ECLI:EU:C:1973:105, para. 3; Case C-29/72, *Marimex v Italian Finance Administration*, Judgment of 14 December 1972, ECLI:EU:C:1972:126, para. 8.

(21) Case C-39/82, *Donner*, Judgment of 12 January 1983, ECLI:EU:C:1983:3, para.13.

(22) Case C-18/71, *Eunomia di Porro E. C.*, Judgment of 26 October 1971, ECLI:EU:C:1971:99, para. 3; Case C-7/68, *Commission v Italy*, Judgment of 10 December 1968, ECLI:EU:C:1968:51, p.429.

(23) Case C-18/71, *Eunomia di Porro E. C.*, Judgment of 26 October 1971, ECLI:EU:C:1971:99, para. 6.

(24) Case C-314/82, *Commission v Belgium*, Judgment of 20 March 1984, ECLI:EU:C:1984:118, para. 11; Case C-39/73, *Rewe Zentralfinanz*, Judgment of 11 October 1973, ECLI:EU:C:1973:105, para. 3; Case C-29/72, *Marimex v Italian Finance Administration*, Judgment of 14 December 1972, ECLI:EU:C:1972:126, para. 7.

(25) Case C-138/77, *Ludwig v Freie und Hansestadt Hamburg*, Judgment of 5 July 1978, ECLI:EU:C:1978:151, para. 4.

効果を有する措置には当たらない。

4　差別的内国税の禁止（EU 運営条約 110 条）と関税と同等の効果を有する課徴金（EU 運営条約 30 条）

EU 法上、租税については構成国の権限であり、VAT の税率に関する一定幅での調和措置など、限られた措置を除いて EU レベルでは規定されない。したがって、構成国が賦課する税が、実質的には、EU 運営条約 30 条が禁止する関税と同等の効果を有する課徴金に当たる場合には、そのような構成国の課税措置によって域内市場における物の自由移動が妨げられることになる。そのため、EU 運営条約 30 条が禁止する関税と同等の効果を有する課徴金と構成国の国内法に基づいて課される税（内国税）との区別が問題となる。

この点に関し、EU 運営条約 110 条は、国内産品と輸入品に対する差別的な税の賦課を禁止する規定であり、EU 運営条約 110 条の適用対象は、税そのもの（genuine tax）である。つまり、EU 運営条約 30 条が禁止する「関税と同等の効果を有する課徴金」は、物が輸入される場合に課される金銭であり、EU 運営条約 110 条の対象となる内国税は、輸入品、国産品を問わず課される税金である[26]。さらに、輸入品と類似の国産品が存在しないか、または、極めて少量である場合には、実質上、輸入品に対してのみ金銭が課されるという状況が生じ、その結果として、当該金銭の賦課は、EU 運営条約 30 条が禁止する「関税と同等の効果を有する課徴金」とみなされる可能性がある。そのような場合には、問題となっている金銭の賦課が、国内制度上、対象物に体系的に課される場合には、EU 運営条約 110 条が規定する内国税に当たるとみなされ[27]、物の自由移動を妨げる措置には当たらない。

EU 運営条約 110 条が禁止する差別的内国税であるか否かについては、類似の国産品と輸入品を比較することによって判断される。「類似性」を判断するための基準として、EU 司法裁判所は、対象となる物の価格、サイズ、新品か否か（年齢）、装備、ブランドなど、対象となる物の特徴を比較検討すると判示した[28]。EU 司法裁判所によると、価格やサイズなどの類似性を判断する基準は

---

(26)　Case C-90/79, *Commission v France*, Judgment of 3 February 1981,ECLI:EU:C:1981:27, para. 13.

(27)　*Ibid.*, para. 14.

(28)　Case C-437/12, *X*, Judgment of 19 December 2013, ECLI:EU:C:2013:857, para. 23; Case C-101/00, *Tulliasiamies and Antti Siilin*, Judgment of 19 September 2002, ECLI:EU:C:

例示的であり、実際に構成国における対象となる物の特徴を比較することによって輸入品と国産品が「同種」か否かを判断するのは構成国の国内裁判所である[29]とし、最終的な判断は構成国に任される。

II　数量制限およびこれと同等の効果を有する措置の禁止

物の自由移動を妨げる措置のうち、金銭の賦課によらないものが、数量制限である。この点に関し、EU 運営条約 34 条は輸入に対する数量制限およびこれと同等の効果を有する措置を構成国がとることを禁止し、EU 運営条約 35 条は輸出に関する同様の措置を禁止する。関税およびこれと同等の効果を有する課徴金（EU 運営条約 30 条）と同様に、数量制限およびこれと同等の効果を有する措置（EU 運営条約 34 条および 35 条）についても、輸入品と国産品を差別するような措置は差別禁止原則に違反するため、EU 法違反とみなされる。EU 運営条約 30 条と 34 条・35 条の違いは、後者については、EU 運営条約 36 条に基づいて明文の適用除外が認められる点である。

1　EU 運営条約 34 条および 35 条が規律する措置の概要

EU 運営条約 34 条および 35 条が禁止する「数量制限」とは、物の輸出入量を予め決め、貿易量を制限する行為を指す。主に国産品を守る目的で外国製品の輸入量に上限を設ける行為などが想定される。このような「数量制限」は目に見える形で行われるため、EU 運営条約 34 条または 35 条に違反することは明白である。しかしながら、表向きは「数量制限」と称していない措置であっても、当該措置を適用することにより、実質的には輸入量を制限する効果が生じている場合があり、そのような措置は、EU 運営条約 34 条および 35 条が禁止する「数量制限と同等の効果を有する措置」に当たる可能性がある。何が「数量制限と同等の効果を有する措置」であるかという点については、1970 年に指令 70/50/EEC[30]が公表された。指令 70/50/EEC の 2 条は、輸入に係る「数量制限と同等の効果を有する措置」について規定し、同 3 条は、輸出に係る「数量制限と同等の効果を有する措置」について規定する。さらに、「数量制限と同

2002:505, paras. 75–76.

(29)　Case C–437/12, *X*, Judgment of 19 December 2013, ECLI:EU:C:2013:857, para. 24.

(30)　OJ 1970 L 13/29.

図：EU 運営条約 34 条・35 条「数量制限と同等の効果を有する措置」違反の判断

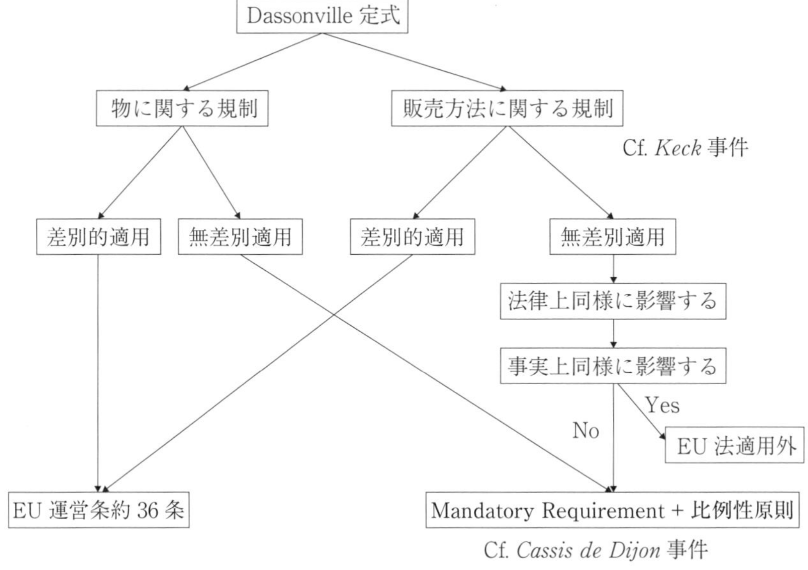

等の効果を有する措置」の内容は、**2** で概観するとおり、EU 司法裁判所の判例によって明らかにされてきた。

「数量制限と同等の効果を有する措置」について注意すべき点は、そのような措置は、必ずしも立法である必要はなく、行政機関の行為(31)、法的拘束力のない国産品愛用キャンペーン(32)も EU 運営条約 34 条の「措置」に当たる点である。

2　数量制限と同等の効果を有する措置

⑴ *Dassonville* 事件(33)

数量制限と同等の効果を有する措置が問題となった、最も初期の事例が、*Dassonville* 事件である。本件では、Dassonville 親子がフランスに正規輸入されていたスコッチウイスキーをベルギーに並行輸入し、ベルギーの国内法上規

(31) Case C-21/84, *Commission v France*, Judgment of 9 May 1985, ECLI:EU:C:1985:184, paras. 13-14.

(32) Case C-249/81, *Commission v Ireland*, Judgment of 24 November 1982, ECLI:EU:C:1982:402, para. 28.

(33) Case C-8/74, *Dassonville*, Judgment of 11 July 1974, ECLI:EU:C:1974:82.

定されていた正規の原産地証明を付すことなく[34]ベルギー国内で販売したところ、国内法違反を理由に起訴された。Dassonville 親子は、原産地証明を要求するベルギー法は、実質上、製造国以外からの外国製品の輸入を困難にするという点において、EEC 条約 30 条（現在の EU 運営条約 34 条）が規定する「数量制限と同等の効果を有する措置」に当たるため、EU 法に反すると主張し、ベルギー法のＥＵ法との適合性に疑義を呈した。このような訴えを受けたベルギーの国内裁判所は、輸入品の国内販売に際して、正規の原産地証明の添付を要求するベルギー法は、EEC 条約 30 条（当時）が規定する「数量制限と同等の効果を有する措置」に当たるか先決裁定を付託した。ＥＵ司法裁判所は、EU 運営条約 34 条が規定する「数量制限と同等の効果を有する措置」に関し、「直接的または間接的に、実際または潜在的に、共同体内の通商を妨げる可能性のあるすべての措置」は、「数量制限と同等の効果を有する措置」に当たると定義した（Dassonville 定式）[35]。その結果、輸入品に正規の原産地証明の添付を求めるベルギー法は EU 法違反と判断された。

本件で EU 運営条約 34 条違反に問われたベルギー法は、輸入品にも国産品にも同様に適用される法であるという点で無差別措置である。EU 司法裁判所が示した Dassonville 定式は、構成国間における通商制限効果に注目し[36]、通商制限的な効果が間接的であっても、潜在的であっても、通商を制限する可能性さえあれば、そのような措置はすべて「数量制限と同等の効果を有する措置」に当たると定義づけており、EU 運営条約 34 条（35 条）が適用される措置の範囲を非常に広くとらえた。Dassonville 定式は、現在でも「数量制限と同等の効果を有する措置」であるか否かを判断するために用いられる重要な基準である[37]。

Dassonville 事件は、構成国の無差別措置によって輸入品が不利益な扱いを受けた事例であったが、構成国の措置によって当該構成国の国産品が不利な扱いを受ける場合、そのような措置は EU 運営条約 34 条（35 条）違反に問われるの

---

(34)　正規の原産地証明（原本）はイギリスからフランスに輸入された際には添付されるが、フランスからの並行輸入品であるスコッチウイスキーには添付されず、ベルギー国内法が要求する原産地証明の添付は困難であった。*Ibid.*, paras. 4 and 8.

(35)　*Ibid.*, paras. 5 and 9.

(36)　*Ibid.*, paras. 6-7.

(37)　Dassonville 定式を引用した近年の判例として、Case C-602/19, *kohlpharma GmbH*, Judgment of 8 October 2020, ECLI:EU:C:2020:804, para. 38.

だろうか。この点が問題となった事例として、たとえば、パン屋の深夜営業を規制する構成国法を挙げることができる。構成国Ａの国内法がパン屋の深夜営業を禁止することにより、Ａ国内の小売業者や消費者へのパンの提供が遅れ、結果としてＡ国内でのパンの販売量が減ることは、そのような国内法を有していない他の構成国のパン屋と比べると不利益な状況であり、EU 運営条約 34 条（35 条）が禁止する「数量制限と同等の効果を有する措置」に当たるという訴えがなされた。ＥＵ司法裁判所は、当該措置は無差別措置であることを認めた上で[38]、Ａ国法が適用されることによってＡ国におけるパン職人の労働時間が制限され、Ａ国のパン屋は消費者や小売業者に商品を配送できる時間が短くなり、他の構成国のパン屋と比較すると不利な立場に置かれるが、そのような状況であっても、構成国間における（パン）貿易は常に可能であり、構成国間の通商に制限的な効果を与える訳ではないとして[39]、パン屋の深夜営業を禁止するＡ国法は EU 運営条約 34 条違反に問われなかった[40]。つまり、構成国間の通商を妨げない限りは、他の構成国からの輸入品に対して国産品を不利に扱う（逆差別）構成国法は EU 運営条約 34 条（35 条）違反には当たらないと判断された。

Dassonville 定式は「数量制限と同等の効果を有する措置」の範囲を広くとらえたため、構成国の習慣に根差した国内制度など、物の自由移動を妨げる目的と関係なく制定された国内法についても、EU 運営条約 34 条（35 条）が禁止する「数量制限と同等の効果を有する措置」に当たるのではないか、との訴えが増加した。そのため、EU 司法裁判所は以後、Dassonville 定式の精緻化を図ることになった。

(2) *Cassis de Dijon* 事件[41]

その第一歩となったのが、*Cassis de Dijon* 事件における EU 司法裁判所の先決裁定である。

同事件では、ドイツのレーヴェ社がフランス産のカシス・ド・ディジョン（Cassis de Dijon）と言う果実酒の輸入許可をドイツの所管官庁に申請したとこ

(38) Case C-155/80, *Oebel*, Judgment of 14 July 1981, ECLI:EU:C:1981:177, paras. 16 and 20.

(39) *Ibid.*, para. 20.

(40) *Ibid.*, para. 21. なお、日曜日の営業を禁止する国内法に関し、後述(2)も参照。

(41) Case C-120/78, *Rewe v Bundesmonopolverwaltung für Branntwein*, Judgment of 20 February 1979, ECLI:EU:C:1979:42.

ろ、果実酒としての販売には最低アルコール度数25％を要求するドイツ法の規定を理由に、アルコール度数15 － 20％であるカシス・ド・ディジョンのドイツでの販売禁止が通知された。この通知を受け、レーヴェ社は、他の構成国で販売されている果実酒（カシス・ド・ディジョン）のドイツでの販売を不可能とするドイツ法は、構成国間における物の自由移動を妨げる措置であり、EU運営条約34条が禁止する「数量制限と同等の効果を有する措置」に当たると主張し、販売禁止決定の取消を求め、ヘッセン州財務裁判所に訴えた。ヘッセン州財務裁判所は、問題となったドイツ法とEU法の整合性に関し、EU司法裁判所に先決裁定を求めた。

Cassis de Dijon 事件の意義は２つある。

１つ目は、Dassonville定式によって「数量制限と同等の効果を有する措置」とみなされる構成国の措置であっても、そのような措置には内在的制約があることをEU司法裁判所が示したことである。EU司法裁判所は、酒類の製造およびマーケティングに関するEUレベルでの共通規定がない状況では、当該事項について構成国が立法する権限があることを確認した後、構成国法の違いによって生じる物の自由移動に対する障壁は、強制的要請（必須の要件、mandatory requirement）が認められる限りにおいて許容されると判示した（Cassis de Dijon定式）[42]。強制的要請の例としてＥＵ司法裁判所は、税制監視の効率性、公衆衛生の保護、商取引の公正および消費者保護を挙げた[43]。つまり、Dassonville定式によって、「数量制限と同等の効果を有する措置」とみなされる措置であっても、一般的利益にかなう強制的要請によって客観的に正当化できる余地があることが明らかになった[44]。*Cassis de Dijon* 事件以降、たとえば、環境保護を理由として、再利用可能な容器に入った飲料を販売するか、または、飲料容器のデポジット制を義務付けるデンマーク国内法も、一般的利益にかなう強制的要請を認められた[45]。もっとも、そのような構成国の措置であっても、

---

(42) *Ibid*., para. 8.

(43) *Ibid*.

(44) もっとも、*Cassis de Dijon* 事件でドイツは、最低アルコール度数を国内法で規定することは、公衆の健康を保護する目的であり、一般的利益にかなう措置であると主張したが、EU司法裁判所は、当該ドイツ法がEU法の基本ルールである物の自由移動を超える優先的な一般的利益を有するものとして認めず、結局、当該ドイツ法は物の自由移動を妨げる効果を有すると判断された。*Ibid*., para. 13.

(45) Case C-302/86, *Commission v Denmark*, Judgment of 20 September 1988, ECLI:EU:C:

比例性原則を満たさなければならない点に注意が必要である[46]。

2つ目は、相互承認原則が、判例上、認められたことである。EU 司法裁判所は、ある構成国で合法的に製造され、販売されている製品（本件ではカシス・ド・ディジョン）は、他の構成国でも同様に扱うべきであると述べた[47]。これはいわゆる相互承認原則と称される原則であり、構成国法の相違から生じる物の自由移動に対する障害を排除し、域内市場のスムーズな機能確保につながる[48]。

Cassis de Dijon 事件で相互承認原則が認められたことにより、物に関する構成国の無差別規制がEU 運営条約 34 条に違反することが判例上明確となった。その結果、たとえば、マーガリンの販売を立方体の容器に限るベルギー法[49]や、ビールの原料を大麦・ホップ・イースト・水に限るドイツ法[50]が「数量制限と同等の効果を有する措置」に当たるとしてＥＵ法違反とされた。

Cassis de Dijon 事件を機に、輸入品と国産品に無差別に適用される構成国の国内法が、強制的要請を理由として正当化される余地があることが明らかになった点を受け、経済活動の機会が減るような構成国の措置に対して、EU 運営条約 34 条との整合性を争う事例が多数現れた。たとえば、日曜日の営業を禁止する国内法について、EU 運営条約 34 条が禁止する「数量制限と同等の効果を有する措置」とみなされるか、EU 司法裁判所の先決裁定に付託された[51]。EU 司法裁判所は、日曜日の営業を禁止することで、類似の法を有していない構成国との間で販売量に差が生じるが、そのような国内法には、一般的利益を目的とする経済社会政策的な正当性が認められるため[52]、当該国内法は EU 運

1988:421, paras. 8–9.

(46)　なお、飲料容器のデポジット制を義務付けるデンマーク法については、環境保護を目的とした一般的利益による正当化が認められたものの、比例性原則を満たさないとして、EU 法違反と判断された。*Ibid.*, para. 13.

(47)　Case C–120/78, para. 14.

(48)　Case C–387/18, *Delfarma*, Judgment of 3 July 2019, ECLI:EU:C:2019:556, para. 21. EU は相互承認原則に基づく物の自由移動をスムーズにすることを目的に相互承認原則に関する規則（Regulation (EU) 2019/515 on the mutual recognition of goods, OJ 2019 L 91/1.）を制定している。

(49)　Case C–261/81, *Rau v De Smedt*, Judgment of 10 November 1982, ECLI:EU:C:1982:382.

(50)　Case C–178/84, *Commission v Germany*, Judgment of 12 March 1987, ECLI:EU:C:1987:126.

(51)　Case C–145/88, *Torfaen Borough Council v B & Q PLC*, Judgment of 23 November 1989, ECLI:EU:C:1989:593.

営条約34条が禁止する「数量制限と同等の効果を有する措置」に当たらないと判断した[53]。しかしながら、日曜日の営業を禁止する国内法が比例性原則を満たすか否かの判断を構成国の国内裁判所に委ねたため[54]、*Cassis de Dijon* 事件でEU司法裁判所が認めた強制的要請に基づく構成国の措置の正当化に関する判例が不明瞭となったことは否めない。

このような状況の中、「数量制限と同等の効果を有する措置」に関する判例変更に当たるともとらえられるのが、次に述べる *Keck* 事件である。

(3) *Keck* 事件[55]

本件では、Keck氏およびMithouard氏が原価割れ販売を行ったことが、そのような販売方法を一般的に禁止するフランス法に違反するとして訴追された。両者は、当該フランス国内法はEEC条約30条（現EU運営条約34条）等に違反すると主張したところ[56]、フランス国内裁判所がEU法の解釈を求めてＥＵ司法裁判所に先決裁定を付託した。

ＥＵ司法裁判所は、原価割れ販売を禁止するフランス法は、輸入品および国産品に同様に適用される無差別措置であることを確認した[57]。その上で、EU司法裁判所は、一定の販売方法（selling arrangement）を制限または禁止する国内法は、*Dassonville* 判決が述べる「構成国間の貿易を直接あるいは間接的に、実際にあるいは潜在的に妨げるもの」ではないと判断した[58]。そのようにみなす条件として、当該国内法が国内領域において活動するすべての関連業者に適用されるとともに、国産品および他の構成国からの輸入品の販売に法律上も事実上も同じように影響するものでなければならないことを挙げる（Keck基準）[59]。

したがって、日曜日の営業禁止、原価割れ販売禁止、テレビ広告の禁止[60]とい

---

(52) *Ibid*., para. 13.

(53) *Ibid*., para. 17.

(54) *Ibid*., para. 16.

(55) Joined cases Case C-267/91 and C-268/91, *Keck and Mithouard*, Judgment of 24 November 1993, ECLI:EU:C:1993:905.

(56) *Ibid*., para. 3.

(57) *Ibid*., para. 8.

(58) *Ibid*., para. 16.

(59) *Ibid*.

(60) Case C-412/93, *Leclerc-Siplec v TF1 and M6*, Judgment of 9 February 1995, ECLI:EU:C:1995:26; Case C-34/95, *De Agostini*, Judgment of 9 July 1997, ECLI:EU:C:1997:344.

った構成国の措置は、①すべての関連業者に同様に適用されること、②国産品と輸入品の販売に法律上も事実上も同じように影響すること、という 2 要件を満たす場合には、EU 運営条約 34 条が禁止する「数量制限と同等の効果を有する措置」には当たらないことになる。

(4) *Keck* 事件以降

物の自由移動を妨げる措置として、物そのものに関する規制と販売方法に関する規制に分けた *Keck* 事件は、①物の自由移動を妨げるすべての措置は 2 つの類型に分類できるのか[61]、②販売方法とはどのような措置を指すのか等の批判を引き起した。実際、*Keck* 事件以降、EU 司法裁判所は、「数量制限と同等の効果を有する措置」の判断に際して、構成国の措置が市場アクセスを阻害するかという点に基づいて判断する姿勢を示している。たとえば、アルコール飲料の広告を規制するスウェーデン法に関し、同法によって実質的に外国製品の販売が規制され、市場アクセスが制限されることを理由として EU 運営条約 34 条違反に当たると判断した[62]。さらに、製品の使用を禁止[63]または製品の使用方法を制限する[64]構成国の措置についても、「数量制限と同等の効果を有する措置」とみなしており、Keck 基準を超えて判例法の精緻化が進んでいる。

Ⅲ　EU 運営条約 36 条による正当化

EU 運営条約 34 条・35 条に違反する措置であって、輸入品と国産品を差別的に扱う措置（前掲の図を参照）については、EU 運営条約 36 条が規定する適用除外事由によって正当化の余地がある。同条に基づく適用除外事由は、①公の道徳[65]、②公の政策[66]または公共の安全[67]、③人間、動物もしくは植物の健康[68]お

(61) たとえば、インストアベーカリーで焼くパンのパッケージに記載する内容を規定する構成国法が物に関する規制か販売方法に関する規制か論点となった事例として、Case C-416/00, *Morellato*, Judgment of 18 September 2003, ECLI:EU:C:2003:475 を参照。

(62) Case C-405/98, *Gourmet*, Judgment of 8 March 2001, ECLI:EU:C:2001:135, paras. 21 and 25. もっとも、スウェーデンの措置は EU 運営条約 36 条に基づく正当化の余地が残された。*Ibid.*, para. 34.

(63) Case C-265/06, *Commission v Portugal*, Judgment of 10 April 2008, ECLI:EU:C:2008:210, para. 36.

(64) Case C-142/05, *Mickelsson and Roos*, Judgment of 4 June 2009, ECLI:EU:C:2009:336, para. 28.

(65) わいせつ物の輸入を規制する構成国法に関し、公の道徳を理由として正当化を認めた

よび生命の保護、④国家的文化財の保護、⑤工業所有権および商業所有権の保護であり、厳格に適用されなければならない。

〈参考文献〉

Marios Costa/Steve Peers, *Steiner & Woods EU Law*, 14th edition, 2020, Oxford University Press

Catherine Barnard, *The Substantive Law of the EU*, 6th edition, 2019, Oxford University Press

庄司克宏『新 EU 法 政策篇』（岩波書店、2014 年）

中西優美子『EU 法』（新世社、2011 年）

中村民雄・須網隆夫編著『EU 法基本判例集（第３版）』（日本評論社、2019 年）

事例として、Case C-34/79, *Henn and Darby*, Judgment of 14 December 1979, ECLI:EU:C:1979:295, para. 17.

(66)　公の政策を理由として構成国の措置の正当化が認められた例として、たとえば、子供の人権保護を理由として輸入品にラベルを張ることを要求する構成国の措置がある（Case C-244/06, *Dynamic Medien*, Judgment of 14 February 2008, ECLI:EU:C:2008:85, para. 42)。

(67)　エネルギー安定供給を目的とする構成国の措置は、EU 運営条約 36 条が規定する公共の安全として正当化が可能であるが（Case C-72/83, *Campus Oil*, Judgment of 10 July 1984, ECLI:EU:C:1984:256, para. 34)、比例性原則を満たさないとして正当化が認められない事例が多い（近年の例として、Case C-648/18, *ANRE*, Judgment of 17 September 2020, ECLI:EU:C:2020:723, paras. 36 and 47)。

(68)　たとえば、輸入リンゴのみに特定病原菌（San José Scale）検査を義務付ける構成国の措置に関し、植物の健康を理由として正当化を認めた事例（Case 4/75, *Rewe Zentralfinanz v Landwirtschaftskammer Bonn*, Judgment of 8 July 1975, ECLI:EU:C:1975:98, para. 7)、生物多様性の保護を目的として蜂および関連製品の輸入を禁止する構成国の措置に関し、EU 運営条約 36 条に基づく正当化を認めた事例（Case C-67/97, *Bluhme*, Judgment of 3 December 1998, ECLI:EU:C:1998:584, para. 33）などがある。

第2章
域内市場(2)
――サービス・資本の自由移動――

本章のあらまし

現代社会における経済活動を考える際、教育、旅行、医療等多様なサービス業が果たす役割を無視することはできない。また、私たちの日々の経済活動は、物やサービスの対価への支払、新規事業への投資や借入等、金銭（資本）を媒体に行われている。EUの域内市場は、サービスおよび資本の自由移動を実現することによってEU全体として経済効率の最大化を目指している。本章では、4つの自由移動のうちのサービスの自由移動（Ⅰ）および資本の自由移動（Ⅱ）について説明する。

Ⅰ　サービスの自由移動

EUのGDPの約70％はサービス業によって生み出されており、サービス業はEUの経済および雇用にとって重要な分野である(1)。EU運営条約26条2項は、域内市場を構成する自由移動の1つとしてサービス（service、役務）の自由移動を挙げ、EU運営条約56条はサービスの自由な提供に対する制限を禁止する。たとえば、自国内でサービスを提供する場合に法人を設立することを要求する構成国法は、サービスの自由な提供を制限するため、ＥＵ法と相いれない(2)。サービスの自由移動は、1958年に発効したEEC条約の59条から66条に規定されて以来、主要な文言はほとんど変わることなくリスボン条約まで継承されている(3)。さらに、2006年にはサービスの自由移動を促進するための指

(1)　Directive 2006/123/EC, OJ 2006 L 376/36, para. (4).

(2)　Case C-33/74, *Van Binsbergen*, Judgment of 3 December 1974, ECLI:EU:C:1974:131, para. 17.

(3)　存在する以上のサービスの自由移動を妨げる措置を構成国がとることを禁ずるEEC条約62条（現在は削除）、および、サービスの自由移動に係る措置の採択手続に関する同63条（現在のEU運営条約59条）を除いてほとんど変わっていない。

令 2006/123[4]が制定され、サービスの自由移動に関する EU 法の整備が進んでいる。Ⅰでは、サービスの自由移動の適用対象（1）、サービスの自由移動に係る権利（2）、構成国の措置の正当化事由（3）、サービス指令（4）について概要を説明する。

1　サービスの自由移動の適用対象

⑴ サービスの定義

EU 運営条約 57 条第 1 段落は、サービスとは「通常報酬を対価として提供される役務」を指すと規定する。したがって、無償で提供されるサービスはサービスの自由移動の適用対象とはならない[5]。もっとも、サービス提供者が受け取る報酬の多寡は問われず[6]、報酬が謝礼程度の額であったとしてもサービスとみなされる。

サービスの具体的な形態に関し、EU 運営条約は、工業的性格の活動（EU 運営条約 57 条 a 項）、商業的性格の活動（同 b 項）、職人的な活動（同 c 項）、自由業の活動（同 d 項）を含むと規定する。具体的には、ガイドなどの観光サービス[7]、医療サービス[8]、家庭教師などの教育サービス[9]、テレビなどの放送事業[10]、宝くじ・オンラインゲームの提供[11]、弁護士業[12]等を挙げることができる。

⑷　Directive 2006/123/EC, OJ 2006 L 376/36.

⑸　Case C-281/06, *Jundt*, Judgment of 18 December 2007, ECLI:EU:C:2007:816, para. 32.

⑹　*Ibid.*, paras. 26 and 34; Case C-179/14, *Commission v Hungary*, Judgment of 23 February 2016, ECLI:EU:C:2016:108, para. 154.

⑺　Case C-286/82 and 26/83, *Luisi and Carbone*, Judgment of 31 January 1984, ECLI:EU:C:1984:35, para. 16; Case C-186/87, *Cowan*, Judgment of 2 February 1989, ECLI:EU:C:1989:47, paras. 15-20.

⑻　Case C-286/82 and 26/83, *Luisi and Carbone*, Judgment of 31 January 1984, ECLI:EU:C:1984:35, para. 16.

⑼　*Ibid.*ただし、公教育の一環として行われる教育はサービスにあてはまらない。この点に関し、Case C-263/86, *Humbel and Edel*, Judgment of 27 September 1988, ECLI:EU:C:1988:451, para. 20 を参照。

⑽　Case C-260/89, *ERT*, Judgment of 18 June 1991, ECLI:EU:C:1991:254, para. 20.

⑾　宝くじに関し、Case C-311/19, *BONVER WIN*, Judgment of 3 December 2020, ECLI:EU:C:2020:981, para. 25、オンラインゲームの提供に関し、Case C-36/02, *Omega*, Judgment of 14 October 2004, ECLI:EU:C:2004:614, para. 25 を参照。

⑿　Case C-342/15, *Leopoldine Gertraud Piringer*, Judgment of 9 March 2017, ECLI:EU:C:2017:196, para. 33.

⑵ サービスと開業の自由（EU 運営条約 49 条）との違い

サービスの自由移動に関し、EU 運営条約 57 条第 3 段落は、「開業の権利に関する章の規定を害することなく」と規定していることから、「サービス」とEU 運営条約 49 条が規定する「開業の自由」（第 3 章Ⅱを参照）との区別が重要となる。

「サービス」と「開業の自由」（EU 運営条約 49 条）を区別する基準は、提供または受領されるサービスの一時性である（EU 運営条約 57 条第 3 段落）。サービスを提供する者がサービスを提供する構成国に常住してサービスを提供する場合には、そのようなサービスの提供は一時的なものとはみなされず、EU 運営条約 49 条が規定する「開業の自由」の適用対象となる[13]。他方、サービスを提供する者がサービスを提供する構成国でサービスを提供した後、自らの居住する構成国に戻る場合には、サービスを提供する者は居住国とは別の構成国で一時的にサービスを提供したに過ぎず、EU 運営条約 56 条・57 条が規定するサービスの自由移動が適用される[14]。したがって、ある構成国で類似のサービスが提供される場合に EU 運営条約 49 条が適用されるのか、EU 運営条約 56 条・57 条が適用されるのかを判断する際には、サービスの提供を行う者が常居所を有する構成国で継続的にサービスを提供しているのか（開業の自由）、常居所を有することなく、他の構成国で一時的にサービスを提供しているのか（サービスの自由移動）によって区別される。

提供されるサービスが「一時的か否か」という点に関し、EU 司法裁判所は、「提供されるサービスの規則性（regularity）、期間（periodicity）、継続性（continuity）を考慮して判断する」としており[15]、事例ごとに判断される[16]。

⒀　Case C-502/20, *Institut des Experts en Automobiles*, Judgment of 2 September 2021, ECLI:EU:C:2021:678, paras. 31-32; Case C-11/77, *Patrick*, Judgment of 28 June 1977, ECLI:EU:C:1977:113, para. 8.

⒁　Case C-502/20, *Institut des Experts en Automobiles*, Judgment of 2 September 2021, ECLI:EU:C:2021:678, para. 34.

⒂　Case C-502/20, *Institut des Experts en Automobiles*, Judgment of 2 September 2021, ECLI:EU:C:2021:678, para. 35; Case C-55/94, *Gebhard*, Judgment of 30 November 1995, ECLI:EU:C:1995:411, para. 27. もっとも、提供されるサービスが永続的なものとして、または、当面無期限で提供されるような場合には、そのような活動はサービスとみなされない。この点に関し、Case C-456/02, *Trojani*, Judgment of 7 September 2004, ECLI:EU:C:2004:488, para. 28 を参照。

⒃　Case C-215/01, *Schnitzer*, Judgment of 11 December 2003, ECLI:EU:C:2003:662, paras.

(3) サービスの自由移動の適用対象

サービスの自由移動が適用される場合は3通りである。第1はサービスの提供者が国境を越えて移動する場合である。この場合、構成国に登録された法人、または、いずれかの構成国の国籍を有する自然人が(17)サービスを提供するために他の構成国に移動する場合にサービスの自由移動が適用される。第2はサービスの受領者が国境を越えて移動する場合である。ＥＵ司法裁判所は、他の構成国で提供されているサービスを受領するために当該構成国に移動することはサービスの自由な提供に対する必然（corollary）であるとして(18)、サービスを受領する者の移動もサービスの自由移動に含まれると判断した(19)。第3はサービスの提供者も受領者も移動することなく、電話やオンラインによって国境を越えたサービスを提供または受領する場合である(20)。

2　サービスの自由移動により保障される権利

理事会は、1961年12月18日に「サービスの自由移動に係る制限の撤廃に関する一般計画」(21)を採択し、サービスの自由移動に係る権利およびサービスの自由移動を実現するために必要となる措置を明記した。以後、EEC（当時）は1961年の一般計画に沿ってサービス分野における構成国間の障壁の撤廃に取り組んだ。1964年には、一般計画の内容を法的拘束力のある形で明記した最初

30-32.

(17) Case C-290/04, *FKP Scorpio Konzertproduktionen*, Judgment of 3 October 2006, ECLI:EU:C:2006:630, paras. 67-68.

(18) Case C-342/15, *Leopoldine Gertraud Piringer*, Judgment of 9 March 2017, ECLI:EU:C:2017:196, para. 34; Case C-286/82 and 26/83, *Luisi and Carbone*, Judgment of 31 January 1984, ECLI:EU:C:1984:35, para. 10. さらに本件でEU司法裁判所は、サービスの受領者の自由移動および平等待遇は、EU条約が直接保障する権利であることを確認するとともに、そのような権利を享受する者として、観光客、医療、教育およびビジネス目的で他の構成国に移動する者もサービスの受領者とみなされるとした。Case C-286/82 and 26/83, para. 16.

(19) Case C-342/15, *Leopoldine Gertraud Piringer*, Judgment of 9 March 2017, ECLI:EU:C:2017:196, para. 35; Case C-221/11, *Demirkan*, Judgment of 24 September 2013, ECLI:EU:C:2013:583, para. 35; Case C-286/82 and 26/83, *Luisi and Carbone*, Judgment of 31 January 1984, ECLI:EU:C:1984:35, para. 16.

(20) 電話サービスに関し、Case C-384/93, *Alpine Investment*, Judgment of 10 May 1995, ECLI:EU:C:1995:126, para. 39を参照。広告サービスに関し、Case C-405/98, *Gourmet International Products*, Judgment of 8 March 2001, ECLI:EU:C:2001:135, para. 39を参照。

(21) OJ P 1962, p. 32/62.

の指令 64/220/EEC が作成され[22]、同指令を改正することによって[23]サービスの自由移動に関する権利の内容が明確にされた。さらに、マーストリヒト条約で EU 市民権が導入されたことに伴い[24]、2004 年に EU 市民権に関する指令 2004/38 が制定され[25]、サービスを提供（または受領）する自然人の移動および滞在に関する権利の一部は指令 2004/38 に置き換えられた。

(1) 出入国および滞在する権利

サービスの提供者および受領者に保障される最も基本的な権利は、移動および居住に関する権利である（1964 年指令 1 条、1973 年指令 1 条）[26]。構成国は、公共政策、公共の安全または公衆衛生上必要とする場合を除き（EU 運営条約 52 条 1 項）[27]、サービスの提供者および受領者の移動や滞在を妨げてはならない。たとえば、構成国はサービスの提供者（受領者）の入国に当たり、原則として査証等の追加的な要件を課すことはできず、有効な身分証明書またはパスポートのみでの入国を認めなければならない。さらに、サービスの提供者（受領者）は、サービスを提供（またはサービスを受領）する間、当該構成国に滞在する権利を有する。サービスの提供者および受領者がサービスを提供（受領）するために本来居住する構成国以外の構成国に滞在する期間が 3 か月以内の場合には、身分証明書またはパスポートのみでサービスを提供または受領する構成国に滞在することができるため、サービスを提供（受領）する先の構成国での滞在証明等の追加の証明は必要とされない[28]。サービスを提供（受領）するための居住地以外の構成国での滞在期間が 3 か月を超える場合には、滞在先である構成国はサービスの提供者（受領者）の居住を証明するために滞在の権利を付与しなければならない。なお、サービスの提供または受領に伴って居住国以外の構成国に滞在する権利は、サービスを提供（または受領）する者の子および家族にもその国籍を問わず同様に認められる[29]。

---

(22) OJ 1964 No. 56, p. 845/64.

(23) OJ 1973 L 172/14.

(24) Treaty Establishing the European Community, OJ 1992 C 224/6, 8 条 1 項参照。

(25) OJ 2004 L 158/77.

(26) 1962 年行動計画第Ⅱ章。1964 年指令 2 条および 3 条。1973 年指令 1～ 4 条。

(27) 人の自由移動を制限するこのような理由については、サービスの自由移動に関する 1964 年指令と同時に採択された指令 64/221（OJ 1964 No. 56, p. 850/64）で規定されている内容を踏襲したものである。

(28) 1964 年指令 3 条 2。1973 年指令 4 条 1。EU 市民権に関する 2004 年指令 6 条 1。

⑵ 市場アクセス権

サービスを提供する際に重要となる権利が、サービスの提供先である構成国のサービス市場へのアクセス権である。この点に関し、EU 運営条約 57 条は「その国（筆者注：サービスの提供先となる構成国）が自国の国民に対して課すのと同じ条件で」サービスを提供することができると規定する。すなわち、サービスの提供に係る国籍に基づく差別は禁止される。ここで問題となるのが「同じ条件」の態様である。同じか否かを判断するための比較対象となるのは、他の構成国から来るサービス提供者と同様のサービスをサービス提供先の構成国において提供する者であり、同様のサービスを提供する者は同様に扱われなければならない点において（無差別原則）、サービスの自由も他の自由移動と同じである。

(i) 直接差別

他の構成国からのサービス提供者に対し、提供者の国籍や提供者が常居所を自国内に有していないことを理由として自国のサービス提供者と異なる条件を課すことは、国籍を理由とした直接差別に当たり認められない（EU 運営条約 61 条）[30]。

国籍またはサービスを提供する場所（国）に基づく直接差別については、EU 運営条約 62 条が明示的に参照する、EU 運営条約 52 条１項が規定する「公の政策、公共の安全および公衆衛生」を理由として正当化されるものを除き、認められない[31]。

(ii) 間接差別

EU 運営条約に基づいて禁止される差別には間接差別も含まれる。たとえば、ケーブルテレビによる広告を一律に禁止する構成国法は、国内および他の構成国からのサービス提供者に同様に適用されるため、非差別的な措置である。したがって、そのような構成国法が、自国または外国人、サービス提供者の国籍または同者の設立地の区別なく適用される場合には、差別禁止原則に違

---

(29) 1964 年および 73 年指令１条１(c)および(d)。EU 市民権に関する 2004 年指令６条２、７条１(d)および７条２。

(30) Case C-288/89, *Gouda*, Judgment of 25 July 1991, ECLI:EU:C:1991:323, para. 10.

(31) Case C-288/89, *Gouda*, Judgment of 25 July 1991, ECLI:EU:C:1991:323, para. 11; Case C-352/85, *Bond*, Judgment of 26 April 1988, ECLI:EU:C:1988:196, para. 32; Case C-260/89, *ERT*, Judgment of 18 June 1991, ECLI:EU:C:1991:254, para. 24.

反しない[32]。

しかしながら、非差別的な措置であっても、当該措置を適用した結果、他の構成国からのサービス提供者を自国のサービス提供者と比べて不利な状況に置く場合がある。

第1に、他の構成国からのサービス提供者に対する二重の負担問題がある。具体的には、他の構成国からのサービス提供者に対して自国のサービス提供者と比較した場合、追加的な負担となるような措置をサービス提供先の構成国が要求することはEU運営条約が保障するサービスの自由移動を妨げることになり、条約上認められない。たとえば、労働者派遣サービスに関し、構成国Aにおいて労働者派遣業を営む者Tは、Aで開業し、Aの国内法に基づいて派遣労働者の権利保護を行う。構成国Bに所在する企業Xから構成国Aに労働者が派遣される場合、ホストステート国Aは自国内のTに課すのと同じように、企業Xに対してAの労働者関連法をすべて満たすことを要求することはできない。なぜなら、企業Xは既に構成国B（ホームステート）の基準を満たし、Bで合法的に労働者派遣業を行っているからである。企業Xに構成国A（ホストステート）およびB（ホームステート）の関連法すべてを満たすように要求することは、Xに二重の負担を課すこととなり、サービスの自由移動を保障するEU運営条約56条を形骸化してしまうため許されない。

第2に、実質的にサービス提供先の構成国の市場へのアクセスを困難にするような構成国の措置である。EU司法裁判所は、自由移動を促進するための市場アクセスに関する障壁の有無を重視するにつれ、非差別的な措置であっても、当該措置がサービス提供先の構成国のサービス市場への参入障壁となる場合にはEU運営条約に反するとみなす傾向がある[33]。たとえば、宝くじ運営を担う公営企業SKLのエージェントであったSchindler氏は、当時EU構成国であった英国で自社に関する広告の掲載およびくじの販売を働きかけたところ、同氏はくじを禁止する国内法（英国法）に違反したとして訴えられた。このような英国法に関し、EU司法裁判所は、くじの販売を禁止する英国法は、サービ

(32) Case C-52/79, *Debauve*, Judgment of 18 March 1980, ECLI:EU:C:1980:83, para.15; Case C-15/78, *Société générale de banque alsacienne v Koestler*, Judgment of 24 October 1978, ECLI:EU:C:1978:184, para. 5 等。

(33) Case C-384/93, *Alpine*, Judgment of 10 May 1995, ECLI:EU:C:1995:126, para. 35; Case C-118/96, *Safir*, Judgment of 28 April 1998, ECLI:EU:C:1998:170, para. 31.

ス提供に対する非差別的な障壁であると判断した(34)。

3　構成国による措置の正当化事由

他の自由移動と同様に、サービスの自由移動に関する国籍等に基づく直接差別は、EU 運営条約 52 条 1 項が規定する場合を除き、原則として認められない。他方、非差別的な措置である場合には、仮に当該措置により他の構成国からのサービス提供者（または受領者）を自国のサービス提供者（または受領者）に比べて不利に扱うことによって市場アクセスを困難にするような措置であっても、当該構成国は自国の措置を正当化する余地がある。

(1) 正当化事由

構成国の措置が、公の利益（public interest）を目的とする場合（不可避的事由、imperative reasons）には、他の構成国からのサービスの提供を困難にする措置であったとしても正当化が認められる。たとえば、消費者保護や労働者保護を目的とする措置である(35)。

もっとも、サービス提供先の構成国による公の利益を目的とする措置の適法性を判断する際には、サービス提供者の居所（ホームステート）による措置も考慮されなければならない。つまり、サービス提供者がホームステートによって課された措置と、サービス提供先の構成国（ホストステート）が課す措置とが、サービスを提供する者に同等の保護を付与している場合、サービス提供先の構成国（ホストステート）による「公の利益」を理由とする措置は正当化が認められない(36)。サービスの提供に関する主な規制はホームステートによって課されるのであり、ホストステートは補足的にサービスを規律できるにすぎないからである（二重の負担問題）。

(2) 比例性原則

「公の利益」という不可避的事由によってホストステートが課すことが認め

(34) Case C-275/92, *H.M. Customs and Excise v Schindler*, Judgment of 24 March 1994, ECLI:EU:C:1994:119, paras. 47-48。類似の事例として、オンラインゲームの提供を禁止したドイツ法に関する Case C-36/02, *Omega*, Judgment of 14 October 2004, ECLI:EU:C:2004:614, para. 25 を参照。

(35) Case C-76/90, *Saeger*, Judgment of 25 July 1991, ECLI:EU:C:1991:331, para.15; Case C-288/89, *Gouda*, Judgment of 25 July 1991, ECLI:EU:C:1991:323, para. 13.

(36) Case C-272/94, *Guiot*, Judgment of 28 March 1996, ECLI:EU:C:1996:147, para. 17; Case C-369/96 and 376/96, *Arblade*, Judgment of 23 November 1999, ECLI:EU:C:1999:575, para. 80.

られている措置であっても、適法性のためには比例性の原則（EU条約5条1項）を満たさなければならない[37]。

4　サービス指令2006/123[38]

サービスの自由移動を完全なものとするには、構成国によるサービス分野の規制を完全に撤廃し、サービス提供に係る手続を簡素化することが求められる。この点に関し、指令2006/123の策定に当たっては、サービスに係るホームステートコントロールとホストステートコントロールのどちらを優先するのかという点が活発に議論された[39]。ホームステートコントロールを優先し、サービス提供先であるホストステートは何ら措置をとることができない場合、規制の緩い構成国のサービスが他の構成国に流入することにより、サービスの質の低下や自国の類似のサービス業が経済的な打撃を受けることが懸念される。サービス指令は、そのような懸念を一定程度払拭するため、サービスの提供・受領に関する法的枠組を構築することを目指した。

(1) サービス指令の適用範囲

EU運営条約57条は、サービスを(a)～(d)の4つの活動としておおまかに規定するに過ぎず、サービスの具体的な態様や定義に関する規定はない（1(1)参照)。サービス指令が適用されるサービスは3つに類型化できる。第1が、ビジネスに関連するサービスであり、経営コンサルタント、建物の維持管理、広告、採用活動などが含まれる。第2が、ビジネスおよび消費者に関連するサービスである。たとえば、法律や会計サービス、不動産管理サービス、建築業、レンタカー業や旅行業などが含まれる。第3が、消費者向けのサービスである。例えば、旅行ガイド、スポーツセンターやアミューズメントパークといったレジャーサービス、家事支援サービスなどが含まれる。

これらの業種であって、EU域内に事業所を持つ場合には、サービス指令の適用範囲となる（指令2条1)。

---

(37) Case C-369/96 and 376/96, *Arblade*, Judgment of 23 November 1999, ECLI:EU:C:1999:575, para. 35; Case C-180/89, *Commission v Italy*, Judgment of 26 February 1991, ECLI:EU:C:1991:78, para. 24; Case C-11/95, *Commission v Belgium*, Judgment of 10 September 1996, ECLI:EU:C:1996:316, para. 55.

(38) OJ 2006 L 376/36.

(39) サービス指令、前文パラ4。

(2) サービス指令が適用されないサービス

サービス指令2条2は、指令が適用されないサービスの態様について規定する。第1に、一般的な利益を追求する非経済的なサービス（2条(2)(a)）であり、第2に、特定のサービスを除外対象とする。たとえば、金融サービス（同(b)）、電気通信およびネットワークサービス（同(c)）、運輸サービス（同(d)）、労働者派遣サービス（同(e)）[40]、医療サービス（同(f)）、視聴覚サービス（同(g)）、宝くじやカジノ等の賭博事業（同(h)）、警備サービス（同(k)）などはサービス指令が適用されない。

なお、サービス指令の適用対象であるが、サービスの提供については指令の適用対象外となる業種として、郵便、エネルギー、上下水道といった一般的経済利益を有するサービス（17条(a)）、著作権や工業的所有権に関するサービス（同条(k)）などが規定された。

(3) サービス指令に基づく構成国の義務

サービス指令はサービスの認可（指令9条、10条、13条等）に関するEU共通ルールを規定するとともに、サービス市場へのアクセスおよびサービスの提供（受領）に係る手続を可能な限り簡素化する義務を構成国に課す。たとえば、構成国は、他国が作成したサービス提供（受領）の要件を満たすことの証明書類を原則として受け入れなければならず（5条）、また、サービスの提供に係る手続を1つの窓口でできるよう窓口を一本化すること（6条）、オンライン手続を可能にすること（8条）が義務付けられた。

さらに、サービスの自由移動を妨げる行為として禁止される行為を明記した（16条）。たとえば、自国内に営業所を有すること（同条(a)）、特定の団体等に登録すること（同(b)）、サービス提供に係る出身国の身分証明書を所有すること（同(e)）等をサービス提供者に義務付ける行為である。

---

(40) サービス指令1条2～7は指令の適用に関する制限について規定する条文であるが、特に1条6は、指令が構成国の労働法および社会保障法に影響を及ぼさないことを明示的に規定しており、労働者派遣に関するCase C-438/05, *The International Transport Workers' Federation and The Finnish Seamen's Union*, Judgment of 11 December 2007, ECLI:EU:C:2007:772およびCase C-341/05, *Laval un Partneri*, Judgment of 18 December 2007, ECLI:EU:C:2007:809で争点となった構成国間での労働基準の相違に関して、サービス指令は触れない。さらに、指令1条7は、労働者の団体交渉権など、構成国およびEUで認められている基本的人権の行使に関する事項にサービス指令は影響を与えないと規定する。

このように、サービス指令は、多くのサービス業に関する共通ルールを制定し、サービスの許認可をワンステップで行うことを構成国に義務付けることによってEU域内でのサービスの自由移動を促進する枠組を提示したといえる。

II　資本の自由移動

国家は、自国通貨の価値の維持や経済安全保障のために投資や通貨に対する監督権限を有する。しかしながら、構成国を超えた投資活動(41)や株の取得、投資信託の購入等の金融商品の取引が促進され、資本が最適な環境に投下されることになると、結果的にEUの経済を活性化することとなる。そのため、EU運営条約26条2項は、域内市場を構成する自由移動のうちの1つに資本の自由移動を含め、その詳細はEU運営条約63条から66条が規定する。ここでは、資本の自由移動の適用対象（1）、資本の自由移動に関するEU法の発展（2）、資本の自由移動の適用除外が認められる範囲を明らかにする（3）とともに、資本の自由移動と他の自由移動との区別（4）について概要を説明する。

1　資本の自由移動の適用対象

EU運営条約63条は、「構成国間および構成国と第三国の間の資本の移動」（同条1項）、および、「構成国間および構成国と第三国の間の支払」（同条2項）に関するすべての制限を禁止する。EU運営条約は、資本の自由移動の対象となる「資本」および「支払」の定義を明示的に規定していないが、1960年に制定された第1次指令の付属書1を始めとする資本の自由移動に関する一連の指令は「資本」に含まれる行為を例示する(42)。それによると、直接投資、不動産投資、市場で取引される有価証券取引、投資信託、銀行預金・ローン・信用などが「資本」として挙げられている(43)。

(41)　Case C-565/18, *Société Générale*, Judgment of 30 April 2020, ECLI:EU:C:2020:318, para. 22および同所引用判例を参照。

(42)　なお、「資本」の具体的意味に関し、資本の自由移動に関する第4次指令（指令88/361）の付属書1は、「資本」の内容を例示したものであり限定列挙ではない。この点に関し、Case C-35/98, *Verkooijen*, Judgment of the Court of 6 June 2000, ECLI:EU:C:2000:294, para. 27を参照。

(43)　したがって、資本の自由移動はEUの金融監督制度とも深く関係する。この点に関し、横井眞美子「EU金融サービス規制法」庄司克宏編『EU法 実務篇』（岩波書店、2008年）51-86頁。

「支払」については、EEC条（当時）106条１項が「構成国は、もの、サービスまたは資本の移動に関係する自国通貨での支払い（payment）を監督する」と規定していたことから、自らが受領したもの・サービスの対価として金銭が支払われることを指す[44]。

資本の自由移動は他の自由移動と違い、第三国と構成国の間での資本移動や支払に係る障壁にも適用される。もっとも、第三国との資本の自由移動に関しては、EU運営条約64、65条４項、66条に基づいて制限される余地がある。

２　資本の自由移動の発展の歴史

1958年に発効したEEC条約67条１項は、構成国間における資本の自由移動に関し、「共同市場の機能に必要な限りにおいて、構成国間の資本の自由移動を妨げる措置を段階的に撤廃する」と規定した。また、構成国と第三国との間における資本の自由移動に関し、「構成国間で段階的に為替政策を調和させ、欧州委員会の提案に基づいて理事会が指令を作成することで、障壁をなくすための努力をする」（EEC条約70条１項）と規定しており[45]、他の自由移動と比較すると、自由化に関するEEC条約の規定は控えめであった。その理由は、資本の自由移動が主権国家としての構成国の金融および経済政策と密接にかかわる点にあった[46]。このような資本の自由移動の漸進的な性質に鑑み、EU司法裁判所も、資本の自由移動に関する規定の直接効果については否定的であった[47]。

もっとも、当時のEEC構成国は、EEC条約の規定に基づいて資本の自由移動を促進すべく、1960年に最初の指令（第１次指令）を採択し[48]、1963年に第１次指令を若干修正した第２次指令を採択した[49]。２つの指令は、資本の自由移動を実現するための措置について、構成国が実施すべき措置（第１次指令付属書ⅠのＡおよびＢ）とそれ以外の措置（同ＣおよびＤ）に分けて規定することによ

⑷⑷　Case C-308/86, *Lambert*, Judgment of 14 July 1988, ECLI:EU:C:1988:405, para. 10; Case C-163, 165 & 250/94, *Sanz de Lera*, Judgment of 14 December 1995, ECLI:EU:C:1995:451, para. 17.

⑷⑸　さらに、一時的な緊急措置としてのセーフガードが規定された（EEC条約73条、108条、109条）。

⑷⑹　Case C-203/80, *Casati*, Judgment of the Court of 11 November 1981, ECLI:EU:C:1981:261, para. 9.

⑷⑺　*Ibid.*, paras. 10-13.

⑷⑻　OJ 1960 No. 49, 921/60.

⑷⑼　OJ 1963 No. 5, 62/63.

り、資本の自由移動の対象を明確にした。構成国が実施すべき措置とは、直接投資、不動産投資、個人的な目的での資金移動（相続、贈与、借金等）、中期・短期の信用（credit）、保証（security）などに伴う外国通貨の交換に係る許可を付与すること（第1次指令1条、付属書IのA）、非居住者による自国証券市場での保証の取得等に係る許可を付与すること（同2条、付属書IのB）等である。他方、他国の資本市場における自国企業の保証の取得、自国の資本市場における他国企業の保証の取得、自国の証券市場で扱われていない自国の保証を自国に居住する者以外の者が取得することについては、それらの行為が構成国の経済政策の妨げになる場合には自由移動の対象としなくてもよいと規定された上（同3条1、付属書IのC）、一般的に金融市場で扱われる国庫証券に対する短期投資、商取引やサービスとは無関係に行われる短期的なローンおよびクレジット取引、通貨の輸出入は、自由移動の対象には含まれないこととなった（同4条および7条、付属書IのD）。このように、1960年代前半に相次いでEU法が制定された資本の自由移動であるが、国際的な経済状況の影響も受け、以後、1980年代半ばまで資本の自由移動に関するEU法の整備は滞ることになった。

1985年に域内市場白書[50]が公表されたことをきっかけとして、資本の自由移動が加速することとなった。1986年には資本の自由移動に関する第3次指令（指令86/566）[51]が制定され、長期商業信用取引や金融証券取引の自由化が規定された。さらに、1988年には第4次指令（指令88/361）[52]が制定され、短期的な金融取引を含む資本の原則として完全な自由移動が規定された（指令1条1）。指令88/361によって構成国は、障壁のない、完全な形での資本の自由移動を実現する義務を負うことになり[53]、各構成国は自国への直接投資や非居住者による株式取得の要件を大幅に緩和し、外国資本の受け入れを図った。

1990年7月1日に発効した指令88/361は資本の自由移動にとって重要な指令であっただけではなく、1993年に発効したマーストリヒト条約[54]が規定する

(50) European Commission, Completing the Internal Market, COM(85) 310 final, 1985.

(51) OJ 1986 L 332/22.

(52) OJ 1998 L 178/5.

(53) Case C-358/93 and 416/93, *Bordessa and Others*, Judgment of the Court of 23 February 1995, ECLI:EU:C:1995:54, para. 17.

(54) Treaty on European Union, together with the complete text of the Treaty establishing the European Community, OJ 1992 C 224/1. なお、マーストリヒト条約により、EC条約第4章の名称は「資本」から「資本および支払」と改められた（EU条約G条14項）。

通貨同盟への第一歩としても重要な指令であった。マーストリヒト条約は、ECの目的として通貨同盟（Monetary Union）の創設を明記し（EC条約２条）、通貨同盟を支援するためにも資本の自由移動はさらに重要な役割を担うこととなった。すなわち、マーストリヒト条約109e条２項(a)に基づいて、すべての構成国は1994年１月に通貨同盟が第２段階を開始するまでにEU運営条約63条を実現するための措置をとることが義務付けられた。なお、EU司法裁判所は、マーストリヒト条約発効後の資本の自由移動に関する規定（EU運営条約63条１項）の直接効果を認めている(55)。このようにEUは資本の自由移動を促進するための法整備を進めたが、株式、債券を始めとする金融商品の取引市場は各構成国によって運営されており、構成国を超えて資本市場から資金を調達しようとする動きは鈍いものであった(56)。

2015年、EUは分断された資本市場を統合し、単一の資本市場を形成することを目的とする資本市場同盟（Capital Market Union）に関する最初の行動計画を公表し(57)、2020年９月、新型コロナウイルス感染症による経済的打撃から回復するための手段の１つとして資本の自由移動に係る障壁を速やかに撤廃するために資本市場同盟を強化するための新たな行動計画を公表した(58)。その一環として2021年11月25日、欧州委員会は投資活動を効率化するためにEUレベルで企業情報を一元化するシステムを構築する等４つの法案を公表した(59)。

3　資本の自由移動に係る構成国の権利

資本の自由移動は、構成国の自然人・私人が所在・居住する構成国以外の国に投資を行ったり、投資を呼び込むことによって資本の最適化を実現し、域内市場の活性化を図るものである。したがって、原則として、構成国を超えて行われる投資活動を妨げるような措置は資本の自由移動を妨げる措置として禁止される(60)。しかしながら、EU運営条約65条は、資本の自由移動の適用が除外

(55)　Case C-163/94, *Sanz de Lera and Others*, Judgment of the Court of 14 December 1995, ECLI:EU:C:1995:451, paras. 43, 47, 48; Case C-101/05, *A*, Judgment of 18 December 2007, ECLI:EU:C:2007:804, para. 21.

(56)　「EUの資本市場同盟について教えてください」EU MAG Vol. 41（2015年06月号）。

(57)　'Action Plan on Building a Capital Markets Union', COM(2015) 468 final.

(58)　'A Capital Markets Union for people and businesses-new action plan', COM(2020) 590 final.

(59)　2021年11月25日付プレスリリース「Capital Markets Union: Commission proposes new measures to boost Europe's capital markets」を参照。

される構成国の措置を明示的に規定する。

EU 運営条約 65 条 1 項(a)は、構成国が「同一の状況にない納税者の間に区別を設ける構成国の税法の関連規定を適用すること」を認める。同条に基づく適用除外の可否を判断する際には、第 1 に、問題となっている状況が比較可能か否かという点が検討されなければならない。その上で、問題となっている状況が比較可能な場合には、第 2 に、当該措置を一般的利益という優先的な理由によって正当化できるか否か検討されなければならない[61]。たとえば、同じ金融商品を購入する構成国 A の居住者と非居住者の間で当該金融商品の購入に関する税額控除の範囲に差をつける国内法は、居住者と非居住者という「同一の状況にない納税者」を規律対象とするため、税額控除に関する両者の取扱が異なっていても、EU 運営条約 65 条 1 項(a)に基づき、EU 法違反とはみなされない[62]。それに対して、国内企業からの配当金には課税しないが、外国企業からの配当金には課税する措置は資本の自由移動に反すると判断された[63]。もっとも、同条 3 項は、居住者と非居住者の取扱に差をつける構成国の措置が、「恣意的な差別」や「偽装された（資本の自由移動の）制限」となってはならないと規定しており、EU 運営条約 65 条 1 項(a)に基づく適用除外は厳格に判断されなければならない[64]。

なお、構成国は、公の政策または公共の安全を理由として（EU 運営条約 65 条 1 項(b)）、資本の自由移動を制限するような措置をとることが可能である。たとえば、エネルギー安全保障の観点から、Société National Elf-Aquitaine 社の政府の保有株式に特権を付すことを認める[65]フランス法は資本の自由移動を妨

(60) Case C-575/17, *Sofina and Others*, Judgment of 22 November 2018, ECLI:EU:C:2018:943, para. 23 および同所で挙げられている先例を参照。

(61) Case C-449/20, *Real Vida Seguros*, Judgment of 9 September 2021, ECLI:EU:C:2021:721, para. 28; Case C-565/18, *Société Générale*, Judgment of 30 April 2020, ECLI:EU:C:2020:318, para.24; Case C-575/17, *Sofina and Others*, Judgment of 22 November 2018, ECLI:EU:C:2018:943, para. 46 および同所で挙げられている先例を参照。

(62) Case C-512/03, *Blanckaert*, Judgment of 8 September 2005, ECLI:EU:C:2005:516, paras. 47-48.

(63) Case C-35/98, *Verkooijen*, Judgment of the Court of 6 June 2000, ECLI:EU:C:2000:294, para. 36.

(64) Case C-449/20, *Real Vida Seguros*, Judgment of 9 September 2021, ECLI:EU:C:2021:721, para. 27; Case C-575/17, *Sofina and Others*, Judgment of 22 November 2018, ECLI:EU:C:2018:943, para. 45.

げるものであるが、危機時の石油供給の確保は不可避的要請としての正当な公益の保護に当たり、EU 運営条約 65 条１項(b)により正当化される。もっとも、EU 運営条約 65 条１項(b)の適用除外事由に当たる構成国の措置であったとしても、当該措置による資本の自由移動の制限が正当化されるのは、社会の基本的利益への「真に、十分に重大な」危険がある場合のみである(66)。また、そのような措置は比例性原則を満たさなければならない(67)。

4　資本の自由移動と他の自由移動の関係

資本の自由移動は、開業の自由を始めとする基本条約が保障する自由移動の前提条件とも言える自由移動であり(68)、資本の自由移動と他の自由移動のどちらの規定を適用すべきか判断することが困難な場合がある。

例えば、EU 運営条約 65 条２項は、「資本の自由移動に関する規定は、開業の権利に対する制限の適用を害するものではない」と規定する。さらに、EU 運営条約 50 条２項(e)は、開業の自由の内容として「他の構成国の領域内にある土地および建物を取得」することを明記する。また、EU 運営条約 49 条の最後では、開業の自由に関し、「資本に関する章の規定は留保される」と規定する。これらの規定からも、資本の自由移動と開業の自由が深く関係することがわかる。

さらに、EU 運営条約 58 条２項は、「銀行および保険サービスの自由化は、資本移動の自由化と歩調を合わせて実現される」と規定していることから、資本の自由移動と金融サービスの自由移動の関連性がうかがわれる。例えば、金融機関が信用を供与する行為は、資本の自由移動とサービスの自由移動の両方が適用され得る(69)。

このように１つの事例に複数の自由移動が関係する場合、EU 司法裁判所は、最も関連性が高い自由移動について判断し、それ以外の自由移動は二次的なも

---

(65)　いわゆる黄金株と呼ばれる株である。類似の判例に関し、上田純子「EU「黄金株」事件・再考」『EUIJ-Kyushu Review』（Issue 1、2011 年）1-55 頁を参照。

(66)　Case C-483/99, *Commission v. France*, Judgment of the Court of 4 June 2002, ECLI:EU:C:2002:327, para. 49.

(67)　*Ibid*.

(68)　Case C-203/80, *Casati*, Judgment of the Court of 11 November 1981, ECLI:EU:C:1981:261, para. 8.

(69)　Case C-625/17, *Vorarlberger Landes- und Hypothekenbank*, Judgment of 22 November 2018, ECLI:EU:C:2018:939, para. 23.

のとして扱われる[70]。したがって、関連する複数の自由移動のうちのどれが最も関連性が高い自由移動であるのかという判断が重要になる。この点に関しEU 司法裁判所は、対象となる構成国の措置の目的を基準に資本の自由移動の規定が適用されるか、開業の自由に関する規定が適用されるか、判断する[71]。

〈参考文献〉

上田廣美「EU 法上の『資本の自由移動』と源泉徴収による配当課税の整合性」亜細亜法学 51 巻 1 号（2016 年）196-218 頁

庄司克宏『新 EU 法 政策篇』（岩波書店、2014 年）

庄司克宏編『EU 法 実務篇』（岩波書店、2008 年）

Catherine Barnard, *The Substantive Law of the EU: The Four Freedoms*, 2019, Oxford University Press

Marcus Klamert et al (eds), *The EU Treaties and the Charter of Fundamental Rights: A Commentary*, 2019, Oxford University Press

Paul Craig/Grainne De Burca, *EU Law: Text, Cases, and Materials*, 7th edition, 2020, Oxford University Press

Marios Costa/Steve Peers, *Steiner & Woods EU Law*, 14th edition, 2020, Oxford University Press

---

(70) Case C-206/19, *SIA „KOB"*, Judgment of 11 June 2020, ECLI:EU:C:2020:463, para. 22; Case C-625/17, *Vorarlberger Landes- und Hypothekenbank*, Judgment of 22 November 2018, ECLI:EU:C:2018:939, para. 24; Case C-580/15, *Van der Weegen*, Judgment of 8 June 2017, ECLI:EU:C:2017:429, para. 25 および同所で挙げられている先例を参照。

(71) Case C-206/19, *SIA „KOB"*, Judgment of 11 June 2020, ECLI:EU:C:2020:463, para. 23; Case C-712/19, *Novo Banco SA v Junta de Andalucía*, Judgment of 25 February 2021, ECLI:EU:C:2021:137, para.18; Case C-375/12, *Bouanich*, Judgment of 13 March 2014, ECLI:EU:C:2014:138, para.27; Case C-436/08 and C-437/08, *Haribo Lakritzen Hans Riegel and Österreichische Salinen*, Judgment of 10 February 2011, ECLI:EU:C:2011:61, para. 34 および同所で挙げられている先例を参照。

第３章

域内市場(3)

── 会社法と「開業の自由」──

本章のあらまし

域内市場のプレーヤーとして会社法人は重要な存在である。会社法人は構成国の国内法（主に会社法）によって設立されるので、フランス法人、ドイツ法人等が併存することになり、ＥＵ法は指令の形式で構成国の国内法（会社法）の調和を図っている。一方、EU 法（規則の形式）で設立されるＥＵ法人、いわゆるヨーロッパ会社（Societas Europaea）も存在する（Ⅰ）。これらの会社は、EU 運営条約上の権利である「開業の自由」の原則を駆使して企業活動を営み、ときには税法、あるいは労働法と緊張関係に及ぶこともある（Ⅱ）。本章はこのような会社法分野における EU 法の特徴的な制度を解説する。

Ⅰ　構成国の会社法の調和と EU 法による EU 法人

1　構成国の会社法の調和

(1) 指令による構成国の会社法調和の歩み

会社法人は国内法によって設立されるため、EU では構成国の国内法（会社法等）を EU 指令（Directive）により調和させることで、構成国の国内法で設立された会社法人は、同質性の高い会社制度を共有することができ、域内市場での円滑な企業活動が可能となる。

会社法に関する最初の指令は、1968 年の「会社公示制度に関する会社法第 1 指令」（指令 68/151）に始まり、会社法の定めるさまざまな制度ごとに個別的な指令が次々に成立したため、複数の指令が併存する状態となった。

「会社法の特定分野に関する指令」（指令 2017/1132）[(1)]は、既に成立した 6 つの指令、すなわち、①外国法人によって構成国内に開設された支店の情報開示

(1)　Directive 2017/1132 of 14 June 2017, OJ 2017 L169/46.

に関する会社法第 11 指令（指令 89/666）、②同一構成国の株式会社の分割（国内分割）に関する会社法第 6 指令（指令 82/891）、③同一構成国の株式会社の合併（国内合併）に関する指令（指令 2011/35）④資本会社の域内合併（越境合併）に関する指令（指令 2005/56）、⑤ EC 条約 48 条 2 項（現 EU 運営条約 54 条 2 項）における利害関係者の利益保護の調整に関する指令（指令 2009/101）、および⑥株式会社の設立およびその資本の変更・維持につき EU 運営条約 54 条 2 項における利害関係者の利益保護の調整に関する指令（指令 2012/30）を統合した。

これにより、会社の公示制度は、指令 68/151 と①・⑤の指令が統合されて指令 2017/1132 の第 1 部（とくに第 3 章）に編纂された。また、会社の資本制度は、1976 年の「会社法第 2 指令」（指令 77/91）に始まり、2012 年の改正を経て、指令 2017/1132 の第 1 部（とくに第 4 章）に編纂された。このように、指令 2017/1132 により会社制度の多くの部分が 1 本の指令に統合され、会社法調和の利便性が高まった。

⑵「越境組織再編行為」と「電子化」への対応

EU 域内で、会社を設立して中断なく企業活動を行うためには、構成国の国境を越えた組織再編行為（合併・分割・組織変更）が必要となる。しかし、指令 2017/1132 は、「越境合併」に関する上記④の指令（指令 2005/56）を含んでいたが、「越境分割」と「越境組織変更」に関する規定はなかった。このため、「越境組織再編行為に関する指令」（指令 2019/2121）[(2)]が成立し、これに対応して指令 2017/1132 は改正・編纂された。すなわち、指令 2017/1132 の第 2 部に越境組織変更（第 1 章）・越境合併（第 3 章）・越境分割（第 5 章）が加わり、EU 法に固有な「越境組織再編行為」に関する規定が整備された。

さらに会社制度に関連する「電子化」についても、「会社法におけるデジタル・ツールおよびプロセスの使用に関する指令」（指令 2019/1151）[(3)]が成立し、指令 2017/1132 は改正・編纂された。すなわち、構成国は、越境的なオンライン認証制度による電子登記制度を設定できるようになり、会社は欧州統一識別名（European unique identifier, EUID）を有し、構成国間の相互接続システムを通じて登記情報の閲覧ができるようになった。

指令 2019/2121 と指令 2019/1151 により、指令 2017/1132 は改正され、企業は EU 域内で迅速かつダイナミックな事業活動を営む一方、詐欺的な行為は監

⑵　Directive 2019/2121 of 27 November 2019, OJ 2019 L321/1.

⑶　Directive 2019/1151 of 20 June 2019, OJ 2019 L186/80.

視・排除され、ステークホルダーも保護されることになった。

(3) コーポレート・ガバナンス分野の会社法調和

(i) 会社の計算・監査人に関する分野

会社の計算制度について、「年度計算書類に関する会社法第４指令」（指令78/660）と「連結計算書類に関する会社法第７指令」（指令83/349）があった。一方、会社の法定監査を行う監査人の資格要件は、「会社法第８指令」（指令84/253）で言及されていたが、監査人の倫理や監査の質を高める規定が盛り込まれて「会計監査指令」（指令2006/43）[4]が成立した。その後「会計監査指令」は、第４指令と第７指令を統・廃合した内容で指令2013/34[5]として刷新され、さらに企業の社会的責任に関する非財務情報開示のニーズが高まったことから、指令2014/95[6]により修正が行われた。この2014年修正後の「会計監査指令」についても、近時の企業の持続可能性報告に関する指令案[7]（Proposal for a Corporate Sustainability Reporting Directive（CSRD））による修正が現在（2021年）検討されている。

(ii) 企業買収（M&A）

企業買収に関する制度は構成国間でさまざまな相違点があったが、「公開買付指令」（指令2004/25）[8]により、EUレベルで一定のルールが実現した。その特徴は、会社支配権の獲得を目指す公開買付者（買収者）と買収の対象会社にそれぞれ義務を設定した点である。前者には、全株主に対して適正な価格を提示して株式の公開買付を行うことが義務づけられた（義務的公開買付）。後者は、事前に株主総会の授権がない限り買収防衛策を講じることができない（中立義務）。これには買収防衛策の効力を否定する「ブレイクスルー・ルール」も含まれている。この中立義務については、自国の雇用・産業を保護するために反対する構成国も多く、その適用については、会社の本拠地が存在する構成国の国内法によるとされた。このため、「ブレイクスルー・ルール」まで国内法化している構成国は未だに少ない。

(4) Directive 2006/43 of 17 May 2006, OJ 2006 L 157/87.
(5) Directive 2013/34 of 26 June 2013, OJ 2013 L 182/19.
(6) Directive 2014/95 of 22 October 2014, OJ 2014 L 330/1.
(7) COM(2021) 189 final, 2021/0104(COD).
(8) Directive 2004/25 of 21 April 2004, OJ 2002 L 142/12.

(iii) 株主の権利

コーポレート・ガバナンスの視点から、上場会社の「株主の権利に関する指令」(指令2007/36)[9]が成立しており、さらに「株主の長期的関与を促進するための指令」(指令2017/828)[10]により補完された。

EU構成国に会社の本店登記を置く上場会社は、自国外に多く株主を有するため、いわゆる「外国人株主」の管理(株主総会における議決権行使)が課題となる。そこで、指令2007/36は、株主の取り扱いに対する平等の原則を謳い、そのうえで株主総会の招集や議決権行使について一定のルールが定められ、バーチャル株主総会も構成国の国内法で選択できるとした。しかし、上場会社のコーポレート・ガバナンスの議論が深まり、会社役員(取締役)の高額報酬や当事者間取引における利益相反等に対する株主のチェック機能(関与)の必要性が問われた。また投機的でない、長期的利益志向の安定株主の確保も持続可能な企業にとって重要である。そこで、指令2017/828はこうした点を踏まえて指令2007/36の補完を行った。

以上のように、会社法分野の指令は度々改正を重ねており、指令の射程に属する構成国の国内法も指令に連動して改正[11]され、構成国の会社制度は調和の状態が維持されている。

2　EU法による「ヨーロッパ会社」

EUには、EU規則(Regulation)に基づいて設立されるEU法人が存在し、代表的なものとして、公開有限責任会社(株式会社)として設立される会社法人、「ヨーロッパ会社(Societas Europaea ; European Company, SE)」がある。EU法に基づく株式会社については、ECの時代から統一的な制度が模索されていた。しかし、会社の運営機関設計と従業員参加制度に関する構成国間のギャップが大きかったため、2001年、EU運営条約352条に基づき、「SEの設立方式等に関する規則」(規則2157/2001)[12]と「SEにおける従業員参加に関する指令」(指令2001/86)[13]に分離することで、ようやくEU法人である「ヨーロッパ会社

(9) Directive 2007/36 of 11 July 2007, OJ 2007 L 184/17.

(10) Directive 2017/828 of 17 May 2017, OJ 2017 L 132/1.

(11) 各指令の採択された当時の概説は、上田廣美「共同体法における会社法の基本的問題とその課題」慶應法学第3号(2005年)1頁以下、庄司克宏編『EU法 実務篇』(岩波書店、2008年)第3章・第4章参照。

(12) Council Regulation 2157/2001 of 8 October 2001, OJ 2001 L 294/1.

(SE)」制度が成立した。

SEは約3,000社（2020年3月12日現在EU全体で3279社）があり、うち約2000社がチェコで、約500社がドイツで設立されており、設立される構成国には偏重がある。これは、規則2157/2001が設立国の会社法に補完されるためで、設立国の選択が生じている。また、SEをグループ企業のホールディングス、いわゆる純粋持株会社として設立する場合があり、従業員数が0~5名以下のSEも多い(14)。SEは、最低資本金120,000ユーロとする公開会社であるため、100%子会社の現地法人を用いて欧州進出を目指す日本企業にとってSEの裨益度は低い(15)。

SEは次のような特徴を持っている。

(1) SEを設立できる者

SE制度の特徴は、構成国で設立され、かつEU域内に定款上（登記上）の本店（registered office）と管理の中心（head office）を有する会社法人、すなわち構成国の既存会社（原則として公開有限責任会社）しかSEを設立することができない点である。自然人や第三国（日本など）の企業は、新規に（exnihilo）SEを設立することはできず、構成国のいずれかでいったん会社法人を設立してから、SEに組織変更を行うことになる（後述(2)④）。

(2) SEの設立方式と越境性

さらに、SEの設立はつねにEU域内の越境性を有する点も特徴の1つである。SEの設立方式には、①既存の構成国会社法人の合併、②持株会社の設立、③共同子会社の設立、④既存会社の組織変更の4方式である。SEを設立しようとするEU域内の既存会社は、異なる構成国で設立された既存会社同士あるいは2年前から他の構成国に子会社を有する既存会社でなくてはならない。同一構成国法人同士の合併、あるいは単独で組織変更によりSE成りすることはできない。つまり、構成国Aの既存会社と構成国Bの既存会社の合併により構成国CにSEを設立することは可能であるが、構成国Aの既存会社が他の構

(13) Council Directive 2001/86/EC of 8 October 2001, OJ 2001 L 294/22.

(14) 2016年12月31日現在EU全体2943社のうち、チェコ2054社（95社）、ドイツ491社（286社）、スロヴェニア140社（16社）、UK38社（14社）、仏38社（27社）、蘭31社（22社）等。()内は従業員数5名以上のSE数（Anders Carlson, SE Companies Bologna 2018-03-12/13. http://ecdb.worker-participation.eu）。

(15) https://www.mofa.go.jp/mofaj/area/eu/se_statute.html

成国に支店や子会社をまったく有しないまま、単独でSEに組織変更をすることはできない。

(3) SEの会社運営機関設計

会社にとって重要な会社の運営機関設計の選択制を採用している点も大きな特徴である。すなわち、SEの会社運営機関設計は二層制（監査・監督機関と業務執行機関の分離型）と一元制（左記の一体型）のいずれかを選択できるとしたうえで、その詳細な内容は、SEを設立する構成国の国内法（会社法）が参照される。SEはEU法人でありながら、結局、設立登記を置いた構成国の会社制度が補完的に適用されるので、EUレベルの統一的な制度に基づくSEは存在しない。したがって、SEを設立する場合、SEの設立登記（本店所在地）を置く設立国の選択は重要なポイントとなる。

(4) SEの本店の移動

EU法人であるSEは、解散を伴わず法人格を維持したまま、他の構成国に本店（登記）を移動することができる。EU法のダイナミズムのあらわれである。ただし、SEはその定款上（登記上）の本店と管理の中心（＝事実上の本店）は同一の構成国に置かれなければならないので（規則2157/2001の7条）、移動先の構成国に登記のみを置くペーパーカンパニーとしてのSEは存在し得ないことになる。つまり、SEの登記のある構成国における実質的な経済活動、雇用制度および法人税の納税が確保されることになる。

(5) 従業員参加制度

従業員参加制度は各構成国の社会政策や労働法等により多様性があり、EU規則の形式で統一的・横断的な制度を求めることには限界がある一方、その潜脱行為は労働者保護の観点から好ましくない。そこで、SEを設立しようとする既存会社は、SE設立登記に先立ち、その従業員代表と当該SEにおける従業員参加（関与）の方式を協議しなくてはならない。かりに合意に至らない場合は、指令2001/86に記載されている標準モデルが適用されるので、従業員への情報提供・協議の仕組み（必要な場合はSEの経営機関への従業員参加）が設定されていないSEは存在しないことになる。

Ⅱ　EU法上の「開業の自由」の原則とEU判例の変遷

1　「開業の自由」の原則

EUは、共同市場における経済活動の自由を保障し、4つの自由移動（商品・人・サービス・資本）の原則の1つとして「開業の自由」、すなわち、いずれかの構成国の国民が他の構成国において開業することを制限すること、これを禁じた。この禁止は、構成国に居住するいずれかの市民が他の構成国で代理店、支店または子会社を設立（いわゆる二次開業）することに対する制限にも及ぶ（EU運営条約49条）。また、構成国の国内法により設立され定款上（登記上）の本店・管理の中心または主たる事業所をEU域内に有する会社法人は、自然人と同様に、「開業の自由」を行使できる（同54条）。したがって、ひとたびいずれかの構成国で設立された会社法人は、EUレベルで自由に事業活動を営むことが保障され、第三国の企業もいずれかの構成国で会社法人を設立すれば、当該会社法人を通じてこの恩恵に浴することになる。

2　会社の準拠法と「開業の自由」の関係

「開業の自由」の原則は、構成国の国内法との軋轢も生んだ。たとえば、会社の従属法の決定基準がその1つである。会社の従属法は、会社を設立する際に準拠した法律であると解する立場（設立準拠法主義）と会社の実際の事業活動の本拠地が存在する国の法律であると解する立場（本拠地法主義）の対立がある(16)。前者は、会社の設立地と実際の事業活動の本拠地（事実上の本店）は異なってもよいことになるので、ペーパーカンパニー（レターボックス会社等）を積極的に容認する。つまり、設立する際の定款上（登記上）の本店と事実上の本店の分離を認める。これに対し後者の場合は、会社の本拠地で設立すること、すなわち定款上（登記上）の本店と事実上の本店の一致を求めるので、理論上ペーパーカンパニーは想定できないことになる。

---

(16)　本拠地法主義の構成国はたとえば、フランス・ドイツ・ベルギー・オーストリア・ポーランドなど。設立準拠法主義の構成国はオランダ・イタリアなど（構成国ではないが英国、スイス）。設立準拠法主義では、外国で設立され経済的活動は自国内で行う擬似外国会社（いわゆるペーパーカンパニー）を認めるため、オランダ・イタリア・スイスには擬似外国会社に対する規定がある。小梁吉章「会社の従属法理論の制約要因」国際私法年報第17号（2015年）180頁以下参照。なお、オランダの擬似外国会社規制法が「開業の自由」に違反するとされた事例（後述、Inspire Art判決）がある。

ところで、EU 運営条約 54 条が定める会社の連結点（連結素）は、①定款上（登記上）の本店（registered office）、②管理の中心（head office）、③主たる営業所（principal place of business）の３点であるが、設立準拠法主義では、①が自国内にあれば、自国法人と認めるのに対し、本拠地法主義では、自国法人たるには①に加え、②③の事実上の本店も自国内に存在することを要することになる。設立準拠法主義と本拠地法主義のいずれを採用するかは、構成国それぞれの国内法に委ねられており、これを調和せしめる EU 法は未だ存在しない。

したがって、設立準拠法主義をとる構成国で設立された法人は、設立国に「定款上の本店」を置き、もっぱらの事業活動は他の構成国で行うことが可能となるため、EU 域内では、会社法人を設立する構成国を選択する現象が誕生した。選択の基準は、ビジネス上の利点に加え、税制（法人税）や労働政策も視野に入るため、より法人税の低い構成国[17]やより労働者の保護が緩い構成国が企業をひきつけることになり、これらを規制する構成国の国内法や国内的措置は「開業の自由」と緊張関係になる。EU 司法裁判所の先決裁定（判決）は、こうした構成国の国内的措置が、一般的利益として例外的に正当化できるか、さらに比例性の原則に対応しているかを判断枠組として、これらのテストをクリアしないかぎりは、当該国内法または国内的措置を「開業の自由」に対する制限とみなして、EU 法違反となった事案が多く存在している（後述４）。

3　「定款上の本店」の移動と「開業の自由」の原則

では、「開業の自由」の原則は、「定款上の本店」の移動も認めるのだろうか。設立準拠法主義であれ、本拠地法主義であれ、当該設立国の領域内に定款上（登記上）の本店が置かれるので、「定款上の本店」を他国に移転することは、会社の設立に関する準拠法の変更を意味する。A 国で会社法人を設立すると A 国の法律を準拠法として法人格が付与される。「定款上の本店」の所在地を A 国から B 国に移転する場合、設立国 A で会社をいったん解散し、転入国 B の準拠法にしたがって新たに B 国の会社法人として再設立を行うことになり、設立国 A の法人格は維持できない、と一般的に解釈されてきた。

EU 法上の「開業の自由」のダイナミズムは、こうした会社の解散や新しい法

⒄　主な構成国の法人税の実効税率（2019 年）：仏 32.02％、ドイツ 29.89％、伊 27.81％、蘭 25％、ルクセンブルク 24.49％、チェコ・スロヴェニア・ポーランド 19％、アイルランド 12.50％、ハンガリー 9％（http://ecodb.net/ranking/corporation_tax.html）。

人設立を伴わず、他の構成国に「定款上の本店」の登記を移転すること、つまり準拠法を他の構成国の法律に変更して他の構成国の法人としての存在を認めるのか否かという争点を生んだ。

この争点は、Daily Mail 判決以来約 30 年にわたり、「開業の自由」をめぐる EU 司法裁判所の判例で育まれてきた。そして、会社法上の組織再編行為の1つの類型である「組織変更（conversion）」[18]の概念を発展させて、会社の解散や新しい法人設立を伴わずに、法人格を維持したまま、「定款上の本店」を他の構成国に移転して会社法人の準拠法を変更する「越境組織変更（cross-border conversion）」という画期的な概念でとらえる判例が構築された。その後、「越境組織変更」の概念は指令 2019/2121 に組み込まれ、「開業の自由」の原則は「定款上の本店」の移動も認めることが立法的に解決された（本章Ⅰ1(2)参照）。

4　「開業の自由」をめぐる EU 判例の変遷

では、立法的解決に至るまでの「開業の自由」に関する EU 判例の変遷を検討していこう。EU 司法裁判所では 1988 年の Daily Mail 判決[19]に始まり、1999 年 Centros 判決[20]、2002 年 Überseering 判決[21]、2003 年 Inspire Art 判決[22]、

---

(18)　会社法上、一般に会社の基礎の変更には、①定款の変更、②組織再編行為（組織変更・合併・分割・株式交換/移転）③事業譲渡があり、株主総会の特別決議（国によって相違があるが、一般に単純多数決より加重される）による。このうち、法人格に影響を及ぼす会社法上の行為は①・②であり、③は法人格に異動はなく契約で処理されることが多い。②の会社の組織変更とは、株式会社が法人格の同一性を保ちながら、組織を変更して異なる会社形態に変わることをいう。たとえば、株式会社から合資会社へ、合同会社から株式会社への変更である。一般的に、会社法の定める組織変更計画を作成し、組織変更の効力発生日を定め、株主総会（社員総会＝出資者の総会）で同意を得る（ちなみにわが国の場合は総株主の同意が必要。会社法 776 条1項）。組織変更は効力発生日に生じ、その日以降に登記の変更、すなわち解散登記と設立登記を同時に行うことによってなされる。解散はその会社の法人格の消滅を生じさせる原因となる。ただし、日本・ドイツ・フランス等大陸法諸国では、解散により直ちに法人格が消滅するのではなく、法人格は解散後に行なわれる清算・破産手続の終了時まで清算中の会社として維持される（合併の場合を除く）。これに対し英国では、解散により法人格が（ただちに）消滅するとされるため、「清算してから会社の解散」となる（江頭憲治郎『株式会社法（第8版）』（有斐閣、2021 年）1019 頁以下、1039 頁参照）。

(19)　Case C-81/87, *Daily Mail and General Trust*, judgement of 27 September 1988, ECLI:EU:C:1988:456.

(20)　Case C-212/97, *Centros*, Judgement of 9 March 1999, ECLI:EU:C:1999:126.

(21)　Case C-208/00, *Überseering*, Judgement of 5 November 2002, ECLI:EU:C:2002:632.

2005 年 Sevic 判決[23]、2005 年 Marks & Spencer 判決[24]、2006 年 Cadbury Schweppes 判決[25]、2008 年 Cartesio 判決[26]、2012 年 Vale 判決[27]、そして 2017 年 Polbud 判決[28]等がある。

⑴ 本店の移転と「開業の自由」の原則

Daily Mail 判決は「開業の自由」に関する初期の代表的な判例である。この事案で EU 司法裁判所は、イングランド法人 Daily Mail が本店を他の構成国（オランダ）に移転しようとした際、税務当局（設立国・転出国）の許可を必要とする国内法（英国）は「開業の自由」の原則の制限にあたらず、EU 法に違反しないと判示した。「会社は自然人と異なり、法秩序の創造物であるから、共同体法の現状では国内法による創造物である。会社はその設立と機能について定めているさまざまな国内法によってのみ存在している（DailyMail 判決 19 段）」という判決文はのちにさまざまな解釈を招いた。

90 年代後半になり、「開業の自由」により二次開業を認める EU 判例が登場すると、EU 司法裁判所は Daily Mail 判決の判例変更を行ったと評価する向きもあった。しかし、本件は、準拠法をイングランド法とするイングランド法人のまま、その「定款上の本店」つまり登記だけを他の構成国（オランダ）に移転しようとしたものである。この事案で重要なのは、準拠法の変更を想定していない点であり、当時は他の構成国法人に組織変更するという概念は存在していなかった。2010 年代になって「越境組織変更」の概念が登場してから、EU 司法裁判所は判例変更せず論理的に一貫していたことが解った。

⑵ Case C-167/01, *Inspire Art*, Judgement of 30 September 2003, ECLI:EU:C:2003:512.

㉓ Case C-411/03, *Sevic*, Judgement of 13 December 2005, ECLI:EU:C:2005:762. 越境合併において、他の構成国法人を消滅会社として吸収合併を認めない国内法は EU 法に違反するとした事案。

㉔ Case C-446/03, *Marks and Spencer*, Judgement of 13. December 2005, EU:C:2005:763. 非居住会社に損失相殺を認めない国内法規定は EU 法に違反するとした事案。

㉕ C-196/04, *Cadbury Schweppes*, Judgement of 12 September 2006, ECLI:EU:C:2006:544. グループ企業間の損失相殺において、租税回避防止の国内的措置は EU 法に違反しないとした事案。「転入国において経済的効果のある活動を行う施設（同判決 54 段）」は Polbud 判決 34 段に引用された。

㉖ Case C-210/06, *Cartesio*, Judgement of 16 December2008,ECLI:EU:C:2008:723.

㉗ Case C-378/10, *Vale*, Judgement of 12 July 2012, ECLI:EU:C:2012:440.

㉘ Case C-106/16, *Polbud* , Judgement of 25 October 2017, ECLI:EU:C:2017:804.

(2) 二次開業に関する3つの判例

1999年に登場したCentros判決は二次開業（支店開設）に関する画期的な判決として注目を浴びた。本件は、イングランドおよびウェールズ法人Centrosは設立国（英国）に本拠地を持たないペーパーカンパニーでありながら、「開業の自由」に基づき、他の構成国（デンマーク）に支店を開設（二次開業）しようとした事案で、EU司法裁判所は、これを認めない（転入国の）国内法は「開業の自由」の制限にあたり、EU法に違反するとした。ペーパーカンパニーに対して支店開設という二次的な「開業の自由」を認めた最初の事案であり、耳目を集めた。判決は、ペーパーカンパニーの他の構成国における支店開設をもって「開業の自由に対する詐欺的行為および濫用的行為に当たらない（Centros判決29段）」とした。この事案は、二次開業（支店開設）に関する「開業の自由」の行使において、設立準拠法主義の構成国と本拠地法主義の構成国で、ペーパーカンパニーに対する国内的措置のギャップを明らかにした。

続く、2002年のÜberseering判決も二次開業の問題に属する。オランダ法人Überseeringが、事実上の本店を他の構成国（ドイツ）に移転して事業を営むために支店を開設し訴訟当事者能力を得ようとしたところ、転入先の構成国（ドイツ）で新たに法人の設立を求められた。この国内法（ドイツ）が「開業の自由」に対する制限にあたるとした事案である。この事例から、「定款上の本店」と事実上の本店の分離を認める設立準拠法主義のほうが「開業の自由」の行使に整合するという論調が高まった。

2003年のInspire Art判決もCentros判決の類型といってよい。「定款上の本店」を英国内に置いたペーパーカンパニーであるイングランドおよびウェールズ法人Inspire Artが、オランダに支店を開設しようとした際、同社はオランダ法上の擬似外国会社に該当するとして、その旨を記載しない支店登記は不完全であるとされた。これに対し、EU司法裁判所は、他の構成国で有効に設立された会社が支店開設しようとする場合に、擬似外国会社に関する国内法措置により特定の条件を課すことは、「開業の自由」に対する制限であると判示した。本件の国内的措置とは、擬似外国会社による支店開設を排除するものではなく、支店登記にあたり最低資本金や会社債務に対する取締役の責任等の記載を求めたものすぎず、外国会社の倒産防止や会社債権者の保護を目的とするものであった。しかし、EU司法裁判所は、先のCentros判決29段を引用し、本件の国内法的措置を詐欺行為防止等の一般的利益による必要不可欠な場合として例外的に正当化できるとは認めなかった。

これら3つの判例により、他の構成国で設立された会社が支店開設（二次開業）を望む場合、支店開設排除はもちろん、それ以外のなんらかの条件や規制を定める国内法（国内的措置）が正当化されるのは難しく、多くの場合「開業の自由」の制限として EU 法違反となることが明らかになった。これにより、域内市場では、会社を設立する構成国を選択したうえで、実質的な経済活動は他の構成国で二次開業して行うビジネスモデルが助長されてゆくことになる。

⑶ 越境組織変更の概念の登場

2000 年代に入り、会社の「定款上の本店」の移動（一次開業）、すなわち会社の準拠法の変更を争点とする判例によって、「越境組織変更」の概念が登場した。

最初の事例は 2008 年 Cartesio 判決である。本件は、ハンガリー法人 Cartesio が、他の構成国（イタリア）に登記上の本店所在地を移転することを認めない（転出国ハンガリーの）国内法は「開業の自由」にあたらず、EU 法に違反しないとした事案である。判決文では、「準拠法を変更して、転入先の構成国の国内法による会社法人に組織変更することを制限する国内法は、EU 法に違反する（Cartesio 判決 112 段）」として、「準拠法の変更」を「越境組織変更」という新たな概念で解釈することを示した画期的判決である。しかも、「越境組織変更」の際も法人格は「開業の自由」により維持されるとして、転出国は一般的利益による正当化事由がないかぎり、準拠法を変更して転出を望む自国法人に対し清算・解散を課すことも EU 法違反となると解された。もっとも、本件では、Cartesio は準拠法を変更せずハンガリー法人のままイタリアに登記を移転しようとしたため、Daily Mail 判決と同じロジックで転出を認めない国内法は EU 法に違反しないとされた。つまり、Cartesio 判決は、準拠法を転入国の国内法に変更すれば法人格を維持したまま、ハンガリー法人からイタリア法人に組織変更できる可能性を示唆したのである。

その後 2012 年の Vale 判決は、イタリア法人 Vale が他の構成国（ハンガリー）に「定款上の本店」とともに事業のすべてを移転することを認めない（転入国ハンガリーの）国内法は EU 法に違反するとした事案である。Cartesio 判決で示唆された「越境組織変更」が争点となり、それが明示された判決となった。本件は、「定款上の本店」（本店登記）と事実上の本店（実質的な経済活動）をまるごと転入国に移動させ、法人格を維持しまま、準拠法を変更して転入国の会社法人となる、いわゆる「越境組織変更」のケースにほかならない。転入国ハンガリーの国内法は、内国法人の組織変更を認めているものの、イタリア法からハンガリー法への準拠法の変更を伴う組織変更は認めないとしており、これが「開業の自由」の制限にあたりEU法に違反するというロジックである。越境組織変更の場合、法人格の維持はEU法（「開業の自由」）が担うという、EU法のきわめて固有な解釈論が展開された。

(4)「定款上の本店」の移動──準拠法の変更による越境組織変更

2017年、EU司法裁判所はPolbud判決において、構成国の会社法人が「開業の自由」により、転入国が認めるかぎりにおいて、事実上の本店を残したまま準拠法を変更して、その「定款上の本店」の登記のみを転入国に移転できることを認めた。Polbud社はポーランドで操業を続けつつ、本店登記だけをルクセンブルクに移転し、法人格を維持したまま、ルクセンブルク法人となることが認められた。これは、転入国での実質的な経済活動を伴わずに「定款上の本店」だけ移転して、転入国の会社法人として組織変更することが、「開業の自由」によって可能となるとした、影響力の大きい判決である。

EU法上の「開業の自由」により、準拠法を変更しても法人格は維持されるという解釈(29)は、Cartesio判決・Vale判決・Polbud判決により判示されてきた。Polbud判決後、「越境組織変更」の立法化が急務となり、指令2017/1132の改正作業が着手され、指令2019/2121が成立したことは、既に解説した（本章Ⅰ1(2)参照）。EU司法裁判所も、判決文の中で、徐々に転入国での経済的活動実態の必要性を言及しなくなってきており、「開業の自由」によるダイナミックな越境組織変更の時代を迎えたのか、それとも、新たに「開業の自由」の濫用に関するEU判例が構築されていくのか、注目される。

---

(29) Michel MENJUCQ, *Droit International et européen des sociétés* 6é, LGDJ, pp.142-144. これに対し、会社法学や実質的な経済活動実態を重視する立場からは批判がある。たとえば、そもそも組織変更とは、会社法上、株式会社から有限責任会社、といった会社形態の変更を意味する。その結果、株式会社法から有限会社法といった準拠する法律の変更を伴うことはあっても、本店登記の越境的な移転の結果、会社の準拠法が他国の法律に変更されるという解釈はまさにEU法固有といえる。越境的な準拠法の変更は、時間的には連綿としていてもやはり変更時に法人格の不連続を招いており、結局、「越境組織変更」は他国の会社法人としての「新たな（exnihilo）設立」ではないか、という指摘もある（Tanguy ALLAIN, *Droit des Sociétés*, 12/2012, pp. 6-9: Laurence IDOT, *Europe* 10/2012, pp. 33. Comm 386:Gilbert PARLEANI, *Revue des Sociétés*, 11/2012, pp. 645 et suiv.）。

〈参考文献〉

上田廣美「越境組織再編行為に関する指令の成立と Brexit」EU 法研究 8 号（2020 年）
高橋英治『ヨーロッパ会社法概説』（中央経済社、2020 年）
中村民雄・須網隆夫編著『EU 法基本判例集（第 3 版）』（日本評論社、2019 年）

第4章
域内市場(4)
── 人の自由移動・EU 市民 ──

本章のあらまし

この章では、まず、域内市場の１つである人の自由移動を取り上げる。人の自由移動は労働者の自由移動の確保から発展し（Ⅱ）、現在では労働者に限らず、EU 市民の自由移動が保障されている（Ⅲ）。さらに、自由、安全および司法の領域の一部である、第三国の移民に関する措置（Ⅳ）および難民にかかわる措置（Ⅴ）をここで取り上げることにする。Ⅱの２で取り上げる人の自由移動に関する指令 2004/38 は、EU 司法裁判所の解釈により、同性婚制度を認めない構成国においても同性婚の結果を実質的にもたらすようになっている。日本人の第三国の国籍を有する者がどのような形で自由移動の権利を認められるのかにも触れている。

Ⅰ　人の自由移動の発展

域内市場（internal market）は、物、人、サービスおよび資本の４つの自由移動が確保される域内国境のない領域を意味する（EU 運営条約 26 条２項）。人の自由移動は、これら４つの自由移動の１つである。人の自由移動の意味は、これまで人の自由移動は欧州経済共同体の設立から現在に至るまで大きく変化してきている。「人」は、1958 年に欧州経済共同体（European Economic Community）が設立されたときは、「労働者」を意味した。EEC 条約は、関税同盟、さらに共同市場（common market）の創設を目指していた。EEC 条約２条は、「共同体の使命は、共同市場の設立および構成国の経済政策の漸進的接近により共同体全体の経済活動の調和した発展、持続的かつ均衡的な拡大、安定強化、生活水準の一層すみやかな向上および構成国間の関係の緊密化を促進することである」と規定していた。共同市場の設立が共同体の経済的発展の手段であった。欧州経済共同体と言うように文字通り、経済の発展を中心に据えた共同体条約となっていた。「共同体の基礎」と題される EEC 条約第 2 部の第 3 編第 1 章が「労働者」に充てられた。EEC 条約 48 条は、労働者の自由移動を定めていた。現行の EU 運営条約 45 条に相当する。自営業者の開業の自由と合わせて、経済活動者の自由移動を確保することが第一義的な目的であった。

「人」の概念を大きく変えたのが、1993 年発効の欧州連合条約（マーストリヒト条約）である。マーストリヒト条約により「EU 市民」の概念が誕生した。これにより、人の自由移動が単に経済活動者の自由移動から非経済活動者の自由移動を含むようになった。さらに、1999 年発効のアムステルダム条約により、EU において国境コントロールを廃止するシェンゲン圏が形成された。これに伴い、難民の受け入れ基準を EU レベルで同一にする共通難民政策が開始された。

Ⅱ 「労働者」の移動の自由

1 「労働者」とは

労働者に関する規定は、EU 運営条約 45 条〜49 条である。EU 運営条約 45 条 1 項は、「労働者の自由移動は、連合内において確保される」と定めている。EU 法上の「労働者」の概念は、EU 構成国の国内法における「労働者」の概念とは一致せず、独自の概念となっている。もっとも、EU 運営条約においては、「労働者」の概念が定義されておらず、EU 司法裁判所の判例法によりその明確化が進んできた。

(1) 判例法における「労働者」概念

EU 司法裁判所は、「労働者」を非独立的な活動をし、賃金・報酬関係にある者と定義した。独立した活動をする（自営業）者に対しては、開業の自由を定める EU 運営条約 49 条以下が適用される。賃金・報酬関係にある者は、経済活動者を意味するため、奉仕活動者は含まれない。また、「労働者」には、主に雇用者との雇用契約に基づいて労働を提供する者が当てはまる。判例法により、雇用関係における労働につき、重要なのは、「実質的かつ真正な活動（effective and genuine activities）」であることとされている。就業期間、賃金の高低、また、雇用形態（正社員、パート等）は基準とならない。たとえば、53/81 Levin 事件では、第三国の国籍をもつ夫のイギリス人の女性がオランダで居住許可を申請したものの、労働収入が最低賃金よりも低かったため、拒否されために、オランダの裁判所に訴えを起こし、同裁判所が EU 司法裁判所に先決裁定を求めたものである。EU 司法裁判所は、最低賃金より低いこと、また、パート労働であることは拒否の理由に当たらないとした[(1)]。求職者も「労働者」とみなされる。EU 司法裁判所は、66/85 Lawri-Blum 事件において、「雇用関係の本質的な特徴は、一定期間、ある者が他の者のためにかつその者の指揮下で給付を行い、それに対し報償を受け取ることである」とした[(2)]。これは、ローリー・ブルームの定式と呼ばれる[(3)]。

⑵ 労働者の移動の自由の確保と EU 措置

ⅰ EU 措置の必要性

経済統合、特に共同市場の実現のためには、労働者の移動の自由を実質的に確保することが必要であった。EU 運営条約 45 条は、労働者の自由移動の確保を定めているが、労働者のみの自由移動を定めるだけでは不十分であった。そこで、労働者の移動を容易にするために、これまでさまざまな措置が採択されてきた。たとえば、A 国に住む労働者 X が B 国に仕事を見つけたとしても、A 国から B 国に移動すると決めるためには、さまざまな状況を検討することになる。もし X に家族（配偶者や子供等）がいる場合、家族にも X と同様な移動の自由が認められていないと難しいだろう。そこで、本人だけではなく、家族にも移動の自由を認める規則 1612/68 が 1968 年に採択された（この規則は、後述する規則 492/2001 により廃止された）。また、X が既に A 国で何年も労働者として働いてきた場合、これまで積み立ててきた年金や保険等が無駄にならないという安心が必要であろう。そこで、労働者およびその家族への社会保障制度の適用を定める規則 1408/71[(4)]が 1971 年に採択された。この規則は、現在も効力を有する。また、労働者が退職年齢を迎え、会社を退職したとしても、B 国で雇用終了後も滞在できるという権利が保障された（規則 1251/70）。なお、この規則は、後述する EU 市民権の確立とともに不要となり、廃止された。

⑴ Case 53/81, *Levin v Staatssecretaris van Justitie*, Judgment of 23 March 1982, ECLI:EU:C:1982:105, paras. 15-16.

⑵ Case 66/85, *Lawrie-Blum v Land Baden-Württemberg*, Judgment of 3 July 1986, ECLI:EU:C:1986:284, para. 16.

⑶ 橋本陽子『労働者の基本概念』（弘文堂、2021 年）297 頁。

⑷ OJ 1971 L149/2, Regulation 1408/71 on the application of social security schemes to employed persons and their families moving within the Community.

(ii) 労働者の移動の権利に関する措置

1968年に採択された労働者の移動の自由に関する規則1612/68にとって代わったのが、2011年に採択されたEUにおける労働者の移動の自由に関する規則492/2011[(5)]である。同規則は、EU運営条約46条を法的根拠条文にしている。同規則の前文では、公共政策、公的安全または公衆衛生の理由により正当化されない国籍に基づく差別の廃止が強調されている（前文2段）。EU構成国であるA国においてEU構成国のB国の国民が雇用領域においてA国の国民と同様の権利をもち（1条）、同様に取り扱われなければならない（7条1項）。非EU構成国国民に対してはこの限りではない。雇用アクセス、労働条件、職業訓練のアクセスにおいても差別することは禁じられる（7条1項）。平等取り扱いは、社会的および税的優遇も含む（7条2項）。労働組合員および労働者代表機関の代表選出資格も同様に与えられる（8条）。職種上言語知識の要求は、合理的でかつ必要な範囲で認められる（3条1項）。EU構成国国民である労働者の子供は、他の構成国において、同国の国民と同様な条件の下で教育、実習、職業訓練を受けることができる（10条）。なお労働者の家族（配偶者、子供）の自由移動は、EU市民である限り、問題なく認められるため、同規則においては特段の定めはない。本規則では、EUの労働市場を如何に効率よく回すことができるか、つまり労働力不足を解消し、雇用の機会を提供すること、に主眼が置かれている。そのため、欠員補充の制度が規定されている（13条以下）。さらに、EUの労働市場で効率的に職を見つけやすくするために、また、職の欠員が効率よく埋まるように欧州調整局（European Office for Coordinating the Clearance of Vacancies and Applications of Employment）が設立された（18条）。また、労働者の自由移動にかかわる問題を検討するEU構成国政府、労働組合および雇用者団体の代表から構成される諮問委員会が設定された。

EU運営条約45条において付与された基本的自由の行使のための実質的な権利、自由移動の権利は、規則492/2011において定められている。これらの権利の実現を確保するために、2014年に指令2014/54[(6)]が採択された。同指令の法的根拠条文は、EU運営条約46条である。国内法化・実施期限は2016年5

(5) OJ 2011 L141/1, Regulation 492/2011 on freedom of movement for workers within the Union.

(6) OJ 2014 L128/8, Directive 2014/54 on measures facilitating the exercise of rights conferred on workers in the context of freedom of movement for workers.

月21日に設定された。この指令の特徴は、EU運営条約45条および規則492/2011において付与されている労働者の権利が十分に保障されておらず、また、差別を受けているとEU労働者が考える場合に司法的救済手続が確保されるよう国内機関に要請していることである（権利の防御）（3条）。また、同指令は、構成国に労働者およびその家族が国籍に基づく差別を受けたり、権利が制限されたりしないようする、平等取り扱い促進のための機関を設立することを要請している（4条）。

(3) EU運営条約45条の水平的直接効果

EU運営条約45条は、労働者の移動の自由を定めているが、この条文が直接効果を持つだけではなく、私人間にも適用されること（水平的直接効果）が判例により確立した(7)。C-415/93 Bosman事件では、サッカー選手であったBosmanが、移籍金がネックになって他の構成国のサッカーチームに移籍できないことがEU法違反であると争われた。同事件では、EU司法裁判所は、構成国の国民であるサッカー選手がもし新契約クラブが旧クラブに対し移籍金を支払わなければ、他の構成国のクラブに雇用されないというスポーツ連盟のルールは、EU運営条約45条（当時EEC条約48条）違反であるとし、同時にサッカークラブが他の構成国の国民であるプロ選手の数を制限するスポーツ連盟のルールも同条違反であるとした(8)。

Ⅲ　EU市民の自由移動

1　EU市民権と移動の自由

1992年に署名され、1993年に発効した、マーストリヒト条約により「EU市民」および「EU市民権」という概念が導入された。いずれのEU構成国の国民であれば、EU市民となり、EU市民権を享受することができる（EU運営条約20条）。EU市民権には、欧州議会および地方選挙における選挙権および被選挙権の権利、欧州議会に対する請願権や外交・領事保護権も含まれるが、EU市民であれば、経済活動の有無にかかわらず、移動・居住の権利を享受することができる。EU運営条約21条は、「すべての連合市民は、両条約(EU条約とEU運

(7)　ここの箇所は、中西優美子『EU法』（新世社、2012年）267-268頁を基礎にしている。

(8)　Case C-415/93, *Union royale belge des sociétés de football association ASBL v Bosman and others*, Judgment 15 December 1995, ECLI:EU:C:1995:463, paras. 87, 104, 120.

営条約）およびその実施のために採択された措置に規定される制限および条件に従い、構成国の領域を自由に移動し、またそこに居住する権利を有する」と定める。これにより、原則として、労働者や自営業者などの経済活動者のみならず、非経済活動者である学生、年金生活者等も自由に移動し、また、居住することができる。もっとも移動・居住の自由は、無条件ではなく、採択された措置に規定される条件に服する。

2　EU 市民の自由移動のための措置

EU 運営条約 21 条 1 項は、EU 市民の移動および居住の自由を定めており、同条 2 項は、移動・居住の自由を達成するための措置採択の法的根拠条文となっている。マーストリヒト条約により EEC 条約が改正され、EC 条約 8a 条に現行の EU 運営条約 21 条に相当する条文が追加された（EC 条約 8a 条は、その後、EC 条約 18 条になり、現在の EU 運営条約 21 条となった）。EU 運営条約 21 条（旧 EC 条約 18 条）を含む、複数の法的根拠条文に基づき、EU 市民およびその家族の移動および居住の自由の権利に関する指令 2004/38[(9)]が 2004 年に採択された。同指令により、上述した労働者およびその家族の移動の自由を定める規則 1612/68 を初め、いくつかの EU 措置が廃止され、一本化された。同指令は、2004 年 4 月 30 日に発効し、同指令の国内法化・実施期限は、2006 年 4 月 30 日に設定された。現在も有効である。この指令は前文と 42 か条から構成されている。EU 運営条約 21 条 1 項が EU 市民の移動・居住の自由の権利を定めているのに対して、当該指令は EU 市民およびその家族の権利に対する条件を定めている。

EU 市民の家族とは、①配偶者、②国内法に従い登録されたパートナーシップを結んでいるパートナー、③ 21 才未満の直系の子孫または被扶養者および配偶者もしくはパートナーの同等の者（平たく言えば子供）、④遡る直系の被扶養者および配偶者もしくはパートナーの同等の者（平たく言えば親）である（2 条）。このような規定から家族は、EU 構成国国民に限らず、第三国国民でもある。たとえば、フランス人のパートナーである日本人にも EU 市民の家族としてこの指令は適用されることになる。第三国国民である家族は、入国ビザを必要とされるが、構成国は必要なビザを取得できるよう便宜を図らなければなら

---

(9)　OJ 2004 L158/77, Directive 2004/38 on the right of citizens of the Union and their family members to move and reside freely within the territory of the Member States.

ない（5 条 2 項）。第三国国民である家族は、有効な滞在カードを所有している場合、他の EU 構成国に入国するのに出国または入国ビザは必要とされない（4 条、5 条）。居住の権利について、3 か月を超えない期間であれば、EU 市民およびその家族は、他の構成国に居住する権利を有する（6 条）。EU 市民が受け入れ構成国において労働者または自営業者であれば、3ヵ月を超えても居住することができる。しかし、そのような経済活動者でない場合（学生または年金生活者等）は、受入構成国の社会扶助制度（social assistance system）の負荷にならないように十分な資金（sufficient resources）を有し、かつ、包括的な健康保険に加入していなければならない（7 条）。EU 市民が 5 年間継続的に受け入れ構成国に合法的に住んだ場合、永住権を得ることができる（16 条 1 項）。ただ、受入国の社会扶助制度に対して不当な負担となっていないことが条件となる（14 条 1 項）。EU 市民の家族にも同様に当てはまる（16 条 2 項）。1 年のうち 6 か月未満一時的に受け入れ国に不在であったとしても継続的とみなされる（16 条 3 項）。また、妊娠、出産、重病、留学、職業訓練など重要な理由で最大 12 か月不在であったとしても継続性には影響がない（16 条 3 項）。たとえば、ドイツ人と結婚した日本人が出産のため日本に 10 か月一時帰国したとしても継続性に関しては問題がない。EU 市民およびその家族に対して構成国は自国民と同等の取り扱いをすることを義務づけられるが、経済活動者の居住期間が 3 か月を過ぎていない場合は社会扶助を与えることを義務づけられず、また、学生に対しては、永住権を取得するまでは、学業援助金を与えることも義務づけられない（24 条）。

指令 2004/38 は、それまでの EU 措置を一本化すると同時に判例の中で問題となった事項を明示的に規定する役目も持っている。受け入れ構成国の社会扶助制度の負担にならないというのは 1 つの重要な基準となっている。構成国は、労働者や自営業者であっても最初の 3 か月は社会扶助を与えることを義務づけられないというのも財政的な観点からの配慮である。2001 年の C-184/99 Grzelczyk 事件[10]では、フランス人学生のグルゼルチクがベルギーで大学に通っていたが、アルバイトが続けられず、生活保護給付を求めたが、ベルギー社

(10)　Case C-184/99, *Rudy Grzelczyk v Centre public d'aide sociale d' Ottignies-Louvain-la-Neuve*, Judgment of 20 September 2001, ECLI:EU:C:2001:458; 中村民雄「EU 市民権の基本的地位と国籍差別禁止原則」中村民雄・須網隆夫編『EU 法基本判例集（第 3 版）』（日本評論社、2019 年）194-201 頁。

会扶助局はそれを拒否したことが問題となった。同事件では、グルゼルチクがEU 市民であることからの平等取り扱い原則が適用された。事件後、採択された指令 2004/38 では、上述したように構成国の財政面を考慮するものとなっており、それを踏まえ、C-333/13 Dano 事件(11)を契機に受入国での社会扶助受給権が認められにくくなっている。

3　人の自由移動に関する指令 2004/38 にかかわる判例

上述した人の自由移動に関する指令 2004/38 は、EU 市民およびその家族がEU 構成国の領域を自由に移動し、居住する権利が容易に行使されうることを目的とする。同指令は、EU 市民およびその家族が他の EU 構成国の領域に自由に移動し、居住する権利を規定している。C-673/16 Coman 事件(12)では、EU市民である男性が第三国国民である別の男性と同性婚が認められるベルギーで結婚し、同 EU 市民は母国であるルーマニアにその「配偶者」と一緒に戻り、居住することを望んだ。本件では、EU 市民が自国に戻り居住する権利が問題となっており、厳格な意味では当該指令の適用範囲ではなかったが、EU 司法裁判所は、これまでの判例法により EU 運営条約 21 条の実効性を確保するためには EU 市民が自国に戻りそこで家族構成員と一緒に家族生活を送る権利を含んでいるとして、「配偶者」である第三国国民に居住の権利を認めた。さらに、ルーマニアでは、同性婚は制度して認めておらず、婚姻制度という国内法の領域にある事項に対して、EU 法が規律する人の移動・居住の自由がどのように確保されるかが問題となった。司法裁判所は、当該指令 2004/38 の 2 条 2 項(a)の「家族構成員」としての「配偶者」という文言が性的に中立（gender-neutral）であり、EU 市民の同性の配偶者も対象としうるとした。構成国法が同性婚を認めていないという理由により居住の権利を他の構成国で承認された同性婚の「配偶者」である第三国国民に与えないということは許容されないとした。

---

(11)　Case C-333/13, *Elisabeta Dano and Florin Dano v Jobcenter Leipzig*, Judgment of 11 November 2014, ECLI:EU:C:2014:2358; 橋本陽子「EU 市民の自由移動―受入国での社会扶助受給権」中村民雄・須網隆夫編『EU 法基本判例集（第 3 版）』（日本評論社、2019 年）202-209 頁。

(12)　Case C-673/16, *Coman v Inspectoratul General pentru Imigrări*, Judgment of 5 June 2018, ECLI:EU:C:2018:385; 中西優美子「EU 構成国における居住の権利と同性婚」自治研究 95 巻 9 号（2019 年）92-104 頁。

また、C-490/20 V. M. A. 事件(13)では、2 人の女性を両親とする子供の出生証明書がスペインの機関により発行されたが、子供の国籍国であるブルガリアでは同性婚は認められておらず、出生証明書の発行を拒否したことが問題となった。司法裁判所は、当該指令 2004/38 の 4 条 3 項は、新たな出生証明証が子供のために作成されるか否かにかかわらず、ブルガリア機関に子供の身分証明証または旅券を発行するように要請するとし、ブルガリア機関にスペインの出生証明証を承認し、身分証明証または旅券を発行するように義務づけた。この事件では、EU 運営条約 21 条 1 項、それを実施するための指令 2004/38、並びに家族の権利を定める EU 基本権憲章 7 章および子供の権利を定める 24 条が結びつけられて、婚姻および親子関係に関する事項は構成国の権限であり、同性婚の承認は国家のアイデンティティにかかわりうるが、子供が両親のいずれとも構成国の領域内を自由に移動し、居住する権利が保障されなければならないとされた。

Ⅳ　第三国の移民

EU 市民と非 EU 市民では、取り扱いに大きな違いがある。たとえば、EU 構成国に旅行したときでもパスポートコントロールは EU 市民と非 EU 市民で区別されている。とは言っても、EU 構成国に合法的に長期間住んでいる非 EU 市民には、特別の地位が設定されている。また、人権保護の観点から、非 EU 市民の家族の呼び寄せについても EU 措置が採択されている。さらに、高度な技能を有する第三国国民を労働者として受け入れたいという EU 構成国の思惑もある。

1　長期居住者である非 EU 市民に関する条約条文と EU 措置

1997 年にアムステルダム条約が署名され、1999 年に同条約が発効した。同条約により EU の枠外で締結された国境コントロールを廃止するシェンゲン協定がシェンゲン・アキとして EU に取り込まれた。国境コントロールの廃止は、いったん EU の構成国のいずれかに入国すると、他の構成国に自由に移動

---

(13)　Case C-490/20, *V. M. A. v Stolichna obshtina, rayon 'Pancharevo'*, Judgment of 14 December 2021, ECLI:EU:C:2021:1008; 中西優美子「EU におけるレインボー家族の親子承認義務」自治研究 98 巻 4 号（2022 年）124-135 頁。

できることにつながる。それゆえ、移民および難民に対して共通のルールが必要とされ、アムステルダム条約により、「自由、安全および司法の領域」という概念が導入され、EC条約に「査証、庇護、移住および人の自由移動に関する他の政策」という新しい編が追加された（EC条約61条〜69条）。

EU運営条約79条（旧EC条約63条3項および4項）は、共通移民政策を定めている。共通移民政策は、移民の流れの効率的な管理、構成国に合法的に住む第三国国民並びに違法移民および人身売買の防止およびそれらと闘う措置を確保することを目的とするとしている（79条1項）。同条2項が措置の法的根拠条文となっている。

旧EC条約63条3項および4項（現行のEU運営条約79条）に基づいて、2003年に長期居住者の第三国国民の地位に関する指令2003/109(14)が採択された。同指令は、2003年1月23日に発効し、国内法化・実施の期限は2006年1月23日に設定された。同指令は、前文と28か条から構成される。同指令に基づきEU構成国は、自国に5年間合法的かつ継続的に居住している第三国国民に長期在留資格（long-term resident status）を付与しなければならない（4条）。構成国は、申請者およびその家族に対する長期在留資格取得の条件として、安定したかつ定期的な財源をもつことおよび健康保険に加入していることを要請しなければならない、追加的に構成国は国内法に基づき統合条件（integration conditions）を満たすことを要請することができる（5条）。統合条件とは、その国の言語習得や歴史・政治等の知識習得等を意味する。第三国国民は長期在留資格を自ら申請しなければならない（7条）。長期在留資格の許可証は、少なくとも5年の効力をもち、（必要に応じて申請があれば、）自動的に更新されなければならない（8条）。詐欺の場合や公共政策また公共の安全への脅威がある場合は、資格がはく奪される（6条、9条）。長期在留資格保持者は、以下の点について国民と同様の取り扱いを享受にしなければならない。①雇用および自営業へのアクセス、②国内法に従った奨学金を含む、教育および職業訓練、③関連国内法に従った職業上のディプロマ、証明書等の承認、④社会保障、社会扶助および社会的な保護、⑤税制優遇措置等（11条）。また、長期在留資格保持者は、一定の条件の下で他の構成国に3か月を超えて居住する権利を有する（14条）。被雇用者または自営業者として経済活動をする場合、学業もしくは職業訓練の

(14) OJ 2004 L16/44, Directive 2003/109 concerning the status of third-country nationals who are long-term residents.

場合、その他の理由で第 2 の構成国に居住することができる。長期在留許可保持者は、入国後 3 か月以内に在留許可を求めて第 2 の構成国の管轄機関に申請しなければならない（15 条 1 項）。第 2 の構成国は、財産証明および健康保険を要請することができる（15 条 2 項）。第 2 の構成国への居住には家族を伴うことができる（16 条）。この指令は、「自由、安全および司法の領域」にかかわる分野でオプト・アウトをしている、アイルランドおよびデンマークには適用されない（前文 25 段および 26 段）。

2　家族の再統合に関する措置

長期在留資格の場合は、当然その家族にも居住する権利が与えられている。EU 基本権憲章 7 条は、家族生活の尊重の権利を定めている。EU 基本権憲章が効力をもつ以前から、指令 2003/86[15]は、家族の再統合（family reunification）の権利を定めている。これは、EU 構成国に合法的居住している非 EU 市民の家族構成員が EU 構成国にいる家族と一緒に暮らすことを可能にすることを目的としている。法的根拠条文は、EC 条約 63 条 3 項(a)、つまり現行の EU 運営条約 79 条 2 項である。

指令 2003/86 は、構成国の領域に合法的に居住している第三国国民の家族再統合の権利行使の条件を定めている（1 条）。当該第三国国民が永住権を得るという妥当な見通しをもち、1 年以上の有効な滞在許可証保持者である場合にこの指令が適用される（3 条）。呼び寄せることのできる家族とは、未成年者の子供と配偶者である（4 条 1 項）。未成年であるか否かは、居住している構成国の法により、また、未婚でなければならない（同）。構成国は、国内法により入国および居住を認める家族の範囲を若干拡大することができる（親、成人している未婚の子供、パートナー）（4 条 2 項）。構成国は、公共政策、公共安全または公衆衛生の理由により入国・居住申請を拒否することができる（6 条）。この指令は、デンマークおよびアイルランドには適用されない（前文 17 および 18 段）。

3　非 EU 市民に関する措置

(1) 第三国国民の労働者に関する措置

長期在留資格をもたない第三国国民の労働者に対して、指令 2011/98[16]が存

---

(15)　OJ 2003 L251/12, Directive 2003/86 on the right to family reunification,

(16)　OJ 2011 L343/1, Directive 2011/98 on a single application procedure for a single permit for third-country nationals to reside and work in the territory of a Member States and on

在する。同指令は、ある構成国の領域に居住し働く第三国国民に対する単一許可（single permit）手続の単一適用手続並びに構成国に合法的に居住している第三国の労働者の権利に関するものである。法的根拠条文は、EU 運営条約 79 条 2 項(a)と(b)である。前文と 18 か条から構成される。EU レベルで単一適用手続のフォーマットが設定されている（規則 1030/2002）。

⑵ 研究、留学、訓練、ボランティア、交換留学およびオーペアのための第三国国民の入国および居住条件に関する措置

2006 年に採択された指令 2006/801[17]は、第三国国民である研究者、留学生、訓練生、ボランティア、学生およびオーペアの入国および居住条件を定めている。オーペア（au pairing）とは、日本では聞きなれないかもしれないが、外国語の習得を目的として、家事手伝いをして外国の家庭に住まわせてもらう制度で、それを利用する人のことを言う。ヨーロッパ（フランス、ドイツ等）ではよく行われている。同指令は、2016 年 5 月 22 日に発効し、国内法化・実施の期限を 2023 年 5 月 23 日に設定している。法的根拠条文は、EU 運営条約 79 条 2 項(a)と(b)である。同指令は、これまで存在した指令 2004/114 および 2005/71 の規定事項を統合し、また、オーペアなど新たな事項を盛り込んだものとなっている。研究者に関しては、研究活動をする第三国国民にとって EU がより魅力になるように、研究者の家族を伴い、また、EU 域内のモービリティを享受できるようにすべきという考え方が背景にある（前文 11 段）。EU を優れた研究・訓練の世界的な場所として促進するために、入国・居住の条件を改善し、単純化すべきということが認識されている（前文 14 段）。本指令は、前文と 43 か条から構成されている。デンマークおよびアイルランドには適用されない（前文 65 および 66 段）。入国・居住の条件として、それぞれのカテゴリー（研究者、留学生等）で必要とされる条件を満たすことと（たとえば研究者の受け入れ証明書、大学入学許可証明書など）、一般的な条件である有効な旅券、十分な財源の証明および健康保険加入がある。学生は、週に 15 時間を超えない範囲で働くことができる（24 条）。

---

a common set of rights for third-country workers legally residing in a Member State.

⒄ OJ 2016 L132/21, Directive 2016/801 on the conditions of entry and residence of third countries nationals for the purposes of research, studies, training, voluntary service, pupil exchange schemes or educational projects and au pairing.

(3)「EUブルーカード」措置

アメリカの「グリーンカード」を連想させる、「EUブルーカード（EU Blue Card）（居住許可証）」が創設された。2009年に高度技能人材雇用のための第三国の入国および居住条件に関する指令2009/50[18]が採択された。この指令は、EU「ブルーカード」指令と呼ばれる。同指令は、前文と25か条から構成される。法的根拠条文は、EC条約63条3項と4項（現行EU運営条約79条）である。同指令は、2009年5月25日に発効し、国内法化の期限は2011年6月19日に設定された。同指令は、2023年11月18日に指令2021/1883[19]がそれにとって代わることになっている。指令2021/1883は、2021年11月17日に発効し、国内法化・実施期限を2023年11月18日に設定している。リスボン条約発効後採択された指令2021/1883は、EU運営条約79条2項(a)と(b)を法的根拠条文としている。

「EUブルーカード」指令は、EUにおける労働市場効率の改善、技能不足を防ぎ、地域的な不均衡を修正するという役目をもち、第三国国民にとってEUの労働市場が魅力的なものとなるように、ブルーカード保持者およびその家族として高度人材雇用に対する居住許可の条件をEUレベルで統一し、手続を簡素することを目的としている（指令2021/1883の1条）。ブルーカード保持者のみならず、その家族に指令2003/86指令が適用され、居住の権利を有する（同17条）。指令2021/1883は、現行指令2009/50よりもよりブルーカード取得手続を簡素化し、申請の条件を緩和し、より多くの人材を集めることができるような形で変更が加えられている。当該指令の前文2段では、能力・技能保持者にとってEUが魅力的な場所であるために、EUはグローバル・レースで競争しなければならず、合法移民の機会を最大限にする戦略が展開されるべきだと述べられている。また、第三国からの高度人材を引き寄せるために、また、労働者のモービリティを促進するために明確で透明なEUレベルでの許可制度が設定されるべきとされている（同前文6段）。特にICT分野における人材が不足していることが認識されている（同前文10段）。より高度な人材雇用（higher qualified employment）とは、真にかつ効果的な労働の目的で雇用される者、労働に対して賃金が支払われること、さらに、必要とされる高度な職業上の資格を

---

(18) OJ 2009 L155/17.

(19) OJ 2021 L382/1, Directive 2021/1883 on the conditions of entry and residence of third-country nationals for the purposes of highly employment.

有する者という3つの条件を満たす者の雇用となる（同2条）。より高度の職業上の資格とは、より高度な教育を受けてきた者またはより高度な職業上の技能を有する者である。ブルーカードの保持者は、ブルーカードを発行した構成国の国民と平等の取り扱いを受ける（同16条）。構成国は、指令が定めるよりも高度人材雇用のためにより有利な条件を設定することができる（同4条2項）。必要とされる雇用契約が現行の指令では、1年以上を必要としていたが、指令2021/1883では6か月以上に短縮された（同5条1項）。また、ブルーカード保持者は一定の条件を満たせば、長期滞在許可証を取得することができる（同指令18条、19条）。ブルーカード保持者は、ビジネス目的でEU構成国内を180日間のうち90日間であれば、自由に移動し、滞在することができる（同20条）。ブルーカード発行国に1年以上居住した後、第三国国民は別の構成国に高度人材雇用のために移動し、居住し、働くことができる（同21条）。

V 難 民

1 共通欧州庇護制度

アムスルダム条約発効後、1999年10月にタンペーレ欧州首脳理事会の総括において共通欧州庇護制度（Common European Asylum System, CEAS）を発展させるという事項が確認された。2005年までの第1段階においては、最小限の基準形成の形で法的枠組条件が作られた。ダブリンII規則343/2003、Eurodac I規則2725/2000、受入基準I指令2003/9、庇護要件I指令2004/83、庇護手続I指令2005/85、一時的な保護のための指令2001/55が採択された。第1段階では、最小限の基準形成の形で共通の法的枠組条件がつくられた。その後、CEASの第2段階は、2004年のハーグ・プログラムを基礎とし、統一的かつ効果的な難民手続の導入を目標とした。2009年12月10日、11日の欧州首脳理事会はストックホルム・プログラム[20]を承認した。第2段階のCEASは「庇護パッケージ2013」と呼ばれる。法行為としては、ダブリンIII規則604/2013、Eurodac II規則603/2013、受入基準（reception）II指令2013/33、庇護要件（qualification）II指令2011/95、庇護手続（procedure）II指令2013/32になる。また、2010年に規則439/2010によりEUの下部機関である欧州難民支援事務

---

(20) OJ 2010 C115/1.

局（European Asylum Support Office、EASO）が設立され、2011年より活動を開始した[21]。現在は、2022年1月29日に発効した2021/2303[22]により、EU庇護庁（European Union Agency for Ayslum、EUAA）となった。また、ポーランドのワルシャワで、欧州国境沿岸警備機関（European Border and Coast Guard Agency、FRONTEX）が活動している。その活動の法的基礎は、規則2019/1896である。法的根拠条文は、EU運営条約72条(2)(b)と(d)、79条(2)(c)である。

2　庇護要件指令

CEASの第1段階で、「難民」の定義並びに補充的保護の地位および地位の内容に関する指令、正式には難民としてまたはその他国際的な保護を必要とする者としての第三国の国民または無国籍者の庇護要件および地位のための最小限の基準並びに付与される保護の内容に関する指令2004/83が2004年に採択された。略して「庇護要件指令」と呼ばれる。同指令は、EC条約63条1項(c)、2(a)および3(a)を法的根拠条文とした。庇護要件指令は、難民としての庇護申請者の承認のために共通の基準を導入し、EU構成国がジュネーブ難民条約の意味における難民への「国際的な保護」と補充的保護（subsidiary protection）を供することを明確にした。CEASの第2段階において、2011年に現行のいわゆる庇護要件Ⅱ指令が採択された。指令の名称は、国際的な保護の受益者として第三国国民または無国籍者の庇護要件、難民または補充的保護を受益しうる者の統一的な地位、および付与される保護の内容に対する法規に関する指令2011/95[23]である。同指令は、EU運営条約78条2項(a)および(b)条約を法的根拠条文としている。同指令は、2012年1月9日に発効した。当該指令は、前文53段と41か条により構成されている。なお、この指令はデンマークには適用されない。

EUの難民政策の特徴の1つは、庇護（国際的な保護）の範囲をジュネーブ難民条約の意味における難民だけではなく、補充的保護（subsidiary protection）を必要とする者に対しても広げている点にある。逆に日本で難民として認められ

---

(21)　OJ 2010 L132/11, Regulation 439/2010 establishing a European Asylum Support Office.

(22)　OJ 2021 L468/1, Regulation 2021/2303 on the European Union Agency for Asylum.

(23)　OJ 2011 L337/9, Directive 2011/95 on standards for the qualification of third-country nationals or stateless persons as beneficiaries of international protection, for a uniform status for refugee or for persons eligible for subsidiary protection, and for the content of the protection granted.

る者が少ないのは、国際条約に従っているものの、補充的保護にまで広げていない点が1つの要因として挙げられる。難民としては認定されないが、一定の要件を満たせば、保護申請者が補充的保護を受けることができる。要件とは、保護申請者がもし出生国に戻れば（無国籍者の場合は過去の常居所に戻れば）、重大な危害（serious harm）を被ると考えられる実質的な理由が示されることである（庇護要件Ⅱ指令2条(f)）。重大な危害とは、(a)死刑または死刑の執行、(b)本国（the country of origin）における申請者の拷問、非人道的もしくは品位を傷つける扱い（inhuman and degrading treatment）または罰、(c)国際または国内の武力紛争の状況における無差別の暴力（indiscriminate violence）のための民間人の生命または人格への重大かつ個々の脅威（individual risks）を意味する（庇護要件Ⅱ指令15条）。

3　一時的保護に関する指令

避難民の大量流入の場合における一時的な保護を与えるための最小限の基準およびそのようなものを引き受け、その責任を負う際に構成国間の負担のバランスを促進する措置に関する指令2001/55[24]が2001年7月20日に採択された。同指令は、2001年8月7日に発効したものの、実際には用いられてこなかった。しかし、ウクライナとロシアの紛争を受け、大量の難民が発生したことから、2022年3月、司法内務相理事会の会合において全会一致で理事会実施決定2022/382[25]が採択された。

4　ダブリン規則

CEASの要石と位置づけられているダブリン制度は、1990年のダブリン協定から始まっている。ダブリン協定は、その後、2003年9月1日よりいわゆるダブリンⅡ規則343/2003[26]に置き換わった。同規則は、EC条約63条1項(1)(a)を法的根拠条文として採択された。その後、現行の第三国国民または無国籍者によりだされる国際的保護の申請を審査するのに責任を有する構成国を決定する基準およびメカニズムを設定する規則604/2013[27]が採択された。同規則は、

(24)　OJ 2001 L212/12.

(25)　OJ 2022 L71/1, Council implementing Decision 2022/382 of 4 March 2022.

(26)　OJ 2003 L50/1, Regulation No 343/2003 establishing the criteria and mechanisms for determining the Member State responsible for examining an asylum application lodged in one of the Member States by a third-country national.

ダブリンⅢ規則と呼ばれている。ダブリンⅢ規則は、ダブリンⅡ規則とは異なり、補充的保護を含む国際的保護に対象を拡大している。同規則は、EU運営条約78条2項(e)を法的根拠条文としている。ダブリンⅢ規則は、2013年に採択され、発効した。同規則は、前文42段および49か条により構成されている。同規則は、どのEU構成国が庇護申請に対し管轄権を有するかを決定するものであるが、その問題は申請者にとっても国内管轄機関にとっても重要な意味を持つ。また、管轄権規定の目的は、保護申請者に唯一の機会（one only chance）を保障し、同時に複数の手続を並行して行われるのを妨げるため（庇護ショッピングを防止するため）である。ダブリン規則は、直接適用される、統一的な法規である規則の形をとっている。ダブリン制度は、EU構成国ではない、ノルウェー、アイスランド、リヒテンシュタインおよびスイスにも適用されている(28)。他方、EU構成国であるデンマークは、もともとの1990年のダブリン協定の当事国であるものの、EU条約およびEU運営条約の付属書、デンマークの立場に関する議定書22の1条および2条に従い、オプト・アウトしており、ダブリンⅢ規則は適用されない（前文42段）。アイルランドは、自由、安全および司法の領域においてオプト・アウトしているが、採択に加わり、ダブリン規則に拘束されることを表明している（前文41段）。ダブリンⅢ規則3条1項に従い、同規則のⅢ章に規定される基準に基づき責任を有するとされる唯一の構成国によって申請が審査されなければならない。

ダブリン協定、ダブリンⅡ規則、現行のダブリンⅢ規則とダブリン制度が発展してきたが、シリア等からの大量避難民の流入を受け、ダブリン制度の見直しがなされた。特に、イタリアとギリシャに過剰の負担がかかっていることを踏まえて、2015年9月、EU運営条約78条3項に定められている緊急権限を基礎にして、リロケーション（relocation）に関する2つの決定（理事会決定2015/1523と理事会決定2015/1523）とが採択された。これは、ダブリンⅢ規則に

(27) OJ 2013 L180/31, Regulation 604/2013 establishing the criteria and mechanisms for determining the Member States responsible for examining an application for international protection lodged in one of the Member States by a third country national or a stateless person (recast).

(28) アイスランドとノルウェーについては、2001年に締結された協定、スイスについては、2008年に締結された協定、リヒテンシュタインについては、2011年に締結された議定書による。デンマークとEUについては、国際協定が締結されている。Cf. COM (2016) 270, pp. 6-7.

基づくと、イタリアとギリシャが難民申請に対して責任を有する国になるが、取決めによって他の構成国に配分するものであった。

5 庇護手続（asylum procedures）指令

第1段階のCEASの1つとして、庇護手続指令、正式名称、難民の地位を付与および撤回するための構成国における手続に関する最小限の基準についての指令2005/85[29]が2005年に採択された。第2段階のCEASとして、同指令は、国際的保護を付与および撤回するための共通手続に関する指令2013/32（庇護手続Ⅱ指令）[30]が2013年に採択された。当該庇護手続Ⅱ指令は、EU運営条約78条2項(d)を法的根拠条文にしている。指令は、前文62段と55か条から構成されている。いわゆる庇護手続指令の名称が難民の地位の付与から国際的保護の付与に変更されている。これは、手続指令の範囲が補充的保護の地位の申請を含むように広げられたためである（当該指令1条および2条）。庇護手続Ⅱ指令においては、重要な概念は、安全な第三国（safe third country、STC）（庇護手続Ⅱ指令38条）と安全な本国（safe country of origin、SCO）（庇護手続Ⅱ指令36条）である。この指令の特徴は、保護申請者が、庇護または補充的保護を求めるにせよ、公正な機会を得るように形成される、共通の手続（common procedures）を規定していることである。主な共通手続として、①申請と手続期間、②申請審査、③申請者のための手続保障、④法的支援と法的代理人、⑤手続中の滞在権が挙げられる。

6 受入基準（reception conditions）指令

第1段階のCEASとしての庇護申請者のための受入のための最小限の基準を定める関する指令2003/9[31]が採択され、その後、2013年に第2段階のCEASとして、国際的保護のための申請者の受入のための基準を定める指令2013/33[32]（受入基準Ⅱ指令）が採択された。同指令は、EU運営条約78条2項

---

(29) OJ 2005 L326/13, Council Directive 2005/85/EC on minimum standards on procedures in Member States for granting and withdrawing refugee status.

(30) OJ of the EU 2013 L180/60, Directive 2013/32 of EU of the European Parliament and of the Council on common procedures for granting and withdrawing international protection (recast).

(31) OJ of the EU 2003 L31/18, Council Directive 2003/9 laying down standards for the reception of asylum seekers.

(32) OJ of the EU 2013 L180/96, Directive 2013/33/EU laying down standards for the

(f)を法的根拠条文としている。受入基準Ⅱ指令は、前文 37 段および 34 か条により構成される。受入基準指令は、国際的な保護が申請され、審査中の生活条件および権利を扱ったものである。また、受入基準指令は、申請者に人間の尊厳にかなった生活を可能にし、すべての構成国において比較可能な生活条件を確保するためのものである（受入基準Ⅱ指令前文 11 段)。国際的な保護（庇護および補充的保護）の申請者は、不法移民とは区別され、法に沿って保護を申請し、その資格があるか否かの審査結果を待つ者である。そのため、人間の尊厳にかなった生活を保障し、自由権を認めることが前提とされる。また、申請者の受入基準の調和は、申請者の別の構成国への二次的な移動を制限する意味もある（同前文 12 段)。

〈参考文献〉

橋本陽子『労働者の基本概念』（弘文堂、2021 年）

佐藤以久子「庇護要件指令における難民の定義づけ——国際難民法・国際人権法の交錯」日本 EU 学会年報 38 号（2018 年）149-173 頁

中西優美子「EU における共通庇護制度の発展」中西優美子編『人権法の現代的課題』（法律文化社、2019 年）56-77 頁

Paul Craig and Gráine de Búrca, *EU Law, Text, Cases, and Materials*, 7th edition, 2020, Oxford University Press

Ralph H. Folsom, *European Union Law in a nutshell*, 10th edition, 2021, West Academic Publishing

reception of applicants for international protection (recast).

第5章

経済・金融政策と経済通貨同盟

本章のあらまし

この章では、まず、経済通貨同盟に関して、設立、権限と制度、関連する判例、安定成長協定を説明している（Ⅰ）。単一通貨ユーロは、2002年から流通し、順調に進んでいるように見えたが、2008年のリーマン・ショックにより、ヨーロッパ諸国は大きな影響を受け、債務危機が起こった。その危機を乗り越えるための措置、また、再発を防止するためにさまざまな措置が講じられ、現在も運用されている（Ⅱ）。また、2019年、2020年にコロナ危機が発生し、それに対処するためにEUでは「次世代EU」等の経済復興措置がとられている（Ⅲ）。

Ⅰ　経済通貨同盟とは

1　経済通貨同盟の設立

1958年に発足したEEC（欧州経済共同体）は1969年には関税同盟を完成させた。関税同盟（custom union）から出発した経済統合の最終段階が経済通貨同盟（EMU）の設立である。経済通貨同盟を実現するために、Wernerを委員長とした特別検討委員会が設置され、1970年にWernerは、EMUに関する報告書を提出した。しかし1970年代には2度のオイル・ショックやニクソン・ショックなどが起き、Wernerの計画は採用されなかった。

1985年から欧州委員会の委員長を務めたDelorsは、当時のECの経済的停滞を打ち破るために「域内市場白書」をまとめ、それが1986年に署名された単一欧州議定書へとつながっていった。単一欧州議定書は、人、物、サービスおよび資本の4つの自由移動を確立する域内市場を創設することを第1の目的としていたが、真の域内市場の達成には単一通貨の導入が不可欠であり、Delorsは、経済通貨同盟の設立に関する報告書も発表した（1989年）。

1992年に署名されたマーストリヒト（EU）条約は、欧州中央銀行（ECB）を設立し（ドイツのフランクフルト）、経済通貨同盟を発足させ、単一通貨を導入するまでを３段階に分けて規定した。実際それらの段階を踏んで、1999年１月にまず決済通貨として単一通貨ユーロが導入され、2002年１月１日よりユーロ紙幣が市場に流通した。経済通貨同盟に加入し、ユーロを導入するには一定の条件がある。

当時のEUの構成国は15か国であったが、イギリス、デンマークおよびスウェーデンは経済通貨同盟からオプト・アウトし、ギリシャは、ユーロ導入の基準を満たせなかったため、11か国（ドイツ，フランス，イタリア，スペイン，ポルトガル，アイルランド，オーストリア，フィンランド，ベルギー，オランダ，ルクセンブルク）である。その後、ギリシャは2001年１月から参加した。2022年１月現在、19か国（12か国にプラスして、キプロス、エストニア、フィンランド、ラトビア、リトアニア、マルタ、スロバキア、スロベニア）となっている。2023年１月からクロアチアがユーロを導入する。マーストリヒト条約発効以降にEUに加入した構成国は、参加条件が満たされれば、経済通貨同盟に参加する義務がある。

ユーロ通貨による物価の安定が不可欠であるので、参加条件が厳しく設定されている。ユーロ導入には５つの収斂基準がある。①物価（当該国のインフレ率とインフレ率の最も低い３つの構成国の平均インフレ率の差が1.5％以内）、②金利（当該国の長期金利と金利の最も低い３つの構成国の平均金利との差が２％以内）、③財政赤字（当該国の財政赤字が国内総生産（GDP）の3％を超えないこと）、④政府債務残高（当該国の政府債務残高がGDPの60％を超えないこと）、⑤為替レート（当該国の為替レートが直近２年にわたって所定の変動幅内に収まっていること）である。

2　経済通貨同盟の権限と制度

(1) 権　限

EU運営条約第３部第８編は、「経済および金融政策」（119条～144条）と題されている。その第１章が「経済政策」、第２章が「金融政策」、第３章が「機関に関する規定」、第４章が「ユーロを導入した構成国に対する特別規定」、第５章「経過規定」となっている。EUは権限を付与された範囲においてのみ行動でき（権限付与の原則）、権限の強度も分野によって異なっている。ユーロを導入している構成国の金融政策に対しては、EU は排他的権限を有する（EU 運営条約 3 条 1 項(c)）。すなわち、金融政策では、EU のみが立法を行い、拘束力ある法行為を採択することができる（EU 運営条約 2 条 1 項）。他方、経済政策は、構成国の権限に属し、構成国は EU 内において経済政策を調整するにとどまる（EU 運営条約 5 条）。EU 運営条約 121 条により、構成国は、経済政策を共通の関心事として考慮し、理事会においてそれを調整するにとどまる。EU と構成国の双方が車の片輪しかもたず、危機が起きたときに、金融政策手段と財政政策手段の両方を利用することはできない状況になった。また、条文上、権限が EU に属する場合と構成国に属する場合は明確に規定されているが、実際の経済政策と金融政策は、交錯することがあり、どちらの政策に属するか線引きすることは難しい。

(2) 制　度

EU において欧州中央銀行制度（ESCB）が設定されている。ESCB は、欧州中央銀行（European Central Bank、ECB）と構成国中央銀行から構成される。ECB は、ドイツのフランクフルトにおかれている。ECB は、ドイツ連邦銀行をモデルにしており、物価の安定を主要目的としている。EU 運営条約 128 条は、「1　欧州中央銀行は、連合におけるユーロ銀行券の発行を許可する排他的な権限を有する。欧州中央銀行と国内中央銀行は、この銀行券を発行することができる。欧州中央銀行および国内中央銀行による銀行券は、連合において法定通貨の地位をもつ唯一の銀行券である。」と定める。これにより、ECB がユーロの行量を決定する排他的な権限を有している。ECB は、独立しており、国内機関からも EU 機関からも指示を受けたり、求めたりしてはならない（EU 運営条約 130 条）。ECB は、その通貨がユーロである構成国の国内中央銀行と欧州中央銀行は、ユーロ制度を構築し、EU の金融政策を行う（EU 運営条約 282 条）。ESCB は ECB の意思決定機関である ECB 理事会（the Governing council）と役員会（the Executive Board）により指揮される。EU 運営条約 136 条により、「理事会は、経済通貨同盟の円滑な機能を確保するために、通貨がユーロである加盟国に特有である措置を採択する。(a)財政規律の調整と監視を強化する、(b)EU 全体に対し採択された経済政策指針と両立し、かつ監視下におかれることを確保しつつ、当該加盟国に対する経済政策指針を策定する。措置は、通貨がユーロである構成国を代表する理事会の構成員のみが投票に加わる。なお、ユーロを通貨とする、構成国の経済政策の調整のための国家間機関であるユーログループが設定されているが、EU 機関の理事会の形成（Formation）と同等ではなく、その非公式的な性質により特徴づけられ、EU の機関ではない(1)。

⑶ ECB の措置

ECB の措置が EU の排他的権限である金融政策に入るのか、構成国の権限である経済政策に入るのかは両者の線引きが難しいため、争いの対象になってきた。また、ユーロを維持するための国債購入という措置が EU 運営条約 123 条との関係で問題となってきた。

(i) OMT 事件

2012 年 9 月 6 日、欧州中央銀行（ECB）は、流通市場（secondary markets for sovereign bonds）におけるユーロ圏の国債を購入するプログラム（Outright Monetary Transactions、以下 OMT）の導入を決定したことを公表した。この OMT が通貨政策の範囲に入るのか、経済政策の分野にも入るのか問題とされた。加えて、EU 運営条約 123 条は、直接的に（on the primary market）国債を購入することを禁止しているだけでなく、流通市場における国債の購入は、金融融資の禁止を迂回するためには用いてはならないことを定めているため、これが合法なのか否かが問題となった。ドイツ連邦憲法裁判所は、この点につき、EU 司法裁判所に初めて先決裁定を求めた。2015 年、司法裁判所は、OMT は確かに経済政策的目的に対し間接的な効果はあるが、経済政策の措置とは見なされないとし、国債の直接購入と同等の効果を有さないようにするために一定のセーフガードが設定されることを挙げて、EU 法と合致するという判断を下した(2)。2017 年、ドイツ連邦憲法裁判所は、OMT に関して、いったん矛を収めた(3)。

(ii) PSPP 事件

OMT はまだ措置として採択されていなかったが、欧州中央銀行は、PSPP（public sector purchase programme）と呼ばれる、流通市場における公共部門で

---

(1) Case C-597/18 P, C-598/18 P, C-603/18 P, C-604/18 P, Judgment of 16 December 2020, ECLI:EU:C:2020:1028.

(2) Case C-62/14 Gauweiler and Others v Deutscher Bundestag, Judgment 16 June 2015, ECLI:EU:C:2015:400; 中西優美子「OMT 決定に関するドイツ連邦兼裁判所による EU 司法裁判所への付託と先決裁定」自治研究 91 巻 11 号（2015 年）91-103 頁。

(3) BVerfG, Urteil des Zweiten Senats vom 21. Juni 2016, 2 BvR 2728/13; 中西優美子「OMT 決定をめぐるドイツ連邦憲法裁判所と EU 司法裁判所の対話の決着」自治研究 93 巻 4 号（2017 年）99-110 頁。

の資産購入プログラム措置（ECB の決定 2015/774 およびそれを改正する決定）を採択し、実際に約 1 兆 9 千億ユーロの国債購入がなされた。PSPP は、国家、公共企業および他の国家機関並びに欧州の機関による債券にかかわり、流通市場において購入される。ドイツ連邦憲法裁判所に PSPP 措置に関し憲法異議がだされた。2017 年、憲法裁判所は、EU 司法裁判所に先決裁定を求めた。OMT 事件のときに同様に、EU 運営条約 123 条と PSPP 措置の合致性が問題となり、また、欧州中央銀行の行為である PSPP 措置が経済政策的性質を持つため、権限踰越行為に当たるのではないかが問題となった。EU 司法裁判所は、PSPP 措置は金融政策の範囲に入るとし、EU 運営条約 123 条との関係についても、OMT 事件で設定した一定の条件が満たされているとし、EU 法と合致するとした[(4)]。この先決裁定を受け、ドイツ連邦憲法裁判所は、ECB の措置および EU 司法裁判所の先決裁定を権限踰越行為であるとの判示を行った[(5)]。この判決は大きな物議を醸し、欧州委員会がドイツに対し条約違反手続を開始した（のちに政治的に決着がなされた）。

3　安定成長協定

経済通貨同盟を促進・維持するために、ドイツの要望で、安定成長協定（Stability and Growth Pact）が導入されることになった。安定成長協定は、1997 年の予算状況の監視並びに経済政策の調整および調整の監視の強化に関する理事会規則 1466 ／ 97[(6)]、過剰財政赤字是正手続の実施の迅速化と明確に関する理事会規則 1467 ／ 97[(7)]から構成される。前者の理事会規則 1466 ／ 97 は、過剰な一般政府赤字の発生を早い段階で防ぎかつ経済政策の監視と調整を促進するために、ユーロ圏構成国には安定計画の策定を求め、非ユーロ圏構成国には収斂計画の策定を求めるものであった。後者の理事会規則 1467 ／ 97 は、過剰財政赤字を防ぎ、かつ生じた場合には迅速に是正するために期限の設定を含め

---

(4)　Case C-493/17, *Weiss and Others*, Judgment of 11 December 2018, ECLI:EU:C:2018:1000; 中西優美子「PSPP 決定をめぐるドイツ連邦憲法裁判所と EU 司法裁判所間の対話」自治研究 95 巻 5 号（2019 年）81-92 頁。

(5)　BVerfG, Urteil des Zweiten Senats vom 5 Mai 2020, 2 BvR 859/15; 中西優美子「EU 司法裁判所の先決裁定に対するドイツ連邦憲法裁判所の PSPP 判決」自治研究 97 巻 3 号（2021 年）102-115 頁。

(6)　OJ 1997 L209/1.

(7)　OJ 1997 L209/6.

た手続を定めていた。しかし、2002 年、ドイツとフランスの財政赤字が３年連続で GDP 比で 3％を超えることが見込まれ、欧州委員会は過剰財政赤字是正手続に基づき、理事会に勧告をした。ドイツとフランスを含む構成国の代表から構成される理事会は、これを 2003 年 11 月に否決したため、欧州委員会が EU 司法裁判所に提訴した[8]。判決では、欧州委員会の主張が概ね認められたものの、逆に、理事会は 2005 年に規則 1467 ／ 97 を修正する理事会規則 1056 ／ 2005[9]を採択した。この修正により安定成長協定の基本的枠組が維持されたものの、深刻な不況の場合などには同協定の義務が免除されることになり、EU 運営条約 126 条に基づく過剰財政赤字是正手続が開始されないことになった。その後、ギリシャ危機以降、欧州委員会および理事会の対応にも変化が見られるようになった。たとえば、ハンガリーに対し、理事会は、欧州委員会の勧告に基づき、過剰財政赤字是正手続に基づく勧告を採択し（EU 運営条約 126 条約７項）、また、効果的な措置をとらなければ、EU の結束基金からハンガリーに割り当てられていた４億 9520 万ユーロに及ぶ資金の拠出を 2013 年１月１日より停止する決定を採択した。さらに、2011 年に過剰財政赤字是正手続も改正された。政府債務が GDP 比 60％を超えた場合、債務を削減する措置をとらなければならないが、最初の勧告が遵守されなければ、GDP の 0.2％の罰金、最大 0.5％の制裁金が課され、またこれまでよりも早い段階で制裁が課せられるようになった。なお、コロナ禍においては、過剰財政赤字是正手続は一時停止された。

Ⅱ　債務危機

リーマン・ショックは、EU 構成国においても債務危機に陥る構成国がでてきた。そのために、EU および EU の枠外でさまざまな措置がとられた。

1　ESM（欧州安定メカニズム）条約

2010 年のギリシャ危機の対応に当たって、暫定的に EFSM（欧州金融安定メカニズム）と EFSF（欧州金融安定基金）が設立された。欧州安定に必要な恒常

(8)　Case C-27/04, *Commission v Council*, Judgment of 13 July 2004, ECLI:EU:C:2004:436; 須網隆夫「過剰財政赤字手続きの意義」『貿易と関税』Vol. 53 No. 3（2005 年）75-69 頁。

(9)　OJ 2005 L174/5.

的なメカニズムとしてESMの設立が決定された。EU運営条約48条6項に基づく簡易条約改正手続[10]による改正により、恒久の安定メカニズムを設立することが可能になった。ESMは、2012年10月8日に正式に活動を開始した。ESM（欧州安定メカニズム）条約は、資金基盤と金融安定を堅固にするために恒久の国際金融機関を設立することを目的としている。ESMを銀行として機能させれば、欧州中央銀行からの資金供給を得て、融資能力を大幅に拡大できると考えられている。ESM条約は、前文と48か条から構成されている。条約の締約国は、ESMの構成員となる。ESMから財政支援を受けたい国は、経済通貨同盟における安定、調整およびガバナンスに関する条約（財政規律条約、TSCG）の批准をしなければならない（ESM条約前文5段）。ESM条約については、2012年にドイツ連邦憲法裁判所において基本法（ドイツ憲法）との合憲性が争われた[11]。ESM条約が、永続的な金融安定を確保するために締結された国際条約上のメカニズム、すなわち独立しかつ永続的な国際機関の設立を予定するものであったために、憲法裁判所は、連邦議会の財政政策上の全面的責任（haushaltspolitische Gesamtverantwortung）が確保される否かを審査し、解釈上の留保をつけつつも合憲判断を下した。ESM条約はさらにEU司法裁判所でも2012年のPringle事件[12]として争われることになった。裁判所は、ESM条約に関して、EU法に違反しない否か、すなわち、金融政策におけるEUの排他的権限とESM条約の両立性、救済禁止条項（no bail-out clause）であるEU運営条約125条とESM条約との両立性などについて審査し、合法であると判示した。

---

(10)　リスボン条約による改正により通常の条約改正手続とは別に簡易条約改正手続が導入された。簡易条約改正手続の場合は、諮問会議が招集されず、欧州首脳理事会の決定が各構成国における憲法上の規定により承認された後に発効する。本改正についての決定は、OJ 2011 L91/1.

(11)　BVerfG, 2 BvR 1390 u.a. vom 12. September 2012; 中西優美子「欧州安定メカニズムと財政規律条約のドイツ基本法との合憲性」貿易と関税 Vol. 61 No. 4（2013年）107-100頁。

(12)　Case C-370/12, *Pringle v. Government of Ireland*, Judgment of 27 November 2012, ECLI:EU:C:2012:756; 中西優美子「欧州安定メカニズム（ESM）条約とEU法の両立性」国際商事法務 Vol. 41 No. 6（2013年）936-943頁。

2　金融危機の再発防止措置

⑴ いわゆる6つの方策（six-pack）と2つの方策（two-pack）

欧州委員会はとくにユーロ圏の経済ガバナンス（economic governance）を強化するために6つの立法提案を行い、2011年11月に5つの規則と1つの指令が採択された。その後、2013年5月にさらに2つの規則が採択された。2011年に採択された6つの方策（six-pack）とは、①ユーロ圏における予算監視の効果的執行に関する欧州議会と理事会の規則1173／2011[13]、②ユーロ圏における過度なマクロ経済不均衡を是正するための執行措置に関する欧州議会と理事会の規則1174／2011[14]、③予算状況の監視並びに経済政策の監視および調整の強化に関する理事会規則1466／97を修正する欧州議会と理事会の規則1175／2011[15]、④マクロ経済不均衡の防止および是正に関する欧州議会と理事会の規則1176／2011[16]、⑤過剰赤字手続実施の迅速化と明確化に関する規則1467／97を修正する理事会規則1177／2011[17]、並びに、⑥構成国の予算枠組の要件に関する理事会指令2011／85[18]である。その後、2013年に採択された、2つの方策（two-pack）とは、①財政安定に関して重大な困難を経験しているまたはそのおそれがあるユーロ圏の構成国の経済的および予算の監視の強化に関する欧州議会と理事会の規則472/2013[19]と②ユーロ圏の構成国の予算案のモニタリングおよび評価並びに超過赤字の是正を確保するための共通規定に関する欧州議会と理事会の規則473/2013[20]である。

これらは、財政の安定と財政規律強化に関わるものとマクロ経済の不均衡に関わるものの2つに分けられる。さらに前者の財政に関わるものとして、予防的な手段（preventive arm）と是正的な手段（corrective arm）に分けられる。他方、マクロ経済の不均衡が問題化してきたことに対して、構成国の経済政策への監視が強化された。経済指標と国別の分析を用いた警告メカニズムが不均衡の早期発見のために導入され、その不均衡への対処方法が勧告で示されること

⒀　OJ 2011 L306/1; 法的根拠条文は、EU運営条約136条と121条6項。
⒁　OJ 2011 L306/8; 法的根拠条文は、EU運営条約136条と121条6項。
⒂　OJ 2011 L306/12; 法的根拠条文は、EU運営条約121条6項。
⒃　OJ 2011 L306/25; 法的根拠条文は、EU運営条約121条6項。
⒄　OJ 2011 L306/33; 法的根拠条文は、EU運営条約126条14項。
⒅　OJ 2011 L306/41; 法的根拠条文は、EU運営条約126条14項。
⒆　OJ 2013 L140/1; 法的根拠条文は、EU運営条約136条および121条6項。
⒇　OJ 2013 L140/11; 法的根拠条文は、EU運営条約136条および121条6項。

になった。また、過度な不均衡状況を是正する手続が導入された。

⑵ TSCG（経済通貨同盟における安定、調整およびガバナンスに関する条約）

6つの方策（six pack）および後の2つの方策（two pack）は、欧州委員会主導の方策であるが、ユーロ圏EU構成国も自らの主導で方策を講じた。それが経済通貨同盟における安定、調整およびガバナンスに関する条約（TSCG）である。TSCG条約は、別名財政規律条約（fiscal compact）と呼ばれるように財政安定と財政規律の強化を主要な目的としている。本条約は、前文と16か条から構成されている。第1編が目的と範囲（1条）、第2編がEU法との一貫性と関係（2条）、本条約の中心となり条文数が多い第3編財政規律（3条～8条）、第4編が経済政策調整とガバナンス（9条～11条）、第5編がユーロ圏のガバナンス、第6編が一般および最終規定（14条～16条）となっている。締約国が負っている義務は、一般政府の予算状況は均衡がとれているか黒字でなければならないというもの（balanced budget rule）である。この条件は、具体的には、一般政府の年間の構造的均衡が市場価格によるGDPの0.5％の構造的赤字を下限とすることにより改正された安定成長協定に定められる国ごとの中期目標に合致している場合、ルールが遵守されたとみなされる（TSCG3条1項）。

⑶ ヨーロピアン・セメスター

財政規律条約（Fiscal compact）とも呼ばれるTSCGは、安定成長協定の予防的な措置として位置づけられる。同様に、財政規律による予防的な措置として、各国経済・財政政策計画調整がヨーロピアン・セメスター（European Semester）の文脈において毎年なされる。これは、2010年3月に欧州首脳理事会が構成国間の経済政策の調整強化を伴う新たな雇用・成長戦略「EUROPE2020」の導入を承認したことを受け、欧州委員会により2011年に導入された。

3 銀行同盟

金融の枠組を設定するための銀行同盟（Banking Union）は、3つの柱からなる。①単一監督メカニズム（Single Supervisory Mechanism、SSM）、②単一破綻処理メカニズム（Single Resolution Mechanism、SRM）および③貯金保険制度（Deposit Guarantee Scheme、DGS）である。

単一監督メカニズム（SSM）は、ECBがユーロ圏の銀行に対して単一の監督権をもつ制度である。この制度は、信用機関の健全性監督（prudential supervision）に関する欧州中央銀行（ECB）に特別の任務を与える理事会規則1024/2013により設定された[21]。同規則は、EU運営条約127条6項を法的根拠条文としている。ユーロ圏の銀行は約6,000行あるが、そのうち、影響の大きい、一定の条件を満たす150行の健全性をECBが直接監督する。ECBおよび国内管轄機関は、SSMの中で行動する際には、独立して行動する。他のEUの機関および構成国の機関等などから指示を求めたり、受けたりしない（同規則19条）。

単一破綻処理メカニズム（Single Resolution Mechanism、SRM）は、銀行が破綻する際に、意思決定および破綻処理を迅速に行うことにより、他のユーロ圏への影響を抑え、金融の安定化を確保する制度である。単一破綻処理メカニズムおよび単一破綻基金の枠組における信用機関と投資会社の破綻に対する統一ルールと統一手続を設定する欧州議会と理事会の規則806/2014[22]が2014年7月15日に採択され、同年8月20日に発効した。SRMは、2015年1月1日により完全に稼働する（同規則98条）。同規則は、域内市場の設立と運営を対象とするEU運営条約114条を法的根拠条文にしている。欧州委員会が破綻処理委員会（Single Resolution Board、SRB）の提案に基づき、破綻処理の決定を行う。SRBは、任務に応じた特別の構造を有する連合の下部機関であり、法人格を有する（同規則42条）。

SSM規則およびSRM規則、並びにそれらに関連するドイツ国内法律についてドイツ基本法（憲法）と合致するか否かについてドイツ連邦憲法裁判所に憲法異議が提訴され、審査された後、合憲とされた[23]。

4　欧州金融監督制度

金融市場の安定化により金融危機の再発を防止するために欧州金融監督制度

---

(21) OJ 2013 L287/63, Council Regulation 1024/2013 conferring specific tasks on the European Central Bank concerning policies relating to the prudential supervision of credit institutions.

(22) OJ 2014 L225/1, Regulation 806/2014 establishing uniform rules and a uniform procedure for the resolution of credit institutions and certain investment firms in the framework of a Single Resolution Mechanism and a Single Resolution Fund and amending Regulation 1093/2010.

(23) BVerfG, Urteil des Zweiten Senats vom 30 Juli 2019, 2 BvR 1685/14; 門田孝「欧州銀行同盟の設立に対する協力の憲法適合性（欧州銀行同盟判決）」自治研究98巻2号（2022年）150-157頁。

（European System of Financial Supervision、ESFS）が設定された。ESFS は、ミクロプルーデンス監督（ミクロの観点からの金融監督）とマクロプルーデンス監督から構成される。ミクロプルーデンス監督は、3 つの欧州監督機関（European Supervisory Authorities、ESAs）、①欧州銀行監督庁（European Banking Authority、EBA）、②欧州証券市場監督庁（European Securities and Markets Authority、ESMA）[24]および③欧州保険企業年金監督庁（European Insurance and Occupational Pensions Authority、EIOPA）から構成される。

ESFS は、これら 3 つの ESAs から構成される。ESAs は、欧州議会と理事会規則により創設された下部機関である。債務危機に対処するためにこれまで多くの下部機関が創設され、法的問題、特に法的根拠の問題や権限の問題が生じてきている。ESAs の 1 つである、ESMA は、欧州議会と理事会規則 1095/2010 により創設された下部機関である。ESMA に関しても EU 司法裁判所において争われた[25]。ここでは、空売りとクレジット・デファオルト・スワップのある側面に関する欧州議会と理事会の規則 236/2012[26]の 28 条が ESMA の決定権限を定めていたために、イギリスがその規定の無効を訴えた。同規則 236/2012 は、EU 運営条約 114 条を法的根拠条文にして、2012 年 3 月 14 日に採択された。EU 司法裁判所は、同規則 28 条が ESMA に権限を付与していることを認めたうえで、同条は多くの株の監視および株の商取引のモニタリングに関連する構成国の国内法規を調和させることに向けられているとして、EU 運営条約 114 条の必要条件を満たすとしてイギリスの主張を退けた。

Ⅲ　コロナと経済復興措置

1　経済復興措置の枠組

コロナ危機からの復興計画として、大きく 3 つの枠組がある。1 つ目は、EU

---

(24)　OJ 2010 L331/84, Regulation 1095/2010 establishing a European Supervisory Authority (European Securities and Markets Authority), amending Decision No 716/2009/EC and repealing Commission Decision 2009/77/EC; ESMA を設立する理事会規則。法的根拠条文は、EU 運営条約 114 条である。EBA および EIOPA を設立する規則も条文としては、ほぼ同様のものとなっている。

(25)　Case C-270/12, *U.K. v. Parliament and Council.* Judgment of 22 January 2014, ECLI: EU:C:2014:18.

(26)　OJ 2012 L86/1.

復興基金「次世代 EU」、2つ目はそれと結びついている長期予算（2021-2027年）、3つ目が個々の措置、失業緩和支援（SURE）、欧州中央銀行（ECB）によるパンデミック緊急プログラム・PEPP、欧州投資銀行による労働者およびビジネスのための保証基金である。

2　EU 復興基金「次世代 EU」

⑴ EU 復興基金「次世代 EU」とは

2020年5月にフランスとドイツが復興基金の枠組に合意し、それが基になって、EU 復興基金「次世代 EU（NextGenerationEU）（NGEU）」が合意された。EU 復興基金は、理事会規則（NGEU 規則）2020/2094[27]により設定された。この規則は、EU 運営条約122条を法的根拠条文としている。122条は、経済金融政策分野に置かれている、例外的な状況に用いられる条文であり、理事会が、構成国間の連帯の精神により、経済状況に応じ、適当な措置および財政支援を与える措置を採択することができる旨を規定している。EU 復興基金は、EU の7500億ユーロの借金であり、それを資本市場で調達するものである。7500億ユーロのうち、3900億ユーロは構成国が返済不要の財政支援（補助金）となり、3600億ユーロが構成国に対する融資となる。この復興基金の利用は2023年まで、支払いは2026年末までとなっている。その後、償還に対して2027年から2058年という30年のスパンが設けられている。この償還原資および利払いは、EU 固有の財源から支払われることになっている。

⑵ 新たな EU 固有財源制度のための理事会決定 2020/2053 と権限問題

EU 復興基金が EU の固有財源から支出されるため、固有財源制度の修正が必要であり、あらためて EU の固有財源制度に関する理事会決定 2020/2053[28]が2020年12月14日に採択された。この理事会決定は、EU 運営条約311条3項に基づき採択された。同条2項が、固有財源制度に関する決定の発効には、すべての構成国によるそれぞれの憲法上の要件に従った承認（批准）が必要であると規定している。当該決定の12条もその旨を規定している。EU 復興基金は、財政同盟（fiscal union）の創設にはつながらず、コロナ危機という例外的な状況における一時的な措置とされている。

---

(27)　OJ 2020 L433 I/23, Council Regulation 2020/2024 establishing a European Union Recovery Instrument to support the recovery in the aftermath of the COVID-19 crisis.

(28)　OJ 2020 L424/1, Council Decision (EU, Euratom) 2020/2053 on the system of own resources of the European Union and repealing Decision 2014/335/EU, Euratom.

⑶ 復興・強靭化ファシリティ規則と権限

(i) 復興・強靭化ファシリティ（RRF）とは

EU 復興基金は、2021 年から 2027 年までの多年度予算に組み込まれている。予算は、多年度予算は、1 兆 743 億ユーロ、復興基金 7,500 億ユーロ、合わせて 1 兆 8,243 億ユーロとなる。復興基金の中核となるのが、「復興・強靭化ファシリティ（the Recovery and Resilience Facility）（RRF）」である。7,500 億ユーロのうちの 6,725 億を占めている。そのうち、3,125 億ユーロが補助金、3,600 億ユーロが融資となる。残りの 775 億ユーロは、結束対策のための ReactEU に 475 億ユーロ、研究助成のための Horizon Europe に 50 億ユーロ、投資促進のための InvestEU に 56 億ユーロ、地域開発（Rural Development）に 75 億ユーロ、グリーン化の影響緩和のための公正な移行基金（Just Transition Funds）に 100 億ユーロ、市民保護の RescEU に 19 億ユーロが割り当てられる。

(ii) RRF 規則 2021/241

RRF を設定する欧州議会と理事会の規則 2021/241[29]が 2021 年 2 月 12 日に採択された。同規則は、経済、社会および領域的結合に関する EU 運営条約 175 条を法的根拠条文としている。支援を必要とする構成国は、RRF 計画を欧州委員会に提出しなければならない（当該規則 18 条）。欧州委員会が審査し、欧州委員会の提案に基づき、理事会が承認するという形になっている（同規則 18 条および 20 条）。当該規則では、欧州委員会に重要な任務が与えられている。

(iii) RRF の使途――次世代のために

RRF 支援の使途は限定されている。(a)グリーン移行、(b)デジタル移行、(c)スマート、持続可能およびインクルーシブな成長、(d)社会的および地域的結束、(e)健康、経済、社会および制度的な強靭性、(f)次世代、子供、若者のための政策である（同規則第 3 条）。その際、グリーン移行（気候変動にかかわる投資および改革）に計画全体の少なくとも 37%が当てられなければならない。また、デジタル移行（投資・改革）に対しては、少なくとも 20%が配分されなくてはならない（同規則前文第 23 段、第 26 段）。復興基金に用いて投資がなされることにより必然的にこれらの分野に資金が投入されることになる。

(iv) 法の支配の遵守確保

EU 復興基金は、EU 運営条約 322 条に従って採択された関連ルールにした

⑵⑼　OJ 2021 L57/17.

がって直接管理の形で欧州委員会により執行される。この関連ルールの１つが、同条１項に基づき、欧州議会と理事会により採択された規則 2020/2092(30)である。これは、EU 予算の保護のためのコンディショナリティ―の一般枠組を定めている。同規則は、EU 条約２条に規定される EU の諸価値の１つである法の支配の遵守を重要視している（当該規則３条）。この措置は、ポーランドやハンガリーなどで法の支配の軽視が見られることを危惧して、復興基金と法の支配の遵守を紐づけるものである。ポーランドとハンガリーは、この措置の無効を求めて、EU 司法裁判所に提訴した。2022 年、司法裁判所は、その主張を退けた(31)。

3　その他の措置

コロナ勃発後の緊急時における失業を緩和するための一時的支援（temporary support to mitigate unemployment risks in an emergency）の手段の設定に関する理事会規則（SURE 規則）2020/672(32)が 2020 年５月 19 日に採択された。この規則も EU 復興基金規則と同様に例外的な状況において構成国間の連帯の精神に従い用いられる、EU 運営条約 122 条を法的根拠条文としている。また、欧州中央銀行（ECB）は、パンデミック緊急プログラム・PEPP を決定した。この PEPP は、仕組みはユーロ危機からの脱却のために ECB が国債購入プログラム（PSPP）と同様であるが、緊急性が高いため、条件が緩和されている。

〈参考文献〉

中西優美子「第３章 ユーロ圏危機への法的対応」小川英治編『ユーロ圏危機と世界経済』（東京大学出版会，2015 年）69-106 頁

同「コロナ危機が EU 法に与える影響――権限に焦点をあてて」国際法外交雑誌 120 巻１・２号（2021 年）326-338 頁

庄司克宏『新 EU 法 政策編』（岩波書店，2014 年）の 11 章と 12 章

Fabian Amtenbrink, "The Metamorphosis of European Economic and Monetary Union", Anthony Arnull and Damian Chalmers (eds.). *The Oxford Handbook of European Union Law*, 2015, Oxford University Press, pp. 719-756

---

(30) OJ 2020 L433 I/1.

(31) Case C-156/21, *Hungary v Parliament and Council*, Judgment of 16 February 2022, ECLI:EU:C:2022:97; Case C-157/21, *Poland v Parliament and Council*, Judgment of 16 February 2022, ECLI:EU:C:2022:98.

(32) OJ 2020 L159/1.

第6章

競争法(1)

── 総論・カルテル規制・市場支配的地位の濫用規制 ──

本章のあらまし

日本の独占禁止法をはじめとする競争法は、事業者（企業）によるカルテルなどの競争制限的な行為を防止することによる市場における競争秩序の維持と、競争を通じた消費者の利益（端的にいえば、より良い商品・サービスをより安い価格で享受する）の実現を目的とする。これに加えEU競争法は、域内市場（共同市場）の維持、発展をも目的とする。

このためEU競争法には、競争法一般に見られる反トラスト規制（カルテルなど）、企業結合規制（合併、買収など）に加え、構成国政府が特定の事業者に供与する補助金を「国家補助（State aid）」として規制する点を特徴とする。

本章では、反トラスト規制（EU運営条約101条、102条）に焦点を当てる。前者は事業者・事業者団体によるカルテル等を禁止し、後者は市場支配的地位を有する事業者による濫用行為を禁止する。これまでカルテルを中心に違反行為が認定された日本企業も少なくない。違反行為に対する制裁金は高額となることもあるため、EUにおいて事業活動を行う企業には、EU競争法の理解が欠かせない。

Ⅰ　EU競争法総論

1　EU競争法の特徴

(1) 競争秩序維持と域内市場の維持・発展

EU競争法（competition law）は、日本の独占禁止法、米国の反トラスト法（antitrust laws）をはじめとする各国の競争法一般と共通する目的に加え、EU競争法独自の目的を有している。すなわちEU競争法は、各国の競争法と同じく市場における公正な競争秩序の維持を目的とするほか、域内市場の維持、発展をも目的とする。この点、EU条約の域内市場と競争に関する第27議定書(1)

は、EU の目的を定める EU 条約3条3項にいう域内市場の設立には、競争が歪曲されないことを確保する制度が含まれる旨規定している。

域内市場におけるいわゆる「4つの自由移動」（物、サービス、資本、人）を妨げる構成国の措置は、域内市場法（internal market law）により規制される（本書第1～4章参照）。一方、事業者（企業）が構成国の国境を越えた取引を制限することにより市場を分断する行為（市場分割）は、競争法により規制される。初期の競争法違反事例である Consten & Grundig 事件[2]において EU 司法裁判所は、事業者による構成国の国境に沿った市場分割行為を欧州経済共同体（当時、現 EU）の目標に反するものとして厳しく糾弾した。このように域内市場法と競争法は、域内市場を維持、発展していく上での「車の両輪」と位置づけられる。

(2) 国家補助規制

日本の独占禁止法などの競争法一般に置かれていない EU 競争法に独自の規制として「国家補助（State aid）」規制がある（EU 運営条約 107～109 条、以下、条文番号は断りのない限り本条約のものとする。）。国家補助規制は、構成国が自国の特定の事業者に補助金（金銭給付、優遇税制等）を供与することを原則として禁止する。

国家補助規制が置かれているのは、上述のように EU 競争法が域内市場の維持、発展をも念頭に置いていることがある（国家補助規制の概要は、第7章Ⅲ参照）。

(3) 構成国競争法との重層的構造

EU 域内においては、EU 競争法に加えて構成国の競争法も適用される重層的構造となっている（両者の関係については、本節 2.(3)にて後述）。構成国競争法[3]の規定は、概ね EU 競争法の規定に倣ったものとなっているが、ドイツ競争制限禁止法の「相対的または優越的に市場支配力を有する事業者に対する規制」(20 条)、フランス競争法（商法典第4部）の「経済的従属状態の濫用」(L.

---

(1)　OJ 2008 C115/309.

(2)　Case 56 & 58/64, *Consten SA and Grundig GmbH v Commission*, Judgment of 13 July 1966, ECLI:EU:C:1966:41. 本件評釈として、山岸和彦・中村民雄・多田英明「28 コンスタン＆グルンディッヒ事件 EU 運営条約 101 条と垂直的協定──絶対的地域保護の禁止」中村民雄・須網隆夫編著『EU 基本判例集（第3版）』（日本評論社、2019 年）224-232 頁。

(3)　主要構成国の競争法の概要は、公正取引委員会ウェブサイト「世界の競争法」参照。

420-2条2段）など、構成国競争法に独自の規定も置かれている。

なお、欧州委員会と構成国競争当局（日本の公正取引委員会に相当）との連絡調整の枠組として、欧州競争ネットワーク（European Competition Network）が存在する（第7章Ⅱ 5(2)参照)。

(4) 高額な課徴金

日本の独占禁止法の場合、違反行為に対する措置として、公正取引委員会による行政上の措置（違反行為の排除措置命令、課徴金納付命令)、刑事罰（懲役刑、罰金刑)、民事的救済措置（損害賠償請求、差止請求）がある。

これに対し、EU 競争法の場合、違反行為に対する措置は欧州委員会による行政上の措置（違反行為の禁止決定、制裁金賦課決定）と民事的救済措置（構成国裁判所における損害賠償請求）が中心となり、違反行為者に対して刑事罰を科すことができない。このため違反行為に対する抑止力確保の観点から、きわめて高額の制裁金を課すことが可能であり、制裁金額の上限は違反行為事業者の1年間の全世界における売上高の10% とされている（第7章Ⅰ 3参照)。

2　EU 競争法の適用範囲

(1) 事業者、事業者団体

EU 競争法の適用対象となる「事業者（undertakings)」の定義は、EU 運営条約に置かれていない。判例法によると、事業者とは経済活動に従事するすべて主体をいい、その法的地位および資金調達の方法を問わない(4)。このため、自然人・法人のいずれも EU 競争法の適用対象となる。EU 域外で設立された事業者についても、自己の関与したカルテル等が EU 域内市場で実施された場合（実施理論)、および自己の関与したカルテル等が EU 域内市場に影響を与えるものである場合（効果理論）には、EU 競争法の適用対象とされる。

事業者団体の定義も EU 運営条約に置かれていない。判例法によると、構成事業者に共通する利益を他の経済主体、政府組織、公衆に対して主張、擁護する任にある同事業者から構成される組織(5)をいう。

(2) 事 業 分 野

EU 競争法は、原則として全事業分野に適用される。競争法の適用に関する

(4) Case C-41/90, *Höfner and Elser v Macrotron*, Judgment of 23 April 1991, para. 21. ECLI:EU:C:1991:161.

(5) Opinion of Advocate General Léger in Case C-309/99, *Wouters and Others*, para. 61, ECLI:EU:C:2001:390.

特別な規定を有する分野として、農業、運輸業、軍事産業、原子力などがある。このうち農業については、42条により競争に関する規定は共通農業政策の目的を考慮した上で、欧州議会および理事会が定める範囲において農産品の生産と販売について競争法の規定が適用される。また、運輸業については、陸上運送業（鉄道、道路、内陸水運）、海上運送業、航空運送業を対象に101条1項の適用を免除する一括適用免除規則が定められている（本章Ⅲ3(2)参照）。

(3) 構成国競争法との関係

EU競争法と構成国競争法適用の境界に関し、反トラスト規制（101条、102条）については「構成国間通商（trade between Member States）への影響」の有無により判断される。反競争的行為が構成国間の取引に影響を与える場合にはEU競争法が適用され、反競争的行為が影響を与える範囲が構成国内の取引に留まる場合には構成国競争法が適用される。

通商への影響については、「知覚可能な（appreciable）」影響であることを要することが判例法[(6)]により確立されている。この点、欧州委員会は「条約81条・82条における通商への影響概念に関する委員会告示－ガイドライン」[(7)]を公表しており、次の2条件が満たされる場合には、構成国間通商に知覚可能な影響を与えるものではないとされる（52段）。

(a)関係当事者の合計市場占拠率が5%を超えないこと

(b)①水平的協定（競争者間の協定）の場合、EU内の関係当事者の対象商品の合計売上高が4,000万ユーロ（約52億円、1ユーロ＝130円換算）を超えないこと

②垂直的協定（取引先との協定）の場合、EU内の対象商品の供給者の合計売上高が4,000万ユーロを超えないこと

なお、連続する2暦年において上記売上高基準が10%以上、市場シェア基準が2%以上超過しない場合には、欧州委員会は構成国間通商に知覚可能な影響を与えるものではないとの推定を適用する。

企業結合（合併・買収等）については、企業結合の当事者の売上高が「共同体規模（Community dimension）」を有する場合には、EUの合併規則139/2004[(8)]が適用され（合併規則1条）、共同体規模を有しない企業結合には構成国の企業結

(6) Case 5-69, *Völk v Vervaecke*, Judgment of 9 July 1969, paras. 5-7, ECLI:EU:C:1969:35.
(7) OJ 2004 C101/81.
(8) OJ 2004 L24/1.

合規制が適用される（第7章Ⅱ3(2)参照）。

Ⅱ　カルテル規制（EU運営条約101条）

1　条文の構造

EU運営条約101条は、事業者間の協定（agreements）、事業者団体の決定、協調行為（concerted practices）（以下、協定等とする。）を禁止する（1項）。1項により禁止される協定等は、当然に無効とされる（2項）。

協定、事業者間の決定、協調行為のいずれもEU運営条約に定義が置かれておらず、判例法により定義が与えられている。協定とは、「少なくとも2当事者間の意思の一致（concurrence of will）を核とするものであり、各当事者の意図が忠実に認められる限り、意思表現の形式を問わない」(9)。このため、協定の法的根拠、法的拘束力の有無を問わず（いわゆる紳士協定も対象となる）、形式（文書・口頭）も問われない。

事業者団体の決定については、「構成員の市場行動を勧告に従って調和させる事業者団体の決定が忠実に反映されていれば、法的根拠を問わない」(10)とされており、構成員を拘束する決定、行為規範、勧告等が含まれる。

協調行為とは、「厳密な意味での協定の実行にまでは至らないが、競争することの危険を意識的に事業者間の実際的な協力に代える事業者間の調整」(11)であるとされ、協定ほど明確なものではないが、事業者による競争回避を目的とする行為をいう。なお、協定と協調行為はいずれも1項により禁止されるため、両者の境界は重要ではない。

なお、1項により禁止される協定等については、適用免除を定める3項所定の4要件を満たす場合、1項の適用が免除され、適法な協定等と判断される（本節3(1)）。

---

(9)　Case T-41/96, *Bayer v Commission*, Judgment of 26 October 2000, para. 69, ECLI:EU:T:2000:242.

(10)　Case 45/85, *Verband der Sachversicherer v Commission*, Judgment of 27 January 1987, para 32, ECLI:EU:C:1987:34.

(11)　Case 48/69, *ICI (Imperial Chemical Industries Ltd.) v Commission*, Judgment of 14 July 1972, para 64, ECLI:EU:C:1972:70. 本件評釈として、山岸和彦・中村民雄「29 ICI（染料事件）EU運営条約101条の『協調行為』および域外適用」中村・須網・前掲注(2) 233-243頁。

2　協定等の例

⑴ 総　論

101 条は、競争事業者間のいわゆる「水平的協定」に加え、取引先事業者間（例：メーカーと販売業者）の「垂直的協定」をも対象とする。協定等は、競争制限的な協定と事業者間の協力促進を目的とする協定に大別される。

⑵ 競争制限的な協定等

101 条１項は、競争制限的な協定等の例として、次のものを規定している。

a　価格協定

b　生産、販売、技術開発、投資の制限、管理

c　市場、供給源の分割

d　取引の相手方に対する差別的取扱い

e　抱き合わせ契約

なお、上記は競争制限的な協定等を例示列挙したものであり、上記の分類に当てはまらない競争制限的な協定等も本項の禁止対象となる。主要な競争制限的協定には、以下のようなものがある。

(i) 価 格 協 定

価格協定とは、いわゆる価格カルテルであり、単に価格を引き上げる協定に限らず、最低価格の決定、割引率の決定、購入価格を決定する協定、製造業者（メーカー）が販売業者（小売店）の販売価格（再販売価格）を指定する協定などがある。価格協定は、最も典型的なカルテルであり、事業者間の競争の基本である価格競争を消滅させる悪性の高いものである。

(ii) 生産制限協定

生産制限とは、競争者間である製品の生産数量を抑制することを内容とし、数量制限カルテルとも呼ばれる。生産数量を抑制することにより市場価格に影響を与えることを目的とする点で、価格カルテルに通ずる。

(iii) 市場分割協定

市場分割協定には、地理的市場の分割と製品市場の分割（各事業者が生産する商品の調整）がある。いずれの場合も協定参加事業者間で市場を分割することで、各市場において独占的な地位が保障される。また、競争者間での得意先の争奪禁止等も顧客の制限も市場分割協定の一形態に位置づけられる。

先に挙げた Consten & Grundigh 事件において示されたように、EU 競争法は域内市場の維持、発展をも目的としており、市場分割協定に対して一貫して厳

しい態度で臨んでいる。

⒤ **情 報 交 換**

事業者間の情報交換は、常に競争を制限するものではなく、情報交換が商品の生産や販売の改善につながる場合や競争者間の競争促進的協力に不可欠な場合もある。

しかしながら事業戦略上機微な情報を交換することは、カルテル実施に資することになる。EU 司法裁判所は、「情報交換協定は、情報交換が行われる市場の状況に関する不確実性を減少ないし解消するとなる場合には事業者間の競争の制限につながるため、競争法違反となる。」⑿としている。

⒱ **排他的取引**

排他的取引とは、供給者群が特定の販売経路（承認小売店）のみを対象に排他的に取引することを合意する場合、あるいは供給者群と販売者群の間で行う相互的な排他的取引の場合がある。排他的取引の実施手段として、取引拒絶（ボイコット）が用いられるのが通常である。

⑶ **競争者間の協力促進を目的とする協定（水平的協力協定）**

欧州委員会は、競争者間の協力を目的とする協定（水平的協力協定）を対象とする水平的協力協定ガイドライン⒀を策定し、典型的な水平的協力協定について 101 条の下での分析の枠組を提示している。

水平的協力協定は、相互補完的な事業活動・技術・資産の統合をもたらす場合に大きな経済的便益をもたらすものであり、リスクの共有、費用低減、投資の拡大、ノウハウの共有、製品の品質向上と多様化、技術革新の促進をもたらす手段となりうる（本ガイドライン２段)。その一方、水平的協力協定は競争事業者間の協定であるがゆえに競争上の問題をもたらすおそれがあることは否定できない。この点、本ガイドラインは当事者が価格、生産数量、市場占拠率を決定したり、協力の結果当事者が市場支配力を維持・獲得・増大させることになる場合には、価格、生産数量、製品の品質・多様性、技術革新に悪影響を与える可能性があるとしている（同３段)。

本ガイドラインは、典型的な水平的協力協定として、⒤情報交換、(ii)研究開発協定、(iii)生産協定、(iv)購入協定、⒱販売協定、(vi)標準化協定を挙げており、

⑿ Case C-194/99 P, *Tyssen Stahl AG v Commission*, Judgment of 2 October 2003, para. 81, ECLI:EU:C:2003:527.

⒀ OJ 2011 C11/1.

それぞれの協定について、①定義と範囲、②関連市場（情報交換を除く）、③101条1項の下での評価、④101条3項での評価、⑤具体例が示されている。

(4) 垂直的協定

垂直的協定とは、垂直的協定に関する一括適用免除規則2022/720[14]によると「生産または販売網における異なる取引段階で事業活動を行っている2以上の事業者が、特定の商品またはサービスを購入、販売、または再販売する条件に関して実施する協定または協調行為」をいう（1条1項(a)）。

垂直的協定に対しては競争者間での協定である水平的協定とは異なるアプローチが取られている。同規則の下、協定の対象となる商品の販売市場における供給者の市場占拠率が30％を超えず、かつ購入者の購入市場占拠率が30％を超えない場合であり（3条1項）、購入者の価格決定権や販売地域の制限などのいわゆる「ハードコア制限」（4条）がない場合は、101条違反とされることはない。

欧州委員会は、垂直的協定についてもガイドライン（垂直的制限ガイドライン[15]）を策定している。同ガイドラインには、典型的な流通制度として、排他的流通契約、選択的流通契約、フランチャイズが挙げられているほか、専売契約、排他的供給契約、抱き合わせについての判断枠組も示されている。また、旧ガイドラインが制定されて以降、オンライン上の販売制限が問題とされる場面が増えてきた事態に対応すべく、オンライン・マーケットプレイス上での販売制限、価格比較ツールの利用制限、同等性条項（いわゆる最恵国待遇条項）についての考え方も示されている。

(5) 近時の日本企業による違反事例

多くの日本企業がEU域内において事業活動を行っており、EU競争法違反で摘発される事例も相次いでいる。

近時の違反事例として、2018年7月には、日本企業であるDenon & MarantzとPioneerの2社とAsus（台湾）、Philips（オランダ）の4社が家電製品、音響製品などの再販売価格を維持していたこと、およびPioneerについては小売業者が他の構成国へ自社製品を販売すること（越境販売）を禁止していたことが101条1項違反と認定され、4社に対し合計約1億1,100万ユーロ超（約144.3億円）の制裁金が賦課された。このうちDenon & MarantzとPioneerに対する

---

(14) OJ 2022 L134/4.

(15) OJ 2022 C248/1.

制裁金は、それぞれ771万9,000ユーロ（約10億円）、1,017万3,000ユーロ（約13.2億円）であった[16]。

また2019年7月には、サンリオが取引先に対しライセンスされたキャラクター商品（マグカップ、カバン、文具、玩具等）を他の構成国へ販売することを禁止していたことが同じく101条1項違反と認定され、620万2,000ユーロ（約8億円）の制裁金が賦課された[17]。

両事件ともEU競争法が特に厳しい姿勢で臨んでいる市場分割の事例である。欧州委員会は2015年5月に「デジタル単一市場」を創設する方針[18]を発表し、このような行為については「ジオ・ブロッキング（geo-blocking）」として厳しく対処する方針を示している。

3　101条3項による適用免除

適用免除には、欧州委員会が一定の行為類型または特定の事業分野を対象に策定した「一括適用免除規則」（block exemption regulations）の下で判断される一括適用免除と、個別の事案ごとに判断される「個別適用免除」（individual exemptions）がある。一括適用免除の対象とならない案件は、101条3項の下で適用免除の可能性が個別に判断されることとなる。

(1) 適用免除の要件

101条3項には、以下の4つの適用免除の要件が定められており、積極要件と消極要件に分けられる。積極要件は、①商品の生産・販売を改善し、技術的・経済発展の促進へ寄与すること、②当該競争制限の結果もたらされる利益を消費者が享受することである。消極要件は、③上記目的達成のために不可欠ではない制限を課さないこと、④当該商品の相当部分における参加事業者間の競争を排除しないことである。

各要件の詳細は、欧州委員会の81条〔現101〕条3項の適用に関する指針[19]において述べられている。

①の要件は効率性の要件と位置づけられる。効率性の主張においては、効率性の性質、対象となる協定と効率性の関係、効率性の蓋然性と程度、効率性が

---

(16)　本件の概要は、2018年7月24日付欧州委員会報道発表文IP/18/4601参照。

(17)　本件の概要は、2019年7月9日付欧州委員会報道発表文IP/19/3950参照。

(18)　Communication from the Commission, A Digital Sigle Market Strategy for Europe, COM (2015) 192 final.

(19)　OJ 2004 C101/97.

実現される方法と時期について検討される（51段以下）。

②の要件にある消費者は、当該協定の対象製品の直接・間接のすべての消費者を対象とし、当該製品を使用する製造業者、卸売業者、小売業者、最終消費者が含まれる（84段）。

③の要件にある制限の不可欠性については、2段階のテストにより判断される。すなわち、競争制限的な協定全体が、①の要件にいう効率性を達成する上で合理的に判断して必要であること、および当該協定から生じる個別の競争制限も同じく上記効率性を達成する上で合理的に判断して必要であることにより判断される（73段）。

④の要件にある協定参加事業者間の競争を排除しないことについては、101条の究極的な目的が競争過程の保障にあると位置づけた上で、事業者同士が競い合うことと競争の過程を重視して判断する（105段）。

(2) 適用免除の種類

(i) 一括適用免除

101条3項に規定される適用免除の4要件を満たす一定の協定等は、理事会規則の授権を受けた一括適用免除規則により同項の適用が免除される。分野横断的な一括適用免除規則として、研究開発協定に関する一括適用免除規則1217/2010[20]、専門化協定に関する一括適用免除規則1218/2010[21]、垂直的協定に関する一括適用免除規制2022/720[22]、技術移転契約に関する一括適用免除規則316/2014[23]がある。

このほか、自動車流通部門（委員会規則461/2010）[24]、航空業（理事会規則487/2009）[25]、海運業（委員会規則906/2009）[26]、鉄道・道路・内航水路輸送業（理事会規則169/2009）[27]を対象とする特定の事業分野に特化した一括適用免除規則が制定されている。また欧州委員会は、一括適用免除規則の具体的な適用に関するガイドラインとして、先に見た水平的協力協定ガイドライン、垂直的制限

(20) OJ 2010 L335/36.

(21) OJ 2010 L335/43.

(22) 前掲注(14)。

(23) OJ 2014 L93/17.

(24) OJ 2010 L129/52.

(25) OJ 2009 L148/1.

(26) OJ 2009 L256/31.

(27) OJ 2009 L61/1.

ガイドラインなどを公表している。

(ii) **個別適用免除**

一括適用免除規則に該当しない協定等については、101条3項への該当性が個別的に判断されることになる。現行施行規則（理事会規則2003/1[28]）の下、従前行われていた個別適用免除の付与を求める欧州委員会への事前届出制度は廃止されており（同規則1条2項）、各事業者自身で101条3項への適合性を判断し、挙証責任を負うこととされている（同2条）。なお欧州委員会は、事業者の判断に資するため、各種ガイドライン類を公表しているほか、法適用に関する新規の問題を有する事案等についての見解を示す「ガイダンス・レター」[29]を発出することができる。

Ⅲ　市場支配的地位の濫用規制（EU運営条約102条）

1　市場支配的地位の濫用

(1) **市場支配的地位**

EU運営条約102条は、市場支配的地位にある事業者による濫用行為を禁止する。市場支配的地位とは、EU司法裁判所の定義によると「当該事業者が、競争者、需用者、最終的には消費者からある程度独立して行動する力が付与されることで、関連市場で維持されている有効な競争を妨げうる経済的な力を有する地位」[30]をいう。

市場支配的地位の判断基準の1つが市場占拠率である。これまでの事例から事業者の市場占拠率が20％以下の場合には、原則として市場支配的地位にないものと判断される。市場占拠率が20-40％の場合は、これまでの市場占拠率、次位事業者との市場占拠率の差等の要因を総合した上で市場支配的地位が認定される場合がある。一方、市場占拠率が50％以上の場合は、原則として市場支配的地位が認定される。

この点、欧州委員会が公表した「排除行為への82〔現102〕条の適用に関す

---

(28) OJ 2003 L1/1.

(29) OJ 2004 C101/78.

(30) Case 27/76, *United Brands v Commission*, Judgment of 14 February 1978, para 65, ECLI:EU:C:1978:22. 本件評釈として、多田英明・中村民雄・「31 ユナイテッド・ブランズ事件 運営条約102条『支配的地位』」中村・須網・前掲注(2)254-263頁。

る欧州委員会ガイダンス」[31]では、事業者の市場占拠率が、40%を下回る場合には通常支配的地位にないが、40%を下回る場合でも競争者が支配的事業者の行為を有効に牽制する地位にない場合（例：競争者の供給余力が限られている場合）には、40%を下回る場合でも支配的地位が認められうる（14段）とされている。

また、同ガイダンスは市場支配的地位を判断する際には市場の競争構造を考慮するとしており、①現在の競争者からの現時点での供給と現在の競争者の市場における地位による競争圧力、②現在の競争者による将来の供給拡大、または潜在的な競争者の新規参入による競争圧力、③当該事業者の顧客の購買力による牽制の3要素を挙げている（12段）。

(2) 濫用行為

102条には、濫用行為の例として、次のものが掲げられている。

a　不公正な価格または取引条件を課すこと

b　需要者に利益に反する生産・販売・技術開発の制限

c　取引の相手方を競争上不利にする差別的取扱い

d　抱き合わせ契約

しかしながら濫用の概念そのものについてはEU運営条約に定義されていない。Hoffmann-La Roche事件EU司法裁判所判決[32]において「濫用の概念は、市場支配的な立場にある事業者の行動に関する客観的な概念である。このような事業者の存在自体により競争の程度が弱められ、また事業者の取引の基礎となる商品やサービスをめぐる通常の競争条件とは異なる方法により市場の構造にも影響が及ぶことになる。このような地位は、市場に残存している競争の程度の維持や、競争の進展を妨げる効果を有する。」と定義されている。

上述のガイダンスには、全ての類型の排除行為（exclusionary conducts）に共通する判断枠組として、①市場支配力、②反競争的閉鎖、③価格行為についての費用基準、④正当化事由の4点を提示した後、①排他的取引、②抱き合わせ・バンドリング、③略奪的行為、④供給拒絶・マージンスクイーズの4類型ごとに個別具体的な判断要素を提示している。

---

(31)　OJ 2009 C45/7.

(32)　Case 85/76, *Hoffmann-La Roche & Co. AG v Commission*, Judgment of 13 February 1979, ECLI:EU:C:1979:36, para. 91. 本件評釈として、多田英明「32 ホフマン・ラロッシュ事件 運営条約102条『支配的地位』の『濫用』」中村・須網・前掲注(2)264-271頁。

2　濫用行為の具体的事例

⑴ 価格設定

価格設定の事例として、差別的価格設定が濫用行為とされたUnited Brands事件[33]がある。本件においてUnited Brandsは、構成国ごとに異なる価格でバナナを販売していたことが濫用行為と認定された。なお、欧州委員会が認定した濫用行為のうち、バナナ販売価格の高価格設定の認定は取り消された。

また、略奪的価格設定が濫用行為とされたAKZO事件[34]がある。本件においてAKZOはプラスチック産業用の過酸化ベンゾイルの販売を開始した競争者ECSを同製品市場から撤退させるため、同社の顧客向けの過酸化ベンゾイルの価格を低く設定していた。

⑵ 取引拒絶

取引拒絶の事例として、British Sugar事件[35]がある。British Sugarは、袋詰めにした工業用砂糖の小売販売を始めたNapier Brownを排除すべく、原材料の工業用砂糖の供給を拒絶したことが濫用行為とされた。

⑶ 排他条件付取引

排他条件付取引の事例として、Hoffmann-La Roche事件[36]がある。Hoffmann-La Rocheは、取引先に対しビタミン購入量の全部または大部分を排他的または優先的に自社より購入する契約を結ばせ、また忠誠リベートを供与していたことが濫用行為とされた。

⑷ 抱き合わせ

抱き合わせの事例として、Hilti事件[37]がある。Hiltiは建設業向け釘打込銃の釘の「カートリッジ容器」（釘自体は他社も製造）と釘を抱き合わせ、自社製の釘を購入しない顧客に対し、カートリッジ容器の供給を拒否したことが抱き合わせと認定された。

---

(33) 前掲注(30)。

(34) Case 5/85, *AKZO Chemie BV v Commission*, Judgment of 23 September 1986, ECLI:EU:C:1986:328.

(35) Case IV/F-3/33.709, 710 &711, *British Sugar*, OJ 1999 L76/1.

(36) 前掲注(32)。

(37) Case T-30/89, *Hilti AG v Commission*, Judgment of 12 December 1991, ECLI:EU: T:1991:70.

3　巨大 IT 企業による市場支配的地位の濫用

近時、世界各国の競争法にとって最大の課題となっているのが、アメリカのいわゆる「GAFA」(Google、Amazon、Facebook（現 Meta)、Apple）を代表とする巨大 IT 企業による濫用行為への対応である。GAFA 各社は、EU 域内においても幅広く事業活動を展開しており、各構成国の検索エンジン市場における Google の市場占拠率が 90% を超えているのを典型に圧倒的な存在感を示しているが、EU 競争法は、巨大 IT 企業による濫用行為に対して一貫して厳しい姿勢で対応してきている。

巨大 IT 企業に関する濫用行為の事例として、欧州委員会は 2017 年 6 月、検索結果において自社のショッピングサービスを競合他社のサービスよりも優遇していたことを理由に、Google に対して 24 億 2,449 万 5,000 ユーロ（約 3,152 億円）の制裁金を賦課する決定を採択した(38)。本決定は、一般裁判所によって支持されている(39)。

また欧州委員会 2018 年 7 月 18 日、Google が同社のアンドロイド OS を搭載した携帯端末に同社の検索・閲覧ソフトも合わせて搭載すること（抱き合わせ）を求めていたことを理由に、43 億 4,286 万 5,000 ユーロ（約 5646 億円）の制裁金を賦課する決定を採択した(40)。本件課徴金は、102 条違反事件で賦課されたものとして最高額となっている。

Ⅳ　おわりに

本章で取り上げた EU 運営条約 101 条、102 条は、それぞれカルテル、市場支配的地位の濫用行為を禁止することにより EU 域内市場の維持、発展に資する役割を果たしてきた。近年両条をめぐっては、101 条の関連ではインターネットを利用したオンライン販売の規制に関する評価、また 102 条の関連では上述の巨大 IT 企業の濫用行為への対応など、新たな課題も浮上している。

次章では、両条違反行為に対する手続を整理した後、企業結合規制、国家補

(38)　Case AT.39740, *Google Search (Shopping)*.

(39)　Case T-612/17, *Google and Alphabet v Commission (Google Shopping)*, Judgment of 10 November 2021, ECLI:EU:T:2021:763.

(40)　Case AT.40099, *Google Android*.本件の概要については、2018 年 7 月 18 日付欧州委員会報道発表文 IP/18/4581 参照。

助規制の実体規定・手続規定を扱う。

〈参考文献〉
笠原宏『EU 競争法』(信山社、2016 年)
中村民雄・須網隆夫編著『EU 法基本判例集(第 3 版)』(日本評論社、2019 年)
Bellamy & Child, *European Union Law of Competition*, 8th edition, 2018, Oxford University Press

第７章

競争法⑵

── 反トラスト規制の手続・企業結合規制・国家補助規制 ──

本章のあらまし

反トラスト規制に違反する行為が行われた場合、欧州委員会は違反行為者（企業）に対する調査を実施し、当該行為の禁止を命じる。併せて違反行為者には、全世界における１年間の売上高の10％を上限とする制裁金が賦課される。

企業結合とは、買収・合併等の企業同士の結合をいう。中でも競争関係にある企業同士の結合（水平的結合）は、市場における企業数（競争単位）が減少することとなるため、競争に与える影響も大きい。EU競争法においては、合併規則により規制される。

国家補助規制は、構成国政府による特定の事業者への補助金を国家補助（State aid）として禁止するものであり、域内市場の維持・発展をも目的とするEU競争法に特有の規制である。国家補助規制は、反トラスト規制、企業結合規制と並ぶ主要な規制となっている。

Ⅰ　反トラスト規制違反行為に対する手続

１　概　要

本節では、反トラスト規制（EU運営条約101条・102条。以下、条約番号は断りの無い限り本条約のものとする。）違反行為に対する欧州委員会の措置は、当該行為の禁止決定と制裁金の賦課が中心である。手続に関連する規則、告示類の主要なものとして、手続規則（Council Regulation 1/2003）(1)、実施規則（Commission Regulation 773/2004）(2)、制裁金額算定方法に関するガイドライン(3)、制裁金減免に関する告示(4)、和解手続に関する告示(5)、欧州競争ネットワーク（ECN）

(1)　OJ 2003 L1/1.

(2)　OJ 2004 L123/18.

(3)　OJ 2006 C210/2.

内での協力に関する告示[6]、構成国裁判所との協力に関する告示[7]などがある。

2　欧州委員会における手続の流れ

(1) 調 査 手 続

欧州委員会は、第三者による通報、または職権（制裁金減免申請、市場調査、ECN 等との情報交換等）により違反事実に接すると、調査対象（対象者、市場、違反行為）を暫定的に決定する初期評価を行う。

初期評価の結果、さらなる調査を続行するに足る理由があり、かつ調査の対象が十分に絞り込まれていると考える場合には、調査手続の開始を決定する。欧州委員会は、対象事業者への情報請求（手続規則 18 条。以下、本項目の条文は本規則のものとする。）、事情聴取（19 条）、事業者への立入調査（20 条）、事業者の役員等の私宅を含む事業所以外への立入調査（21 条）を行う。

(2) 禁止決定手続

欧州委員会は、詳細な調査の結果、違反行為ありとの暫定的な結論に達した場合、対象事業者に異議告知書を送付し、禁止決定手続を開始する。異議告知書を受領した事業者は書面により反論を行うが、防御権行使のために欧州委員会の保持する文書の閲覧が認められる（27 条 2 項）。事業者は口頭聴聞の権利を有し、異議告知書に対する回答書作成期限内に聴聞官が主宰する聴聞を請求できる（同条 1 項）。

異議告知書への回答後、または聴聞官による聴聞後、違反行為が認められる場合には当該行為を禁止する決定が採択され（7 条 1 項）、併せて制裁金が賦課される（23 条 2 項）。

なお、欧州委員会は決定採択に先立ち、制限的取引慣行および支配的地位に関する諮問委員会の場で構成国当局の専門家の意見を聴取する。また決定案は、欧州委員会内の経済政策担当部局と当該事案に関する部局に照会される。

(3) 確約決定（Commitment Decision）

欧州委員会は、事業者の申し出た措置（commitments）が、競争上の懸念を除去するのに適切であると考える場合には、事業者を法的に拘束力する決定を採択する（9 条 1 項）。確約決定の採択により当該事件に対する手続は終結する。

---

(4) OJ 2006 C298/17.
(5) OJ 2008 C167/1.
(6) OJ 2004 C101/43.
(7) OJ 2004 C101/54.

なお、当該事業者が約束事項を遵守しない場合、欧州委員会は手続を再開できる（同条２項）。また当該事業者に前事業年度の年間売上高の10％を上限に制裁金を課すことも可能である（23条２項(c)）。

本制度の下、欧州委員会は101条・102条違反が存在するか否かを決定することなく事件を終結するが、ハードコア・カルテル（価格カルテルなど）は確約制度の対象とはならない。欧州委員会は関連事業の売却など構造上の措置を命ずることも可能である。

⑷ 和解手続（settlement procedure）

和解手続の詳細は、和解手続に関する告示に定められている。カルテル調査の対象事業者が、欧州委員会との和解協議において欧州委員会の保有する証拠を検討した上で当該カルテルへの関与・責任を認め、通常手続と比べて簡略化された手続に同意した場合、欧州委員会は本来賦課される制裁金額の一律10％を減額する。

本制度は、制裁金減免申請件数の増加を受け、欧州委員会の事件処理の負担が増大する中でカルテル審査手続の簡略化・迅速化を目的とする。制裁金減免制度は、カルテル事件の摘発、証拠収集を目的とするため、和解手続と制裁金減免制度を併用することも可能である。

3　制裁金の賦課

⑴ 原　則

制裁金額は、対象事業者の全世界における前事業年度の年間売上高の10％を上限とする（23条２項）。このため、本項目⑶で見るように対象事業者には極めて高額の制裁金が賦課されることもある。制裁金額算定に際しての詳細は、制裁金額の算定基準に関するガイドラインに定められている。

⑵ 制裁金減免（リーニエンシー）

制裁金減免の詳細は、制裁金減免に関する告示に定められている。制裁金の全額免除を受けるためには、①欧州委員会が立入調査を可能とする情報・証拠の提出、または違反認定を行うための情報・証拠の提出（制裁金減免告示８段。以下、段落番号は本告示のものとする。）、②欧州委員会に対する継続的、全面的な協力、③証拠の保全、④申請直後のカルテルからの離脱、⑤申請の検討、および申請内容を公表しないことが求められる（12段）。

また、制裁金の減額（１位：30～50％、２位：20～30％、３位以降：20％まで）を受けるためには、①著しい付加価値（significant added value）を持つ違反行為に対する証拠の提出、②欧州委員会への継続的、全面的な協力を要する（24段）。

なお、「マーカー制度」が用意されており、申請者は、氏名・住所、カルテル参加者、カルテルの対象製品と地理的範囲、カルテルの継続期間、カルテルの性質を欧州委員会に報告をすることでリーニエンシーの順位を確保した上で、欧州委員会の示す期限内に不足する情報を提供する（15段）。

⑶ 高額な制裁金の例

2021年12月末までに賦課されたカルテル事件（101条違反）に対して高額の制裁金の上位5件は、次のとおりとなっている[8]（1ユーロ＝130円換算）。

カルテルの対象商品・役務	対象年	制裁金額
トラック	2016/2017	38億702万2,000ユーロ（約4,949億円）
外国為替（Forex）	2019/2021	14億1327万4,000ユーロ（約1,837億円）
モニター用ブラウン管	2012	14億958万8,000ユーロ（約1,832億円）
ユーロ金利レートデリバティブ	2013/2016/2021	13億817万2,000ユーロ（約1,700億円）
自動車用ガラス	2008	11億8,550万ユーロ（約1,541億円）

⑷ 日本企業に賦課された制裁金の例

上記のモニター用ブラウン管カルテル事件では、日本企業にも高額の制裁金が賦課された。本件カルテルは1996年から2006年までの約10年間にわたり実施され、中華映管（台湾）、Samsung SDI（韓国）、Philips（オランダ）、LG Electronics（韓国）、Technicolor（フランス）の5社のほか、日本のパナソニックと東芝も関与していた。

欧州委員会は、①パナソニックには1億5,747万8,000ユーロ（約204.7億円）、②東芝には2,804万8,000ユーロ（約36.5億円）、③パナソニック・東芝・

⑻　欧州委員会競争総局ウェブサイト“Cartel Statistics, 1.5. Ten highest cartel fines per case (since 1969) Last change: ++ 10 December 2021 ++”（2022年3月31日訪問）。

松下東芝映像ディスプレイの３社連帯で 8,673 万 8,000 ユーロ（約 112.8 億円）、④パナソニック・松下東芝映像ディスプレイの２社連帯で 788 万 5,000 ユーロ（約 10.3 億円）を賦課した[(9)]。

中華映管と Technicolor を除く５社は、欧州委員会決定を不服として一般裁判所に取消訴訟を提起した。一般裁判所は、Samsung SDI、Philips、LG Electronics の制裁金額については減額しなかったが、①のパナソニックに対する制裁金額を１億 2,866 万 6,000 ユーロ（約 167.3 億円）に減額、②の東芝に対する制裁金全額を取り消し、③と④の制裁金についてそれぞれ 8,282 万 6,000 ユーロ（約 107.7 億円）、753 万ユーロ（約 9.8 億円）に減額した[(10)]。両社とも本判決を不服とし EU 司法裁判所に上告したが、最終的に①・③・④の制裁金額が確定した[(11)]。

4　EU 裁判所による司法審査

欧州委員会の禁止決定、制裁金賦課決定に不服のある場合、名宛人たる事業者は一般裁判所へ取消訴訟を提起することが認められている（EU 運営条約 263 条）。提訴期限は原則として２か月とされている。

一般裁判所の判断に不服がある場合、法的争点についてのみ EU 司法裁判所へ上告可能である。上告理由は一般裁判所の権限欠如、原告の利益に不利益の及ぶ一般裁判所での手続違反、一般裁判所による EU 法違反に限られる。提訴期限は、同じく２か月である。

5　構成国競争当局との協力

(1) 欧州委員会と構成国競争当局間の協力

欧州委員会と構成国競争当局は、EU 競争法の適用において緊密に協力することとされており（11 条）、欧州委員会と構成国競争当局、構成国競争当局間では、機密情報を含む情報を相互に提供する（12 条）。構成国競争当局は、101 条・102 条の適用に際し既に欧州委員会決定が存在する場合、EU 競争法の均一な適用確保のため当該決定に反する決定を下してはならない（16 条２項）。

---

(9)　本件の概要は、2012 年 12 月５日付欧州委員会報道発表文 IP/12/1317 参照。

(10)　本判決の概要は、2015 年９月９日付一般裁判所報道発表文 97/15 参照。

(11)　Case C-608/15 P, *Panasonic Corp. v Commission*, Order of the Court of 7 July 2016, ECLI:EU:C:2016:538, Case C-623/15 P, *Toshiba Corp. v Commission*, Judgment of 18 January 2017, ECLI:EU:C:2017:21.

⑵ 欧州競争ネットワーク（European Competition Network、ECN）

現在の施行規則の下では、欧州委員会のみならず、構成国競争当局もEU競争法を執行する分権的な執行体制が取られている。欧州委員会と構成国競争当局の間の連絡調整機関として、2001年4月にECNが設置された。ECNの役割については、ECN内での協力に関する告示で述べられており、新規事案についての情報交換、捜査段階での協力、証拠等の交換、諸問題の議論等が行われる。

6　構成国裁判所

⑴ EU競争法執行における構成国裁判所の役割

施行規則には、EU競争法執行における構成国裁判所の役割に関する条文が置かれており、構成国裁判所は欧州委員会に対して情報提供を求めるほか、適用に関する問題について意見を求めることができる（15条1項）。構成国は101条・102条の適用に関する自国裁判所の判決文の写しを遅滞なく欧州委員会へ送付することとされている（同条2項）。構成国競争当局は、構成国裁判所へ両条の適用に関する意見を提出するほか、欧州委員会も両条適用の一貫性確保のため構成国裁判所へ意見を提出できる（同条3項）。

構成国競争当局と同じく、構成国裁判所も両条の適用に際し既に欧州委員会決定が存在する場合、EU競争法の均一な適用確保のため当該決定に反する決定を下してはならない（16条1項）。

欧州委員会と構成国裁判所の協力関係の詳細については、構成国裁判所との協力に関する告示に定められている。

⑵ 損害賠償訴訟

EU競争法違反による損害を被った私人による損害賠償請求は、2001年のCrehan事件EU司法裁判所判決[12]により確立されている。構成国裁判所における損害賠償請求訴訟が活発化することにより、競争法違反行為の直接の被害者に対する損害賠償のみならず、反競争的行為への抑止力となることが期待されている。

欧州委員会は、2014年11月に反トラスト損害賠償訴訟に関する指令

⑿ Case C-453/99, *Courage Ltd v. Crehan*, ECLI:EU:C:2001:465. 本件の評釈として、由布節子「34 クレハン事件 EU競争法の私的執行」中村民雄・須網隆夫編著『EU基本判例集（第3版）』（日本評論社、2019年）280-288頁。

2014/104[13]を採択した。本指令は、EU競争法違反の被害者に対する損害賠償に関する障害を取り除くとともに、欧州委員会・構成国競争当局による公的執行と、私人による損害賠償請求の協働関係を強化することを目的とする。本指令は、各構成国において2018年末までに実施（国内法化）されている。

Ⅱ　企業結合規制

1　合併規則制定の経緯

日本の独占禁止法をはじめとする競争法には、反トラスト規制と並ぶ主要な規制として企業結合規制に関する条文が置かれているのが通例である。しかしながらEU競争法においては、1989年に最初の合併規則4064/89[14]が採択されるまで企業結合を規制する固有の条項がおかれておらず、101条・102条により規制されていた。両条により企業結合を規制することの限界が次第に認識され、1990年9月21日に合併規則4064/89が施行されるに至った。現行の合併規則は、2004年5月1日に施行された合併規則139/2004である[15]

2　合併規則に関連する規則、告示

欧州委員会は、企業結合の評価基準を示したガイドライン、審査手続の詳細を定めた規則、告示類を採択している。主要なものとして、実体規定関連では、実体管轄に関する告示[16]、水平的結合に関するガイドライン[17]、非水平的結合に関するガイドライン[18]などがある。また手続規定関連では、審査手続規則（Commission Regulation 802/2004）[19]、問題解消措置に関する告示[20]、事案送付に関する告示[21]などがある。

---

(13)　OJ 2014 L349/1.
(14)　OJ 1989 L395/1.
(15)　OJ 2004 L24/1.
(16)　OJ 2008 C95/1.
(17)　OJ 2004 C31/5.
(18)　OJ 2008 C265/6.
(19)　OJ 2004 L133/1.
(20)　OJ 2008 C267/1.
(21)　OJ 2005 C56/2.

3　合併規則の適用対象

(1) 企業結合、支配の概念

合併規則は、企業結合（concentration）について、①2以上の独立した事業者の合併（事業者の一部の合併を含む）、または②少なくとも1事業者を既に支配している者（個人・事業者）が株式・資産の取得、契約その他を通じて他の1以上の事業者の全部または一部に対する直接または間接の支配を取得することにより、持続的な支配（control on a lasting basis）を取得する場合と定義している（合併規則3条1項。以下、本項目の条文は本規則のものとする。）。①は合併、②は株式譲渡・資産譲渡などによる買収を典型とする。

上記定義にいう「支配」とは、①事業者の資産の全部または一部を保有・利用する権限、または②事業者の組織の構成・議決・決定に決定的な影響力を与える権利または契約により、事業者に対する決定的影響力を行使しうる権限、契約その他の方法をいう（同条2項）。なお、自立的な経済主体として全機能を永続的に実施する合弁事業者（full-function joint ventures）の設立は1項にいう企業結合にあたるが（同3条4項）、金融機関が議決権を行使せずに短期間の株式を保有する場合等は企業結合にはあたらない（同条5項）。

(2) 共同体規模

合併規則は、以下の「共同体規模」（a Community dimension）を有する企業結合に適用される。共同体規模を有する企業結合の当事者は、事前に欧州委員会に届出をすることが求められる（4条1項）。

第1類型（1条2項）

① 全関係事業者の全世界における年間売上高の合計が50億ユーロ（6,500億円）を超えること

② 関係事業者の少なくとも2社のEU域内における年間売上高が2億5,000万ユーロ（325億円）を超えること

③ 各関係事業者がEU域内における年間売上高の3分の2超を同一構成国内で得ていないこと

第2類型（1条3項）

① 全関係事業者の全世界における年間売上高の合計が25億ユーロ（3,250億円）を超えること

② 3以上の各構成国における全関係事業者の年間売上高の合計が1億ユーロ（130億円）を超えること

③ ②の３以上の構成国における関係事業者の少なくとも２社の年間売上高が2,500万ユーロ（32億5,000万円）を超えること

④ 関係事業者の少なくとも２社のEU域内における年間売上高が１億ユーロ（130億円）を超えること

⑤ 各関係事業者がEU域内における売上高の３分の２超を同一構成国内で得ていないこと

なお、欧州委員会には構成国競争当局が審査することが適切である事案を構成国へ送付することが認められており（9条）、逆に共同体規模を有しない事案であっても少なくとも３つの構成国の競争法の審査対象となる事案については届出当事者からの申し出を受けて審査することが認められている（4条5項）。

4　欧州委員会における審査

(1) 判断基準

2004年5月1日に改正された合併規則139/2004においては、企業結合の判断基準が大幅に変更された。現行の合併規則の下、届出のあった企業結合は「共同体市場との適合性」について判断され（2条1項）、支配的地位の形成または強化の結果として、共同体市場またはその実質的部分における有効な競争を著しく阻害することとなる企業結合は、共同体市場に適合しないものとして禁止される（同条3項）。

判断基準について欧州委員会が考慮する点として、①すべての関連市場の構造、共同体内外に所在する事業者からの現在または潜在的な競争に照らして共同市場における有効競争を維持・促進する必要性、②関係事業者の市場における地位、経済力・財務力、供給者と利用者からみた代替性、関係事業者の供給源と市場へのアクセス、法的その他の参入障壁、関連商品・サービスに対する需給動向、中間・最終消費者の利益、技術・経済の発展が挙げられている（同条1項）。判断基準の詳細は、上述の水平的結合、非水平的結合に関するガイドラインに整理されている。

(2) 第１次審査

欧州委員会は、届出を受理した企業結合について第１段階の審査を行い、25就労日以内に、合併規則による規制対象外（6条1項a）、承認（同項b）、詳細審査手続の開始（同項c）、条件付承認（同条2項）のいずれかの決定を採択する（10条1項）。

条件付承認とは、欧州委員会が審査過程で示した競争上の懸念を払拭するための措置（問題解消措置）を当事者が申し出た場合、当該措置の完全な実施を条件に当該結合を承認するものである。具体的な措置には、事業・資産の売却等を求める構造上の措置と、価格引上げの禁止等を求める行動上の措置とがあり、詳細は問題解消措置に関する告示に定められている。

なお、当事者が問題解消措置を申し出た場合、または関係構成国から当該事案の移管要請を受けた場合、審査期限は35営業日まで延長される（10条1項）。また当事者は、当該企業結合が共同体市場と適合する旨が宣言されるまでは、当該企業結合を実施してはならない（待機条項）（7条1項）。欧州委員会の承認なく実施され、かつ共同市場と適合しないとされた企業結合については、欧州委員会は、当該結合の解消、取得したすべての株式または財産の処分等の措置を命ずる（8条4項）。

(2) 第2段階（詳細審査）

欧州委員会は、詳細審査を行う場合、90営業日以内に承認（8条1項）、条件付承認（同条2項）、禁止（同条3項）、有効競争の回復命令（同条4項）のいずれかの決定を行う（10条2項、3項）。

有効競争の回復命令とは、共同体市場と適合しない企業結合が既に実施されていた場合、問題解消措置に違反して企業結合が実施された場合、欧州委員会は当事者に対し合併の解消、取得株式・資産の処分等を命じることを内容とする。

なお、欧州委員会は正式決定に先立ち当事者に異議告知書を送付し、異議告知書に対する見解を述べる機会を与えるほか（18条1項）、企業結合に関する諮問委員会と協議を行う（19条3項）。

当事者が詳細手続開始から55営業日までに問題解消措置を申し出る場合、決定までの期間は105営業日に延長される（10条3項）。当事者が詳細審査の手続開始から15日までに延長を要請する場合、または欧州委員会が延長を要望し当事者が同意する場合は、最大20営業日の延長が可能である（この場合、決定までの期間は最長110営業日となる）（同項）。

5　制裁金、履行強制金

欧州委員会は、当事者が届出に当たり、故意または過失により不正確または虚偽の資料を提供した場合等には、当事者の年間総売上高の1％以下の制裁金を課すことができる。当事者が故意・過失により届出を怠った場合、欧州委員会の決定に反する企業結合を実施した場合等も、同10%以下の制裁金を課すことができる（14条）。

また、当事者が決定により要求された完全で正確な資料の提出、決定により命じられた立入検査の受け入れまたは決定により課されたその他の義務を遵守しない場合、1日当たり直前の事業年度における1日あたりの平均売上高の5%を超えない範囲の履行強制金を課すことができる（15条）。

6　施行状況

1990年9月の合併規則施行以来、2021年末までの施行状況について見てみると、全体では8,367件の届出が行われた(22)。

このうち第1段階では、規制の対象外（6条1項a）56件、承認（同項b）7,439件、詳細審査手続の開始（同項c）288件、条件付承認（同条2項））：338件となっている。条件付承認を含めると93%近い事例が第1段階で承認されており、第2段階の詳細審査へ進んだ事例は3%ほどに過ぎない。

第2段階では、承認（8条1項）63件、条件付承認（同条2項）141件、禁止（同条3項）30件、競争回復措置（同条4項）：5件となっている。条件付承認を含めて70%近い事例が第2段階で最終的に承認されており、禁止された事例は10%ほどとなっている。当初の届出件数8,367件のうち最終的に禁止された事例は30件の約0.36%に過ぎず、合併規則施行以来、ほとんど全ての事例が条件付承認を含めて承認されている。

Ⅲ　国家補助規制

1　国家補助規制の目的

国家補助規制は、EU競争法に特有の規制であり、域内市場における公正な競争環境の確保と、構成国による「補助金供与合戦」の防止を目的とする。前者は、国境を超えた競争が行われている域内市場において、ある構成国政府が補助金を供与することにより自国企業を競争関係にある他の構成国の企業よりも有利な立場に置くことで、域内市場の競争環境が歪曲されることの防止を目的とする。後者は、たとえばある企業が工場新設計画を公表したことを受け、

(22)　欧州委員会ウェブサイト“Statistics on Merger cases”（2022年3月31日最終訪問）。

自国内に工場を誘致したいと考える複数の構成国政府が、工場誘致のため補助金供与または税制面の優遇措置の提示などを際限なく競い合う事態の回避を目的とする。

2　国家補助規制に関連する規則、告示

国家補助規制に関連する規則、告示類のうち主要なものは、以下のとおりである。実体規定関連では、欧州委員会が関連規則を制定する根拠となる理事会規則 2015/1588[23]、国家補助として規制される金額の下限を定めるデ・ミニミス（*de minimis*）規則（Commission Regulation 1407/2013）[24]、包括的一括適用免除規則（Commission Regulation 651/2014）[25]、国家補助概念に関する告示[26]などがある。このほか、欧州委員会による事業横断的、事業部門別ガイドライン類が多数制定されている。

手続規定関連では、実施規則（Council Regulation 2015/1589）[27]、実施細則（Commission Regulation 794/2004）[28]、違法な国家補助の回収に関する告示[29]、ベストプラクティス告示[30]などがある。

3　実 体 規 定

構成国による国家補助の供与を禁止する 107 条 1 項の下、構成国の供与する国家補助は原則として禁止される。他方、同条 2 項は自動的に許容される補助について規定しており、同条 3 項は欧州委員会による域内市場との適合性判断により許容されうる補助を規定する。

構成国政府による補助金等は、以下の 4 要件を満たす場合に同条 1 項にいう国家補助として禁止される。

①当該措置が受益者に便益を与えること

②当該便益が構成国または構成国の資金により供与されること

③当該措置が構成国間の競争と通商に影響を与えること

---

(23)　OJ 2015 L248/1.

(24)　OJ 2013 L352/1.

(25)　OJ 2014 L187/1.

(26)　OJ 2016 C 262/1.

(27)　OJ 2015 L248/9.

(28)　OJ 2004 L140/1.

(29)　OJ 2019 C247/1.

(30)　OJ 2018 C 253/14.

④当該利益に特定性（specificity）または選別性（selectivity）があること

①の要件に関して、「便益または便宜」とは、構成国の供与する措置が受益者に利益をもたらすことをいう。

②の要件に関して、「国家」の概念は、構成国の連邦政府または中央政府に限られるものではなく、地方政府および地方公共団体も含む。また「資金」の供与には、国家が有する資金等の補助対象事業者への移転に限らず、租税賦課の免除、国家保証の供与も該当する。

③の要件に関して、「事業者」とは設立根拠法の種別を問わず、経済活動に従事する全ての事業主体をいう。また「特定性」について、国内領域において全ての事業者に差別なく便益を与える構成国の措置は一般的な措置であり、国家補助には該当しない。

④の要件に関して、構成国が何らか補助を供与すると競争が歪曲され、構成国間通商にも影響が及ぶことになる。このため、「競争の歪曲」と「構成国間通商への影響のおそれ」の両要件の立証水準は比較的低く、競争の歪曲は自動的に認定される。

４　手　続

⑴　構成国の届出義務

国家補助規制の手続の枠組は108条に規定されており、詳細は実施規則および実施細則に定められている。

構成国が国家補助を実施する場合、デ・ミニミス規則に該当する補助、および包括的一括適用免除規則に規定される要件を満たす補助を除き、供与計画または変更計画について欧州委員会へ届出をすることを要する（実施規則２条１項）。欧州委員会の承認がなければ当該措置を実施してはならない（108条３項、実施規則３条）。

一括適用免除規則に規定された要件を満たす国家補助は、107条に合致するものとして、欧州委員会への事前届出と欧州委員会の承認を得る義務が免除され、多くの補助計画が一括適用免除規則の下で処理されている。なお構成国は、一括適用免除規則により届出が免除される国家補助を実施した場合、当該補助の実施後20日営業日以内に当該補助の概要を欧州委員会へ提出することが求められる。

⑵ 欧州委員会の審査権限

欧州委員会は、既存の国家補助について構成国と共に常時審査するほか（108条1項）、構成国より届出のあった新規の国家補助が107条1項にいう国家補助に該当するか否かを決定する。同項に該当する場合には、107条2項ないし3項の下での適用免除の要件に該当するか否かを検討する権限が与えられている（同条2項）。

欧州委員会の認可を得ることなく供与された補助は、自動的に共同市場と適合しない「違法な補助」とされ、欧州委員会は当該補助の受給者に対し返還を命ずる義務を負う（実施規則16条1項）。詳細は、違法な国家補助の回収に関する告示に規定が置かれている。

なお、国家補助規制においては、その時々に直面する課題に対応するための特別の対応が執られることもある。近年では2008年の米国・投資銀行大手リーマン・ブラザーズの倒産を契機として発生した金融・経済危機への対応のほか、2020年初からのコロナウイルス感染症への対応のため、欧州委員会は一時的な判断枠組を策定し、構成国による措置の判断基準の柔軟化、措置の迅速な承認などを行っている。

⑶ 欧州委員会、EU司法裁判所による審査

欧州委員会は、届出のあった補助について2か月の審査期間を有する。なお、各種ガイドラインに合致する補助については、「簡略化された手続」を利用でき、審査期間は1か月に短縮される。欧州委員会が特段異議を唱えない場合には、届出構成国は当該補助を実施できる。欧州委員会の結論は、補助に該当しない決定（実施規則4条2項）、異議を提起しない決定（同条3項）、手続開始決定（同条4項）のいずれかである。手続開始決定の場合、欧州委員会は正式調査を開始し、承認（実施規則9条3項）、条件付承認（同条4項）、禁止のいずれかの決定を下す（同条5項）。審査期間は、最長18か月が目安とされている（ベストプラクティス告示43段）。

なお、欧州委員会決定に不服の場合、一般裁判所に取消訴訟を提起することがでる。また、一般裁判所判決に不服の場合、法的争点に限りEU司法裁判所へ上告できる。

Ⅳ　EU 競争法の近時の展開

近年欧州委員会は、経済のデジタル化への対応、また地球規模での環境保護に積極的に取り組んできているが、これに対応してEU競争法は新たな展開を見せている。

欧州委員会は、経済のデジタル化への対応として、デジタル戦略 “Shaping Europe's Digital Future”を掲げており、2020年12月にはデジタルサービス法案[31]とデジタル市場法案[32]を提案した。このうちデジタル市場法案は、事前規制のアプローチを採るものであり、事後規制を基本とする競争法を補完する立法措置として位置づけられる。同法の適用対象は、マーケットプレイス、検索エンジン、SNS、広告などの「コア・プラットフォーム・サービス」をEU域内で提供する巨大IT事業者のうち、売上高（欧州経済領域（EEA）域内の年間売上高が650億ユーロ（約８兆4,500億円）超など）、利用者数（毎月の実際に利用しているエンドユーザー数が4,500万人以上）などの一定の基準を満たす「ゲートキーパー」（以下、GKとする。）として指定されたものである。GKには、自身が提供するサービスの優遇、取引相手に対する不公正な契約条件の設定などが禁止されるほか、保有する情報のビジネスユーザーへの提供、欧州委員会への買収・合併の通知などの義務が課される。禁止や義務に違反したGKには、全世界における年間売上高の最高10％（違反反復の場合には20％）の制裁金が賦課される。なお、本法案については2022年３月に欧州議会とEU理事会の間で最終案が合意され、GKの基準である年間売上高については750億ユーロ（約９兆7,500億円）超に引き上げられた[33]。

国家補助の分野においては、欧州委員会が「欧州グリーンディール」を最優先課題の１つと位置づけていることを受け、環境保護とエネルギーに係る国家補助ガイドライン[34]を改訂した気候、環境保護とエネルギーに係る国家補助ガイドライン[35]が2022年１月27日に採択された。本ガイドラインでは、適用範

(31)　Proposal for a Regulation on a Single Market for Digital Services (Digital Service Act), European Commission, COM (2020) 825 final.

(32)　Proposal for a Regulation on contestable and fair markets in the digital sector (Digital Market Act), European Commission, COM (2020) 842 final. 本法案の概要は、2020年12月15日付欧州委員会報道発表文 QANDA/20/2349参照。

(33)　2022年３月24日付欧州議会報道発表文 20220315IPR25504参照。

(34)　OJ 2014 C200/1.

囲が拡大され、新しい分野（クリーン・モビリティ、エネルギー効率に優れた建物、循環性、生物多様性）に対する支援のほか、グリーンディールに資する技術に対する支援に対しても適用される。また、補助供与の実効性を高めるべく、補助が必要な箇所へ供与されているか、環境面の目標達成に必要なものに限定されているか、競争を歪曲していないか、EU域内市場を阻害しないかという点を確保する仕組みも導入されている(36)。

V　おわりに

EU競争法は、米国反トラスト法と並ぶ世界の二大競争法としての地歩を確かなものとし、世界各国の競争法・競争政策に大きな影響を与える存在となった。近年、欧州委員会は巨大IT企業による濫用的行為に対して積極的に法執行を行っているほか、環境保護を念頭に置いた競争政策を立案するなど、競争法が直面する新たな課題に取り組む先駆者的な役割を果たしている。世界の競争法の潮流を理解する上で、また競争政策を超えたEUの政策を理解する上で、EU競争法の動向を注視することが重要である。

〈参考文献〉

井上朗『EU競争法の手続と実務（全訂版）』（民事法研究会、2016年）

Kelyn Bacon, *European Union Law of State Aid*, 2nd edition, 2017, Oxford University Press

Richard Whish & David Bailey, *Competition Law*, 10th edition, 2021, Oxford University Press

---

(35)　OJ 2022 C80/1.

(36)　本ガイドラインの概要は、2022年1月27日付欧州委員会報道発表文QANDA/22/566参照。

第8章

知的財産法

本章のあらまし

この章で扱う知的財産法は、政府の政策として「知財立国」が採用されているため、日本でEU法を学ぶ際には、特に重要である。最初は、総論的な問題を扱う。知財立国に関する説明、EU段階の立法権限、EU法とTRIPS協定の関係および知的財産権を行使する訴訟法関連の規制が話題となる。後は、著作権法・特許法・商標法の順番で、EUの知的財産権について説明する。

I　総　論

1　日本で知的財産法を勉強する重要性

知的財産法には、日本でのEU法講義で特に注目に値する理由がある。第一は、日本の21世紀の経済基盤として知的財産権を重視する方針として「知財立国」が示されたことである。第二は、知的財産法はインターネットと情報化社会に特に近い分野であることである。第三は、2019年2月に発効したEUと日本の間の経済連携協定（EPA）の14章が、特にこの分野についての規定を含むため、EU法が間接的に日本の立法にも当該協定を経由に影響していることである。

第一の観点は、2002年7月の政府判断である。日本は、競争相手の中国と比較して人件費が高い。そのため、20世紀のように「もの造り」に経済の基盤を求めるには、限界がある。EUも同様であり、知的財産権を重視し、安い人件費を武器として競争できない高級商品を売る戦略をとっている。

2002年12月に制定された「知的財産権基本法」[(1)]に基づいて、知的財産の創造、保護および活用を強化することになった。同法第4章に基づいて設置され

(1)　平成14年法律第122号。

た「知的財産戦略本部」が上記強化を実現するために必要な計画を策定する。同本部の長は、内閣総理大臣をもって充てる。

このように知的財産法は、国家として戦略的に重要な問題となっている。同時に、国民個人も、今世紀の基本戦略として理解が必要となる。したがって、EU 法の講義でも重視すべき分野になる。

第二の観点はインターネットとの関連が強い点である。本書では次章で詳しく扱うが、インターネット関連の EU 立法は、必然的に日本法にも影響している。「知財立国」で 21 世紀の経済基盤を知的財産権に求める際、特に著作権の活用については、インターネット経由となる場面が多い。

2000 年に制定された「高度情報通信ネットワーク社会形成基本法」(2)は、日本での情報化社会促進を目的としている。ネット社会の中、著作権を中心に知的財産権に注目することが必要となる。

第三の観点は、国際法である。2019 年の EPA もその例であるが、知的財産権は 1886 年の著作権に関するベルヌ条約以来、多くの国際条約の対象になっている。ベルヌ条約、TRIPS 協定など、日本も加盟している条約が多い。このため EU 構成国と日本には共通の規制が従来から適用されていたが、2019 年 EPA14 章では、その点がさらに強化されている。

2　知的財産権に関する立法権限

EU の知的財産法を規律する指令・規則は、立法権限を必要とする。EU では原則として構成国の立法権限となるが、EU 段階の立法は、個別的に構成国が EU に立法権限を委譲したことを必要としている。

たとえば著作権法指令 2019/790 の場合は、域内市場を実現するための立法として EU 運営条約 114 条に基づいて制定されている（指令前文 1・2 段参照）。域内市場は EU 運営条約 26 条 2 項に定義されており、内部国境なく産品・人・サービス・資本が自由に移動できる領域である。商品などの移動の自由を妨害する規制を撤廃して、域内市場の機能を確保することが、本件立法権限の目的である。

EU 商標に関する規則 2017/1001 も同様に、EU 運営条約 114 条を立法権限の根拠としている。EU 全領域で同様の保護を受ける商標を 1 つの手続で可能とすることにより、従来の構成国毎の商標より、企業が EU 市場全体で活動し

(2)　平成 12 年 12 月 6 日法律第 144 号。

やすくなる。

特許に関する EU 段階の立法は著作権・商標と比べて、少ない。現在は EU 独自の特許制度を整備する立法手続が進行中であるが、これまで限定的な問題に関する指令のみが制定されている。たとえば、生物学技術関連発明に関する指令 98/44 も域内市場を立法権限の根拠としている。

なお、EU 運営条約 118 条は、域内市場完成のために統一知的財産権を創設することに関する EU の立法権限を定めている。統一特許（unitary patent）を創設した規則 1257/2012 は、その例である。

3　立法権限と TRIPS 協定の直接適用

2007 年の EU 司法裁判所 Merck 判決[(3)]は、この点について注目に値する。

原告は、ポルトガルで特許に基づいて損害賠償などを請求したところ、特許の保護期間が問題となった。TRIPS 協定 33 条では、保護期間を出願から最低 20 年としているが、国内法では、特許発行から 15 年であった。争点は、TRIPS 協定 33 条を直接適用できるかという点であり、できる場合、より長い保護期間が適用される。ポルトガル国内法は TRIPS 協定の直接適用を認めることになるが、本問題は逆に EU 全体で判断すべきか。

EU 司法裁判所は、この問題について以前の判例法の基準を維持した。すなわち、著作権・商標のように既に EU 法が整備されている知的財産の分野の場合、EU 統一の扱いとなるが、特許分野のように部分的な規制しか存在しない場合、構成国の判断に委ねられる。2007 年当時の EU 段階の特許法は上記の生物学技術関連発明に関する指令 98/44 に限られる状況であったため、結局、ポルトガル国内法の判断が尊重され、本件では TRIPS 協定 33 条が直接適用されて保護期間はより長い期間で計算されることになった。

4　立法権限と対外的権限

EU がある分野について立法を行った場合、EU 運営条約 3 条 2 項により、関連する問題について国際条約を締結する権限は、EU に属することになる。目が不自由な者の保護を目的とする Marrakesh 協定に関する EU 司法裁判所の意見[(4)]によると、この分野について既に指令 2001/29 で共通の立法が整備され

---

(3)　Case C-431/05, *Merck Genéricos*, Judgment of the Court（Grand Chamber）of 11 September 2007, ECLI:EU:C:2007:496.

(4)　Case Opinion 3/15, Opinion of 14 February 2017, ECLI:EU:C:2017:114.

ていたため、本条約については構成国ではなくEUが締結する権限を有することになる。

5 知的財産権の行使

いかなる知的財産権が認められても、権利を実効的に行使できない場合、権利が存在しないことと同様になる。そのため、TRIPS協定も、EU法もこの点に関する規定を整備している。

EUでは、指令2004/48がこの問題について規定している。TRIPS協定の関連規定（第3章41から49条）は、すべての構成国を既に拘束していたが、指令を制定する以前から構成国間に多くの相違点が残っていた（指令前文7段参照）。仮処分の条件および損害賠償の算定は、その例である。

本指令も、EU運営条約114条を立法権限の根拠としているが、同時に権利保護の高い水準の確保も目的としている（指令前文10段参照）。この点、日本の知的財産権基本法およびTRIPS協定3章と目標を共通にしている。

指令2条3項によると、本指令は、実体法に影響しない。構成国の国際法上の義務、特にTRIPS協定に基づく義務にも影響しない。また、刑法にも影響しない。国内法に知財侵害に対する罰則がある限り、本指令の対象外となる。

指令4条は、権利者の範囲を指定している。知的財産権を所持する者自体と並んで、契約に基づいて実施権を受けた者、または日本で言えばJASRACのような著作権管理事業者も権利者として認められる。

商業規模の違反の場合、権利者は侵害者の手元にある銀行記録などの提出を求めることができる（指令6条2項）。指令7条はさらに、証拠保全のための緊急処分を可能としている。

商業規模の違反の場合、権利者は以下の者に対し、情報提供を請求できる（指令8条）。違反商品を商業規模で所持する者、違反商品を商業規模で使用している者、侵害行動のために商業規模でサービスを提供している者および上記の者が商品の生産・販売またサービスの提供に関わっていると説明されている者である。

これらの者に対して請求できる情報は、生産者・販売者などの名前・住所、計画した卸業者・小売業者の名前・住所（指令8条2項(a)）である。さらに、問題となる商品・サービスについて、生産、受領、または注文の量および単価である（8条2項(b)）。

指令９条は、強力な仮処分を可能としている。すべての違反に適用される１項によると、仮処分で侵害また侵害の継続を禁止する命令(a)、または違反商品を差し押さえることにより、販売経路に置くことを阻止する命令(b)が可能である。

事業として行われる違反が前提となるが、２項によると、違反者に対する後の損害賠償請求を保全するために、違反者の不動産を含む財産を仮処分で差し押さえ、違反者の銀行口座を凍結することもできる。これにより支払い能力が停止させられることになる。

しかも４項によると、当該措置は違反者に意見を述べる機会を与えることなく実施できる。法律上の聴聞という訴訟法上の権利は、この限りで大幅に制限される。被告側が請求する場合、仮処分が実施された後に、公判を要請できるが、仮処分の執行以前には、この権利は保障されていない。

10条によると、違反商品について、以下の措置が可能である。販売経路からの回収（１項(a)）、販売経路からの排除および廃棄である。当該措置の費用は、違反者の負担となる。

13条は損害賠償の基準として、３つの選択肢を定めている。

第一は、権利者に発生した実際の損害である。当該侵害行為により権利者の売上が減少した分が損害となる。

第二は、侵害者が受けた利益である。民法一般では、損害賠償よりも不当利得の請求となるが、第一の選択肢よりは立証しやすい。

第三は、ライセンスを受けた場合を想定して、最低限同額を基準とする選択肢である。この選択肢も、侵害者の事情を見て不当利得を基準としているが、結果として最初から侵害のない場合と同様の金額になるため、侵害に対する威嚇を期待できないことになる。

しかし、威嚇は民法上の問題ではなく刑法上の問題である。逆に罪刑法定主義から考えて、侵害者に制裁を加える目的で民法を使用すべきでない。アメリカのように懲罰的損害賠償（punitive damages）を認めない限り、通常の実施料を基準とすることになる。指令の前文26段は、目的は懲罰的損害賠償ではなく、客観的な基準に基づく賠償を可能とする点にある、と述べている。

14条は、日本の民事訴訟法と逆に、勝訴した当事者の弁護士費用を原則として勝訴当事者の負担としている。この考えは、2019年の日EU経済連携協定14章にも反映されているため、日本法にも影響を及ぼすことになる。弁護士費用を回収できない場合、権利者が勝訴して権利を実現しても、赤字となる可能性があることは、権利実現の上で戦略的に重要な点である。

Ⅱ 著作権法

1 概 要

著作権に関する指令・規則の一覧は、欧州委員会の関連ページ(5)で提供されている。以下、制定された年度順に、簡単に説明する。

世界的な動きと同様に、ソフトウェアについて著作権保護を認める指令91/250（現在の指令2009/24）が制定された。後にTRIPS協定10条も同様に判断することになった。日本でも著作権法が改正され、ソフトウェアを保護対象にした（日本著作権法10条1項9号）。

指令93/98（現在の指令2006/116、指令2011/77により改正）は、著作権の保護期間を著者の死後70年間と指定した。この点も、日EU経済連携協定により日本に拡大されたため、日本はEUと同様の規制を維持しなければならない。

指令96/9は、データベースの著作権保護を認めている。同指令の2章はデータベースの構造について著作権保護を認めている。3章は、データベースの構築に投資したことを前提に、特殊な保護（*sui generis* right）を認めている。当該権利は、データベースの更新に投資し続けている限り、保護期間が終了しないことになる（10条）。

指令2001/29は、域内市場を実現するための包括的な著作権規制を整備したものであり、特に情報化社会の状況に配慮している。この点について「技術的保護手段」の規制が特に注目に値するが、後に扱うことにする。

5条は、著作権の制限を列挙している。構成国は列挙にない制限を単独に導入することができないことになる。特に以下の制限が注目に値する。

2項(b)は、私的使用のための複製を可能とする。ただし、権利者に正当な補償を与えることが条件となる。補償は、複製に使用する機器・媒体に課金して、その収益を権利者に配当することになる。すなわち、私的使用を行う個人が権利者に印税を支払う制度ではなく、集団的に補償する制度になる（日本著作権法では第5章）。

(5) European Commission, The EU copyright legislation, bit.ly/37xN6T9.

3項(d)は、批判または書評の目的による引用を可能としている。その他にも多くの制限を認めているが、合計20の場合で構成国が制限を制定することができることになる。

孤児著作物（orphan works）に関する指令2012/28は、一定の使用を可能としている。「孤児著作物」とは、著者を特定できない場合、または連絡を取れない場合の著作物である。ただし、3条が具体的に定める方法で念入りに捜索したことが前提である。

孤児著作物については、1条1項で列挙する主体のみが一定の複製をできることになる。構成国で設立されている公開図書館、教育機関および博物館、資料間、映画・音声の遺産を管理する機関（film or audio heritage institutions）、公共放送局である。これらの主体は、利益を目的とせず公益を確保する目的で、収集している孤児著作物を複製できる。このため、たとえば映画について、かつて使用されていた技術のために、保存状態が悪くなる場合、映ることができなくなる前に、別な保存媒体に変えることで文化遺産の保存を確保できる。

権利者が後に判明した場合、または新たに連絡が取れた場合、その時点で適切な補償を行うことになる。

この制限がなければ、著作権を主張する主体が存在しないため民事法上は大差ないが、公益主体は罰則に違反して著作権を侵害することができないため、文化的な遺産を失うことになる。

指令2017/1564は、EUも加盟している目の不自由な人のためのMarrakesh協定を実施するため、指令2001/29に改正を加えたものである。2001指令では、構成国が目の不自由な人の保護のために制限を導入できるが、Marrakesh協定により、当該制限を導入する義務が生じる。このため、当該制限に関する規定を協定を実施する形で改正して、利益を受ける者（目の不自由な人）またはその人のために行動する者は、著作物を利用できる形に置き換えることが可能となる。たとえば、文章の自動読み上げ・点字化などがその行為に該当する。

さらに第三国との関係で自動読み上げ・点字などの置き換えの結果を共有する義務も条約によって発生しているが、この点について規則2017/1563で規定した。著作権法分野の立法の大半が指令であるが、例外的に規則の形が選定された。

規則2017/1128は、ビデオ視聴サービスについて消費者保護を整備している。たとえばNetflixのような業者が視聴料の代わりに映画などを提供する場合、消費者の住所を基準に著作権者との関係の許可が処理される。消費者が一時的に夏休みなどのために他の構成国に移動する結果、サービスを利用できない可能性が生じる。ビデオ配信業者も、著作権を消費者の住所を基準に処理しているため、利用を阻止しない限り、著作権者との関係で権利侵害となる。

この問題を解決するため、このような場面では消費者の住所を著作権処理の基準とする（規則4条）。また、一時移動している消費者でも、サービスを利用できる措置を実施しなければならない（3条）。この基本判断に対して、著作権者との契約で異なる規定が整備されても、当該規定は無効となる（7条）。

指令2019/790は、指令2001/29から経過した20年の技術の進歩を反映して、新たに現在の情報化社会に適している改正を行った。第2章（3条から7条まで）は、新しい著作権の制限を整備している。第3章（7条から14条）は、許可処理に関する改正である。第4章（15条から23条）には、後に詳しく検討する最も争点となった15条・17条が含まれ、著作物の市場を規定している。

2 技術的保護手段

指令2001/29の重大な側面は技術的保護手段についての法的保護を導入した点である。指令2019/790の理由7号は、このような保護は今でも必要不可欠（essential）と評価している。

技術的保護手段は、金庫のような役割を果たしている。窃盗は法的にも犯罪とされているが、金庫は財産を物理的に保護することを目的としている。技術的保護手段により、著作権による法的保護と並んで、著作物を物理的にも複製できないことになる。たとえば、ポケモンの最新ゲームを買った中学生は、当該ゲームを簡単に複製できない。新たに希望している場合、もう一度、購入するしかない。また、場合によっては、音楽CDなどを複製させないことも、可能である。

英語でDRM（digital rights management）というこの暗号技術の応用は、2001年の指令当時に、世界的に注目され、アメリカ・日本でも、著作権法改正により、技術的保護手段を法的に保護することとした。

指令2001/29の第3章は、このような保護を規制している。その際、著作権侵害は特に要件とはされていない。金庫と考えた場合、金庫破りの道具の提供を禁止することになり、金庫破りは所有者の依頼によるもので違法でない場合でも、適用される。

6 条 1 項は、技術的保護手段の迂回を禁止し、2 項は、このための手段の提供を禁止している。

6 条 3 項は、当該技術的保護手段が「効果的」であることを要件としている。暗号技術などを使用して、保護目的を達成しているもの、と定義している。その際、効果的な保護措置がありうるか、との議論もある。

技術的保護手段は、最終的に正当な消費者に鍵を渡す必要がある。音楽 CD を買った消費者は、聴くことができないのでは意味がない。したがって、最低限音楽をスピーカに流し、マイクで新たに録音することができる。この限りで保護手段として限界が生じる。

しかし、効果的なものもある。特にネット経由で権利を管理する場合、直接消費者と権利者のやり取りが可能となるため、現に効果的な手段である。

逆に、技術的保護手段が効きすぎて、著作権が従来に認めていた制限を実際に使用できなくなる可能性もある。著作権は妥協する形で、著者・出版社の金銭的利益と、社会・文化の自由に関する利益の調和が制限的な規定によって整備されている。権利者が一方的に複製を制限できる場合、妥協が崩れる。

このため、6 条 4 項は、指令が認めている一定の著作権制限（すべての場合ではない）について、権利者が任意的な複製を可能としない限り、構成国が制限を技術的手段に対しても実施できるための措置を採る、と定めている。

3　出版社の権利と情報化社会サービス

指令 2019/790 は、政治的にも大きな争点となり、ドイツでは大規模な反対デモが実施され、ポーランドは、人権侵害として無効であるとの判断を EU 司法裁判所に要請した。この訴訟の対象は、後で検討する 17 条であるが、15 条が規律している新聞社の新しい権利にも反対が多かった。

15 条 1 項は、指令 2001/29 が認めている著作権者の権利を新聞社に拡大している。義務者は情報社会サービス提供者に限定されているが、本概念は指令 2015/1535 の 1 条 1 項の定義を引用しており、「通常は有償、かつ遠隔の電子手段によりサービス利用者の要請に応じて提供するすべてのサービス」である。

前文 54 および 55 段は、この点について説明している。新聞は、優れた記者活動・国民の情報へのアクセスを確保するには不可欠であるが、ネット上で記事が無料で使用されることが増えたため、新聞社の権利を認める必要がある。

本権利は元より記事を書く記者の著作権として存在したが、単に新聞社を権利主体として追加することで、権利の実現に貢献する条文である。

15条1項は明白に、記事にリンクを張る行為のみには該当しないこと、記事が使う個々の言葉の使用または短い要約には適用されないこと、私的使用および非営利使用には適用しないことを規定している。

4　SNS業者の責任

指令17条は最大の争点となった。YouTubeなど利用者が著作物を投稿するサービスの場合、投稿者の責任と並んで、サービス提供者の責任も問題となる。

従来、指令2000/31の14条・15条が適用されていた問題である。2021年のGoogle事件で、EU司法裁判所大法廷は、YouTubeの責任について、この規制を解釈した(6)。原告は、YouTubeの利用者が掲載したビデオが著作権を侵害すると主張して、YouTubeに対し著作権を主張した。EU司法裁判所はこのような場面でYouTubeの責任が成立する要件として、当該著作権侵害について知っても削除しない場合、または必要な技術的対策を採らない場合に限る、と判断した。

17条も基本的に同様の構造となっている。YouTube等は、原則として、権利を処理しなければならない（1項から3項）。広告収入も得て、成功しているビデオは再生回数が10億回を超えるものもあるため、印税を支払うだけの予算を確保できる。権利者との合意が成立する場合は、問題がないことになる。

権利処理がない場合、SNS業者は原則として責任を負うが、以下の条件を満たした場合はその限りでない（4項）。著作権処理のために最善の努力をしたこと（a）、権利者が予め指定した著作物について、掲載されない対策を実施したこと（b）および権利者の充実した指摘を受けて、即時に違反著作物を削除した上で、今後掲載されないような対策を実施したこと（c）である。

YouTubeは従来から任意で「Content ID」(7)という制度を実施しているが、権利者は、予め一定の著作物を指定した上で掲載の阻止（または広告収入の譲渡）を要請できる。上記(b)の条件は、このような技術を想定している。

6項は小規模の業者のための例外を認めている。年間売上が1,000万ユーロ未満の活動が3年未満の場合、4項b)の要請が緩和されることになる。SNS事

(6)　Joined Cases C-682/18 and C-683/18, *Frank Peterson v Google LLC and Others and Elsevier Inc.v Cyando AG*, Judgment of 22 June 2021, ECLI:EU:C:2021:503.

(7)　Google Support, How Content ID Works, bit.ly/3jUnUfu 参照。

業者市場で新規参入する事業者を保護する例外である。ただし、この場合でも、月間利用者が500万人を超える場合は、権利を侵害する投稿を阻止するために最善を尽くしたことを説明しなければならない。

7項は、一定の著作権の制限を列挙し、本件制度は制限を妨害してはならない、と定めている。

8項は、業者に総括的に利用者の投稿を監視する義務がない点を確認している。

9項は、利用者と業者の間で投稿削除などについて紛争が生じた場合、効果的な紛争解決手続が用意されることを要請している。本件の判断の多くは、AIが自動的に行うことになるが、判断に不服がある場合、利用者はいつでも人間の判断を受ける権利を有する。

ポーランドが当該制度に対し、人権侵害として無効と宣言することをEU司法裁判所に要請したが、法務官意見は一定の合憲解釈を前提に合憲とした[(8)]。EU司法裁判所も、この訴えを棄却した[(9)]。

その際、YouTube等のSNS業者の制限を要請することが、言論の自由の人権に対する制限として検討すべき、と判断した。本件指令の際、発言者の利益も十分に保護されたため、違憲とは言えない、との判断である。ただし、著作権侵害に関する判断を自動的に行う場合には、当該判断の正確性を確保することが、前提である。

Ⅲ　特 許 法

1　欧州特許条約

EUの特許法は、著作権法と比べて未だ立法が少ない。現状では、EU法ではないが、1973年の欧州特許条約（European Patent Convention）[(10)]に基づいて国境を超える特許が発行されている。その結果、利用者はMünchenのドイツ特許庁の近くに設置されている欧州特許庁で欧州特許を出願することができる。

特許は著作権と異なり、原則として出願して特許庁が特許を認めない限り保

(8)　上記注6。

(9)　Case 401/19, *Poland v Parliament and Council*, Judgment of 26. April 2022, ECLI:EU:C:2022:297.

(10)　European Patent Convention, 1973年10月5日、bit.ly/3iY3EdH.

護が成立しない。保護は原則として国毎に与えられるため、EUの場合、数多くの手続と翻訳に伴う費用が必要となる。その分、日本・アメリカと比較して、費用が高いことになる。特許出願は、当然ながらたとえばドイツではドイツ語で出願する必要があるが（ドイツ特許法35a条）、特許出願を翻訳できる者は、言語能力のみではなく、技術に関する理解・法律に関する理解も必要となるため、支払い単価が高くなる。

欧州特許条約は、EU法の一部ではない。構成国の大半がEUの構成国であるが、しかし、トルコ・スイス・最近は英国など、EU構成国でない国も加盟している。

欧州特許条約を利用して欧州特許を出願する者は、国内で希望する国を指定して、出願が認められた場合、一回の手続で複数の国で保護を受けることができる。ただし、当該特許は、統一的な民事訴訟において行使することができない。特許は1つだが、訴訟は統一されていなない。

国ごとに侵害訴訟を提起する際、被告側は国内訴訟において特許の無効を主張できない。EU司法裁判所のGAT判決[11]によると、このような訴訟では国内特許の有効性について争うことができるが、対象特許が他国で供与された場合、当該他国の裁判所の専属管轄となる。

2　生物学技術に関する指令

指令98/44の1章は、特許の対象範囲について規定している。

3条は、対象範囲を拡大する方向で規定されている。1項は、生物学物質（biological material）も、特許の対象とすることができる原則を定めている。2項は、ある物質が自然に既に存在する場合でも、自然から抽出された場合、または技術的過程で製造された場合には、特許の対象とすることができる点を規定している。

4条から6条は、逆に特許の対象にならない場合を規定している。

4条1項a)は、植物・動物の品種を特許の対象外としている。保護に値しないという点ではなく、既に育成者権で保護されるからである。

4条1項b)は、植物・動物の種に生物学的な生産方法を特許の対象外としている。

⑾ Case C-4/03, *Gesellschaft für Antriebstechnik v Lamellen und Kupplungsbau*, Judgment of 13 July 2006. ECLI:EU:C:2006:457.

５条１項は、人間の身体またはその一部を特許性から除外している。特に遺伝子の発見が対象外となる。従来特許のために発明を必要としているが、発明は自然法則を利用した技術的思想の創作であるため、自然法則の発見は対象外となる。同様に、DNA の解読それ自体は発見であり、発明ではない。

２項は、３条２項と同様に人間の身体に存在する物質でも、身体から抽出された場合または技術的過程で製造された場合、特許性を認めている。

６条１項は、公の秩序に反する発明を排除しているが、２項は、以下の具体例を列挙している。２項 a)は、人間のクローンの作製過程を排除しているが、この限りで EU 基本権憲章３条２項 d)と重なる。２項 b)は、人間の DNA に変更を加える過程を対象外にしている。２項 c)は、人間の胎児を工業または商業目的に利用することを対象外にしている。２項 d)は、動物の遺伝子に変更を加えた結果、動物に苦痛が生じる場合を対象外にしているが、人間または動物のために重要な医療上の実益が生じる場合を例外としている。

3　EU 独自の特許制度の整備

上記１で説明した欧州特許条約 142 条は、構成国間の統一特許保護を整備する可能性を規定している。EU 構成国の大半が参加する統一特許制度は、理事会および議会が制定した規則 1257/2012 および理事会規則 1260/2012 により整備された。上記立法は全構成国に妥当するものではなく、一部の構成国のみが協力する形を採用している。現在の構成国のうち、スペインとクロアチアのみが参加していない。

統一特許制度の整備が EU 運営条約 118 条でも要請されている。１項は、欧州知的財産権の創設および統一の保護を目指すべきである、と定めている。これは域内市場を完成する上での重要な側面となる（規則 1257/2012 の前文２・３段）。

統一特許は、制度の利用費用の引き下げ、制度利用を簡素化し、法的安定性を促進し、または保護の水準を引き上げることを目的としている（前文４段）。

特に翻訳の費用を下げることが期待されている。規則 1260/2012 の３条は出願段階で１つの言語（原則英語）で済むとしている。ただし、紛争が発生した場合、特許所持者の費用で必要な翻訳を整備することになる（4 条）。また、出願者の国語が欧州特許庁の公用語以外である場合、出願に必要な翻訳費用の補償制度も運営されている（5 条）。これらの規制は一時的なもので、長期的には自動翻訳に切り替える予定である（前文 11・12 段、6 条 3 項）。

スペインは本件規制に対して訴えを提起したが、EU 司法裁判所の 2015 年 5 月 5 日判決(12)で敗訴した。スペインは、言語上の差別が EU 法に違反する、と主張したが、裁判所は、当該差別は正当化できる、と判断した。本規則が規制している翻訳制度により出願者の費用が削減される。これにより特許制度の利用が促進され、EU の企業（特に中小企業）の競争力が促進される（判決 36・37 段）。よってこのような公益により言語上の差別は正当化される、との判断である。

規則 2015/1257 の 18 条 2 項によると、本規則の適用は欧州特許裁判所条約の発効を前提としている。本条約は、統一特許の訴訟を統一的に扱う制度を用意しているが、条約発効のためにはドイツの批准が条件である。2020 年 2 月 13 日の連邦憲法裁判所の決定(13)で、本条約を批准するための立法が違憲・無効とされた。憲法改正を必要とする条約であったが、憲法改正に必要な議員の 3 分の 2 の要件を満たしていなかったためである。新たに同様の立法が必要な賛成を得て成立したが、本立法に対する憲法訴訟が 2022 年 7 月現在、進行中である（仮処分の申請は、既に否定されている）(14)。

Ⅳ 商 標 法

1 EU 商標

商標法については、EU 独自の統一制度が規則 94/40 により初めて整備されたが、現在は規則 2017/1001 が根拠となっている。特許とは異なりすべての EU 構成国で統一的に適用されるスペインの Alicante にある欧州商標庁で出願される。本規則も EU 運営条約 118 条を立法権限の根拠としている。

この制度を導入してからの経験からみて、域内の企業も第三国の企業も、本制度を受け入れて、多く利用している（前文 6 段）。2020 年の実績は、新記録と

---

(12) Case C-147/13, *Kingdom of Spain v Council of the European Union*, Judgment of 5 May 2015, ECLI:EU:C:2015:299.

(13) 2 BvR 739/17, *Einheitliches Patentgericht*, Beschluss des Zweiten Senats vom 13. Februar 2020, ECLI:DE:BVerfG:2020:rs20200213.2bvr073817.

(14) 2 BvR 2216/20, *Einheitliches Patentgericht II*, Beschluss des Zweiten Senats vom 23. Juni 2021, ECLI:DE:BVerfG:2021:rs20210623.2bvr221620.

なる17万6,987の出願を受付けたが、その内訳は中国からが2万8689件、ドイツからが2万4,990件、アメリカからが1万7,445件であった。[15]

登録の出願について、2022年7月現在850ユーロの手数料が必要となる（10万円前後）。権利の有効期限は出願の日から10年とされているが、更新が制限なく可能である（規則52条）。特許・著作権とは異なり、更新する限り永遠に権利を維持できる。

登録の条件は規則7条で列挙されているが、特に1項b)が重要である。商標は識別機能を必要とする。「自動車」など一般の言葉を独占できないことになる。例えば「photos」は英語で「写真」の意味となるため、登録できない。さらに「photos.com」のように、インターネットのドメインであっても登録できないとする考えは、2012年の一般裁判所判決[16]の立場である。その結果、ドメイン名photos.comは登録できるが、そのドメイン名をさらに商標として登録できないことになる。

2　国内商標

欧州商標制度は、国内商標制度を廃止したものではない。国内商標については、初めて指令89/104により規定されたが、現在は指令2015/2436が根拠となる。指令でも、商標登録の条件が識別機能となる（指令4条1項b)）。

この際、他の国の言語の扱いがEU特有の問題として発生する。スペインで、ドイツ語で「マット」の意味を有する「Matrazen」という言葉を登録できるか。この点について、2006年のEU司法裁判所の判決[17]は、原則として登録可能と判断した。ただし、スペインの消費者の大半が当該外国語を理解している場合には、その限りでない。

3　消耗原理（exhaustion）

消耗原理は、「消尽原理」とも訳されている。商標の問題だけではなく、他の知的財産権についても問題となるが、判例の大半は商標に関するものである。

EU商標規則2017/1001の15条1項は、商標の権利を限定している。権利者

---

(15) European Intellectual Property Office, Consolidated 2020 Report, bit.ly/2Wdga09。

(16) Case T-338/11, *Getty Images v OHIM*, Judgment of the General Court（Fifth Chamber）of 21 November 2012, ECLI:EU:T:2012:614。

(17) Case C-421/04, *Matratzen Concord AG v Hukla Germany SA*, Judgment of 9 March 2006 , ECLI:EU:C:2006:164.

が自らある商品をEU域内で販売した場合、または権利者の同意の元で販売された場合、その後当該商品について権利を行使できない。ただし、当該商品が販売された後に変更された場合は、この限りでない（2項）。

この15条の文言は、構成国内の商標に妥当する指令2015/2436の15条と同一である。

この考えは特許に関する1974年のEU司法裁判所Centrafarm判決[18]によって、EUの知的財産権法に採用された。同一の薬品について複数の構成国で特許保護を受けた原告は、当該特許に基づいて一定の販売許可を与えた。当該商品は、特許権者の承認を受けて販売されることになるため、一度販売された商品を別の構成国に再販売することは特許に基づいて阻止できない。

再販売が阻止できる場合、域内市場原理に反する障壁が発生するが、このような障壁は特許権者の保護のために必要ではない。最初に許可を与える段階で、特許について十分な代償を確保できる。

ただし、消耗原理は、域内で販売された商品に限り妥当する。第三国で販売された場合には、消耗原理が妥当しない。1998年のEU司法裁判所Silhouette判決[19]は、第三国で販売された場合には、15条1項が適用されないことになるとした。また、構成国内の立法で異なる規制を整備することも許されない。

消耗原理を域内販売に限定する判断は、2014年のEU司法裁判所Honda判例[20]でも維持された。

〈参考文献〉

EU IPO, Trademark and Design Guidelines, 2022年3月31日、bit.ly/3LtUr8y

Lenz, Intellectual Property, 2020年6月、bit.ly/3kt9Wlj

Lenz「EU著作権指令改正成立――大激戦終了」2019年9月、ユーラシア研究所レポート、bit.ly/37PfNyN

---

(18) Case 15-74, *Centrafarm v Sterling Drug*, Judgment of 31 October 1974, ECLI:EU:C:1974:114.

(19) Case C-355/96. *Silhouette v Hartlauer*, Judgment of 16 July 1998, ECLI:EU:C:1998:374.

(20) Case C-535/13, *Honda v Maria Patmanidi*, Order of 17 July 2014, ECLI:EU:C:2014:2123.

第9章
情報法
―― IT・AI・個人データ保護 ――

本章のあらまし

この章では、情報化社会について特に重要な話題を扱う。IT に関する最初の部分は、インターネット法を対象としている。特にビットコイン（Bitcoin）という技術が重要であろう。刑法関連で話題としている。AI についての部分では、現在、EU で立法が進行中であるが、EU が戦略的に重視している分野である。最後の個人データ保護の部分は、GDPR という EU の立法が日本企業に直接に適用され、違反があった場合、重大な金銭制裁が可能となるため、日本でも注目されている。

I　IT

1　総　論

(1) EU 立法とインターネット規格設定

EU 立法は、規則または指令の形で行う。常に個別立法権限が必要である。立法権限の明白な根拠がない限り、EU レベルでの立法ができず、構成国の立法権限になる。

インターネットに関する問題は EU 固有の現象ではない。インターネットは、日本でも、アメリカでも、中国でも、利用されており、EU の関連立法が必然的に全世界に影響を及ぼすことになる。

インターネットの諸規格は以前から制定されている。RFC（request for comments）の形で、技術者同士の議論の結果で整備されている。たとえば、電子メールについては、1982 年の RFC821 が基準であったが、現在では 2008 年の RFC5321 が適用されている。jsmith@example.com のような宛先の形は、世界共通でないと機能しない。EU ではたとえば、「jsmith/example.com」にした場合、機能しないことになる。

法律の世界には世界共通の立法手続が整備されていない。一番近いものは、世界各国が加盟している国際条約である。たとえば、ほとんどの国が加盟しているWTO協定の付属書の1つであるTRIPS協定により情報法の分野で影響が大きい著作権を認めなければならないことになっている（TRIPS協定9条）。

反面、言論の自由の制限については、世界の国々で考えが異なる。イスラム教の国では、ムハンマドの漫画を出版することが冒瀆罪として死刑に値するが、日本では罪にならない。中国とドイツの間では、政治的に許される発言の範囲が異なる。このような問題について国際条約に基づいて統一的な規制を整備することは容易でない。

領域名（domain name）についても、国際条約が整備されていないため、領域名に関する紛争を解決する手段としてUDRP（uniform dispute resolution policy）[(1)]が利用されている。この政策は、契約に基づいて妥当することになる。領域名を登録する限り、関連する契約約款を承認しなければならない。このため、当該基準は、世界共通に妥当することが可能となる。

(2) 世界に向けてのEU立法権限

EUの立法権限を考える際、通常はEUと構成国の関係が問題となる。原則は構成国が立法権限を有しているが、EU運営条約に立法権限の法的根拠がある場合に限り、EU立法が可能となる。たとえば、114条は、域内市場の機能に関するEU立法を可能としている。インターネット関連立法では、法的根拠となることが多い規定である。

しかし、114条は第三国との関係では立法権限の法的根拠となることはできない。日本・アメリカ・中国などは、EUの構成国ではないため、もとより114条が適用されることはない。

たとえば、2022年7月現在、EUではSNSに関する立法が進行中である。2020年12月15日の法案[(2)]は、Google・Facebookなどアメリカの企業を対象に、一定の義務を負わせ、違反があった場合に年間売上の10%までの制裁金処分を可能としている（法案26条）。アメリカの企業に10億ユーロ単位の制裁金処分を課すことが、アメリカの立法者の何らの参加がない立法手続で可能であ

---

(1) Internet Corporation for Assigned Names and Numbers (ICANN), Uniform Domain-Name Resolution Policy, go.icann.org/2WlT4Ep。

(2) Proposal for a Regulation of the European Parliament and the Council on contestable and fair markets in the digital sector (Digital Markets Act), bit.ly/3yjTfgx。

る、としている。その根拠として114条しか述べていない。大いに疑問である。

114条は「域内市場」関連の権限である。しかし、その法案の対象となる企業は、ドイツのGoogle社、フランスのFacebook社ではない。これらの企業はアメリカの企業である。「EUで効果が生じるから」と言う理由でネット関連のすべての規制をEUレベルで行うことは、他国の主権を尊重していない。

2　刑　法

(1) 国際刑法

上記の立法権限問題は、刑法についても発生する。その限りで、2008年11月28日の枠組決定(3)が問題となる。

枠組決定とは、2009年12月に発効したリスボン条約以前に実施された立法形態で、閣僚理事会での全員一致を要請した上に、刑法という構成国の主権に近い分野でも立法が可能であった。当該立法は、一定の人種差別発言を犯罪とする構成国の義務を定めた。たとえばドイツでは、刑法130条に基づいてユダヤ人殺戮という歴史的事実を否定する発言が犯罪とされているが、当該枠組決定は、他の構成国でもこのような構成要件を整備する義務を導入した。

枠組決定9条は、国際刑法についての規定を置いた。「国際刑法」とは、刑法の適用範囲を定める規制で、日本法では、刑法1条から5条に規定されている。国内の行為に適用することが、最も自然な出発点となる（日本刑法1条1項)。

しかし、インターネット関連行為の場合、行為の場所を特定することに問題が生じる。たとえば、ドイツから日本に毒入りのワインを郵送して、日本国内で被害者がこれを飲んで死亡した場合、行為自体が行われた場所はドイツだが、効果は日本で発生したことになる。同様にインターネット関連の発言は、特に利用者を限定しない限り、全世界で効果が生じることになる。効果が国内で生じることを理由に刑法を適用するという考えによると、適用範囲の制限はないことになる。

その点、上記枠組決定9条は以下の場合を区別して、本構成要件の適用を定めている。第一は、行為が構成国の領土内で行われた場合である（1項a)。第

(3)　OJ 2008 L328/55, Council Framework Decision 2008/913/JHA of 28 November 2008 on combatting certain forms and expressions of racism and xenophobia by means of criminal law.

二は、行為者が当該構成国の国籍を有する場合である（1項b）。第三は、行為が所在地を国内で有する法人のために行われた場合である（1項c）。

2項は、国内の行為の概念を拡大している。書き込みなどの物理的行為が国内に行われた場合、書き込みが保存されるコンピュータが国外にある場合でも、国内行為が成立する（a）。逆に書き込みなど物理的な行為が国外で行われた場合でも、情報が保存されるコンピュータが国内にある場合でも、全体が国内行為となる（b）。

逆に単に国内で受信できる発言であることを理由に、適用を認めるという規定ではない。国内で保存されるか否かが基準となる。

当該基準は適切か。インターネット発言の場合、多くの事例で当該発言が保存されるコンピュータの場所が偶然で決まり、発言者もそれを知らない。また、発言の多くはFacebookなど第三者経由で実施されている。その場合、当該第三者の都合で、事後でも変わる場合がありうる。

適用範囲を拡大することは、他国の主権に対する侵害になる。日本から見た場合、日本では当該構成要件を整備しないように立法者が判断したが、日本国内の発言行為について、保存されるコンピュータがEU域内にあるだけで、結局、当該発言を犯罪としない立法者の判断と逆の結果になる。罪刑法定主義・民主主義・日本の主権の観点から、このような扱いは適切でない。

⑵ ビットコイン（Bitcoin）と資金洗浄

ビットコインは2008年10月31日に基本構想が発表され[4]、2009年1月から稼働しているインターネット通貨である。発行数が2100万に限定されている。インターネットと同様に、管理責任主体が存在しない。インターネットと同様に、最初から全世界で使用が可能である。

ビットコインの取引はすべてブロックチェーン（blockchain）と呼ばれる公開登記簿で管理されている。平均10分毎に新たな取引情報が記録される。その際、残高と公開鍵のみが記録され、当該公開鍵に連携されている秘密鍵の情報を有する者が、権利者となる。権利者を特定する情報は、土地の登記簿の場合とは異なり登記簿に記載されない。

資金洗浄規制は、金融機関の匿名利用を排除している。国家は、すべての国民のすべての取引を常に監視できる制度である。次に検討する通信履歴保存と

⑷ Satoshi Nakamoto, Bitcoin: A Peer-to-Peer Electronic Cash System, bitcoin.org/bitcoin.pdf.

同様に、個人データ保護の利益に対する極めて強い制限になる。当該制限が犯罪対策として正当化できるかについて、疑問が生じる。

EUにおいて資金洗浄が初めて規定されたのは、指令91/308である。3条は、金融機関に取引を開始する際に、客の身元を確認する義務を負わせ、匿名口座を排除した。さらに、当時は1万5千ユーロの限度額を超える取引についても、身元確認を要請した。当該義務は現在の指令2015/849の2章（10条から29条まで）に規定されている。

ビットコインは最初から金融機関を必要としない。所持者同士は直接に支払いができる。そのため、ビットコインが多く使用される世界では、「客を知れ」（know your customer, KYC）という義務が空転する可能性が生じる。

指令2018/843は、この問題について改正を加えた。仮想通貨取引所および仮想通貨の秘密鍵の委託を受ける事業者にも、金融機関と同様の義務を負わせた。

指令の前文9段は、さらに仮想通貨の「匿名性」を問題とした上で、構成国の担当機関（FIU, Financial Intelligence Unit）が公開鍵と個人の連携に関する情報を入手する手段を有するべきである、と述べている。さらに、所持者が任意的にある公開鍵に関連する秘密鍵の所持を申告する可能性も検討課題にしている。

2022年7月現在では、未だこのような仕組みが成立していない。現金について、どの個人がどの札を所有しているかの記録が残っていないのと同様に、ビットコインについても、公開鍵と個人の連携に関する情報が残っていない。

2021年7月20日の欧州委員会法案(5)は、従来の指令を規則に置き換えている。その際、仮想通貨関連の規制も強化している。

規則案58条は、匿名口座を禁止しているが、当該禁止規定は、サービス提供者宛てである。すなわち、所持者が自分でソフトウェアを動かして自分で仮想通貨を管理している場合には、最初から適用されない。当該ソフトウェアの開発、発表も、対象にしていない。

そのため、2018年の指令の前文9段で問題提起されたように、国家が鍵所有者に関する情報を確保できる場合は、当該所持者がサービス提供者を利用する場合に限る。

---

(5) Commission, Beating financial crime: Commission overhauls anti-money laundering and countering the financing of terrorism rules, bit.ly/3kAAgcP.

規則案58条は株について、必ず株主の身元を確認する義務も導入して、無記名株の発行を廃止している。

規則案59条は、現金の使用を1万ユーロに限定しているが、本限定も、事業者を相手に使用する場合に限る。この限りで、上記仮想通貨に関する規制強化は、現金の使用に対する規制強化と並んでいる。

(3) 通信履歴保存

資金洗浄規制の場合、犯罪捜査の利益が個人データ保護の利益に優先されている。同様に、通信履歴保存を要請する場合、犯罪捜査の利益が個人データ保護の利益に優先する。

通信履歴とは、たとえば、誰がいつ、誰に電話をかけた、という情報である。通信の内容は保存されないが、通信の事実それ自体は、第三者が把握できることになる。

指令2006/24は以前に、通信事業者に対し、通信履歴情報を最低限6か月保存する義務を負わせていた（5条、6条）。当該指令がドイツで実施されたときに、原告の数が数万人の憲法訴訟が提起され、ドイツ連邦憲法裁判所は2010年の判決(6)で当該規制を違憲とした。

ただし、この判決は指令2006/24を違憲審査した結果、違憲でないとしたため、本来は、ドイツには指令を別な形で実施する義務がなお残っていた。しかし、その後の2014年のEU司法裁判所判決(7)は、指令2006/24を違憲・無効とした。

この事件は、アイルランドおよびオーストリア国内で指令2006/24を実施する立法に対し、原告が違憲審査を要請したところ、国内裁判所がEU司法裁判所に当該指令の有効性について質問したことを出発点にした。

判断基準とされたのは、EU基本権憲章7条および8条である。指令は犯罪、特に組織犯罪およびテロ行為の阻止および捜査のために貢献し、重大な公益を追求している。しかし、以下の理由に基づく判断で、比例原則を侵害している。

第一、指令がすべての国民を例外なく対象としている。保存される情報は、

---

(6) 1 BvR 256/08, 1 BvR 263/08, 1 BvR 586/08, *Vorratsdatenspeicherung*, Urteil des Ersten Senats vom 2. März 2010.

(7) Joined Cases C-293/12 and C-594/12, *Digital Rights Ireland Ltd v Minister for Communications, Marine and Natural Resources and Others and Kärntner Landesregierung and Others*, Judgment of 8 April 2014, ECLI:EU:C:2014:238.

特に犯罪に関係あるものに限定されていない。一定の時間帯・一定の地域にも限定されていない。

第二、保存された情報を捜査目的で使用する段階についても、必要なものに限定する規制が整備されていない。また、使用する段階で裁判官の令状を必要とする規定も欠いている。

第三、指令は最低6か月と最高24か月の保存期間を定めているが、当該保存期間を必要最低限に限定する規定を整備していない。

ドイツ国内の違憲判決およびEU司法裁判所の違憲判決を受けて、ドイツは2015年に新たに通信履歴保存の規制を制定した。当該規制に対しても、国内の裁判所において多数の訴訟が提起された中、2021年11月18日にEU司法裁判所に法務官意見(8)が提出された。当該監視政策に反対している側に有利な意見となっている。すなわち、全国民を監視対象とするためには、国家の存続に対する重大な危機という極めて限定的な正当化事由が必要である、との意見である。

3　SNS規制

インターネットには、中心管理がない。接続されているコンピュータは原則として、どれも同様の権限を有する。P2P（peer to peer）として表示する特徴である。

ただし、SNS（social networking service）を使用する場合には、その限りでない側面が生じる。Twitter, YouTube, FacebookのSNSでは、利用者同士が発言・ビデオを投稿する。発言を行うに当たり、利用者とSNSの契約が前提となるが、利用者の立場はSNS事業者の権利より弱い。

たとえば、トランプ前アメリカ大統領はTwitterの利用者であったが、利用約款違反を理由に利用者資格を剥奪された。その後、Twitterを利用できなくなったが、インターネットを他の方法で使用することが、依然として可能であった。大統領として注目されていたため、別な方法で発言した場合でも、発言力が残るが、何千万単位で集まっていた他のTwitter利用者の購読（follow）のような効果はなくなった。

(8)　Joined Cases C-793/19 and C-794/19, *Bundesrepublik Deutschland v SpaceNet and Telekom Deutschland*, Opinion of Advocate General Campos Sanchez-Bordona of 18 November 2021. ECLI:EU:C:2021:939.

SNS事業者の力と責任は大きいことになる。利用者資格剥奪、発言・投稿の制限は、言論の自由にも影響することになる。反面、一定の不適切な発言を野放しにすることもできない。何らかの制限的約款が必要となる。制限がない場合、SNS事業者自体の民事・刑事責任も問題となる。または、倫理的に支持できない発言が、当該SNS事業者の発言として理解されるおそれも生じる。

その点について2022年7月現在、立法が進行している。

現行法は、指令2000/31である。同指令14条1項によると、SNS事業者のように他人の発言をインターネットに発信する刑事・民事責任が原則として成立しない。ただし、2つの条件がある。第一は、当該発言の違法性を知らなかったことである。さらに、違法性を知った時点で遅滞なく当該発言を削除することである。

15条は、SNS事業者には発言を常時監視する義務がないことを定めている。

たとえば、著作権を侵害する投稿の場合、SNS事業者が当該侵害を知らない間は、責任が成立しない。著作権者がSNS事業者に対し侵害を指摘してから削除すれば十分である。

この点は、2021年6月22日のEU司法裁判所の判決(9)で問題となった。YouTubeについての判断であるが、利用者がYouTubeにビデオを掲載する場合に、利用者の発信と並んでYouTubeの発信も成立するか。判決は、YouTubeが技術的な著作権保護措置を採用した点、著作権者の要請に応じて遅滞なく削除している点、広告収入を確保していることだけで著作権侵害の意図を認定することできない点などにより、YouTubeの責任を否定した。

著作権に限り、指令2019/790の17条によって既により複雑な改正立法が成立している(10)。一定の範囲内で、SNS事業者に事前の掲載阻止措置を要請している。上記判例は、未だ当該指令の発効以前の状況に関する判断であった。

2020年12月20日の規則案(11)は、指令2000/31の改正を目的としている。デジタルサービス法（digital services act）の名称で発表されている。従来の指令か

---

(9) Joined Cases C-682/18 and C-683/18, *Frank Peterson v Google LLC and Others and Elsevier Inc.v Cyando AG*, Judgment of 22 June 2021, ECLI:EU:C:2021:503.

(10) 第8章「知的財産権」の章Ⅱ4を参照。

(11) 2020年12月15日、Proposal for a Regulation of the European Parliament and the Council on a Single Market For Digital Services (Digital Services Act) and amending Directive 2000/31/EC、bit.ly/3CzfFNY。

ら規則に法形式を変更している。

従来の指令2000/31の14条の責任免除規定は、規則案の5条で維持されている。新たに6条で、SNS事業者が任意的に法令遵守のための措置を採ることにより、責任が成立しないことを規定している。法令遵守の努力をする場合、当該努力が足りない側面も生じることがあるが、最初から努力しないことと比較して、法令遵守の方向で働くためである。

従来の指令2000/31の15条の監視義務否定も、規則案7条で維持されている。

従来から、SNS経由の情報発信が法令を侵害する場合、第三者の指摘が重要である。指摘を受けてから、SNS事業者の責任が重くなる。規則案14条は、利用しやすい指摘の仕組みを整備することを要請している。指摘を受けて投稿された情報を削除する場合、規則案15条に基づいて当該情報を発信した利用者に対し、理由を説明しなければならない。

理由について、SNS事業者は予め約款で説明しなければならない（規則案20条4項)。利用者が頻繁に明白に違法な情報を投稿する場合、資格を停止させる義務が、20条1項で制定されている。投稿された情報を削除する判断および利用者資格を停止・剥奪する判断について、内部の紛争解決手続を整備しなければならない（規則案17条)。その際、当該判断はAIの使用のみにより下されることがないように、確保しなければならない（同17条5項)。

Ⅱ　AI規制

2022年7月現在、EUはAI関連の規則案(12)を検討しているが、未だ成立していない。

規則案の発表と同時に、委員会は今後の政策を説明した(13)。AIを戦略的に重視しているため、EUは年間10億ユーロの投資を目指して、構成国・民間会社からさらに年間200億ユーロの投資を目標にしている(14)。

(12)　COM(2021)206, 21.04.2021, Proposal for a Regulation of the European Parliament and the Council laying down harmonized rules on artificial intelligence (Artificial Intelligence Act).

(13)　2021年4月21日委員会報告「Fostering a European approach to Artificial Intelligence」COM(2021) 205.

AI を論じる際、特異点（Singularity）が重要である。AI が改善された結果、人間の能力を圧倒する現象である。例えば、囲碁について、数年前にこの水準を達成したが、これから他の分野でも、人間の能力を超える可能性が濃厚である。

特に AI が AI を改善する能力も人間を圧倒することになれば、技術進歩の速度がさらに爆発的に増加することになる。その場合、予測が非常に困難になる。50 年前の人間が、今のネット技術を予測できなかったのと同様に、2022 年の人間が 2072 年の AI の世界を予測することは不可能である。

本規則案は、一定の AI を禁止している（第 2 章、5 条）。禁止の内容は、市場に置く行為、運営を開始する行為および使用の行為である。以下の AI が当該禁止の対象となる。

1 項(a)は、サブリミナル（subliminal）技術を使用して、ある人の行動を変更して、当該変更が本人または第三者に精神的または物理的な損害の原因となる可能性がある場合を、禁止対象としている。被害者本人が気づかないうちに、意思が操作されるだけではなく、被害者に有害な行動を発生させることも必要である。

この発想は、人間の支配に関連する。EU が 2019 年に発表した AI 関連倫理方針(15)では、最初の原則として人間の支配を要請している。人間が AI に支配されることなく、逆に人間が AI を支配する、との原則である。サブリミナル技術を使用することで、AI が人間の意思を操作できる場合、人間の支配がなくなる。このため、本禁止事項は、本原則を実施するために必要である。

この点は、14 条と連携している。仮にサブリミナル技術の使用がない AI の場合でも、「高リスク」と指定されている場合には、人間の支配を確保している。当該「高リスク」AI は、付属書Ⅲ(16)で指定されているが、現在は以下のものが対象となる。

生体認証を目的とするもの（biometric systems、1 号）。重大インフラの管理に

---

(14)　前掲報告 1-2。

(15)　High Level Expert Group on Artificial Intelligence, Ethics Guidelines for Trustworthy AI, 2019 年 4 月、https://ec.europa.eu/futurium/en/AI-alliance-consultation.1.html、15-16。

(16)　22.04.2021, ANNEXES to the Proposal for a Regulation of the European Parliament and of the Council Laying down harmonized rules on artificial intelligence（Artificial Intelligence Act）and amending certain Union legislative acts, 4 bit.ly/3B8lujY.

使用するAI、例えば、道路交通、電力、水道、ガス、暖房提供の管理を目的とするもの（2号）。教育関連のものとして、入試または期末試験の管理に使用するもの（3号）。労働者の採用に関する決定を管理するAI、または労働者の成績評価に関連するAIで、労働者の解雇・昇任の判断に利用するもの（4号）。社会保障を受ける判断を行うもの、個人の支払い能力の判断を行うもの、救急車・消防車の派遣を管理するもの（5号）。

刑事司法（law enforcement）関連の高リスクAIは6号で列挙されており、以下のものを含む。個人が犯罪を犯すリスク、または犯罪の被害者になるリスクを評価するAI（a）。司法機関が使用する嘘発見機として使用するもの（b）。司法機関が52条で定義されている「偽造事実」（deep fake）を発見できる目的のAI（c）。52条の定義によると、「偽造事実」とは、ビデオまたは音声情報で、ある個人が実際に出ているような間違った印象を与えるものである。

司法機関が犯罪の捜査・起訴の際に、証拠の信憑性を判断するために使用するAI（d）。

司法機関が指令2016/680の3条4項で定義されているプロファイリングにより、個人の実際のまたは可能性としての犯罪を予測するために使用するもの、または個人または集団に対し、性格・特徴・過去の犯罪を評価するためのもの（e）。または、司法機関が犯罪の発見・捜査・起訴のために指令2016/680の3条4項で定義されているプロファイリングを使うもの（f）。

6号の最後に、司法機関が使用するもので、個人についての犯罪を分析して、多くの複雑な情報を検索して、身元が未確認の者を特定する、または情報の中の未知の関連性を発見できるもの（g）。

7号は、庇護権または国境管理について、以下のものを対象としている。（a）は、6号と同様に、嘘発見機として使用するものである。安全保障・違法入国・健康関連のリスクを把握する目的のもの（b）。パスポートその他の入国関連文書の偽造を発見する目的のもの（c）。最後は庇護権・査証・在留資格についての判断を支援するものである（d）。

最後の8号は、裁判所が事実関係または法律問題について検討する過程を援助するAIとなる。

これらの高リスク指定は、特に重要な問題を対象とすることが特徴である。そのため、これらの重大判断について、特に人間の支配を維持する14条が適用される必要性がある。以下のことを要請している。

１項は、人間の支配の一般原則を規定している。

２項は、当該支配の目的としてリスクの軽減を定めている。人間の健康・安全・基本権に対するリスクを対象にしている。逆にAIが暴走して人間の知能を超えるリスクは、特に対象とされていない。

４項は、具体的な対策として、以下のことを要請している。

当該AIの能力と不備を完全に理解しているため、運営を監視して、異常・不備・予測されない行動を把握できること（a）。

AIを信頼し過ぎる傾向（「自動先入観」）について意識できること、特に自然人が決定を下す目的に情報・勧告を提供するAIの場合（b）。この要求はAIに対する要求よりそれを使用する人間宛てのものである。

AIの出力を正しく解釈すること（c）。

どの状況でも、AIの出力を使用しない判断ができること、またはそれを無視し、無効にし、または逆転させることができること（d）。

「止まれ」ボタンでいつでもAIを停止できること（e）。

Ⅲ　個人データ保護

EUでは、個人データ保護が人権として保障されている。リスボン条約で法的拘束力が発効したEU基本権憲章８条は、以下の原則を定めている。

個人データが保護されるという原則は、１項で保障されている。２項は、情報処理のための条件を定めている。公正な処理であり、個別の目的のために、該当者の同意に基づいてまたは法律で定めた適切な根拠に基づいての処理のみが許される。２項ではさらに該当者が自分に関する情報にアクセスすることおよび間違いを訂正してもらうことに関する権利が保障される。３項は個人データ保護の遵守について、行政庁による確保を要請している。

本人の同意を必要とする場合、当該同意に関する意思表示が必要となる。たとえば、インターネットのサイトを利用する場合、利用者はほとんどの場合に必要な情報処理に同意しているが、当該同意を推定して逆の意思表示がない限り同意したとの扱いが許されない。その分、当該同意を伺うおよび利用者が当該同意の意思を表示する負担が発生する。

規則2016/679（GDPR）は、個人データ保護の一般規制を整備している。日本でも注目されており、日本語翻訳(17)も整備されている。通信分野に限り、指令

2002/58が妥当する。

上記のEU基本権憲章8条の原則は、規則5条1項で以下のように具体化されている。情報処理について、以下の要請が原則となる。

処理は、「合法的で、公正で、透明」でなければならない（a)。

処理は、適切な目的のために必要であることを前提とする（b)。

処理は、目的達成のために必要な範囲を超えて行われない（c)。

処理は正確である（d)。

処理に伴う情報保存は、目的に必要な期間以上に行わない（e)。

必要な技術的対策により、当該情報が消滅するまたは漏洩することに対し保護される（f)。

合法性の条件(a)は6条でさらに具体化されている。以下の要請が制定されている。

1項(a)は既にEU基本権憲章で要請されている同意の原則を定めている。この点は、数ある関連義務のうち、日常生活で最も影響が生じる。サイトを利用するごとに、「同意します」という意思表示が要請されることで、情報処理している側も、該当者にも、大きな負担が発生する。

規則83条5項(a)によると、同意要件を含む情報処理の基本原則に違反した場合、年間売上の4%までの制裁金処分が可能である。2021年9月2日にWhatsAppに対し2.25億ユーロの制裁金処分が発表された[18]。Amazonは、2021年7月に史上最高の6.36億ポンドの制裁金処分の対象になった[19]。AmazonもWhatsAppもアメリカの企業であるが、EUの個人データ保護法違反でこの莫大な金額の制裁金処分の対象となっている。このように、EUの個人データ保護法は、世界的に注目されている。

個人データ保護法の適用範囲について、EU司法裁判所のSchrems I判例[20]

---

(17)　個人データ保護委員会「個人データの取扱いと関連する自然人の保護に関する、tsおよび、そのデータの自由な移転に関する、並びに、指令95/46/ECを廃止する欧州議会および理事会の2016年4月27日の規則(EU) 2016/679（一般データ保護規則)」、bit.ly/3jWWqGz。

(18)　Data Protection Commission “Data Protection Commission announces decision in WhatsApp enquiry”, bit.ly/3nTWEPX.

(19)　BBC, “Amazon hit with 886m fine for alleged data breach”, 30.07.2021, bbc.in/3w8cfz6.

(20)　Case C-362/14, *Maximillian Schrems v Data Protection Commissioner*, Judgment of 6 October 2015, ECLI:EU:C:2015:650.

と Schrems Ⅱ判例[21]は注目に値する。

これらの判例は、アメリカとの関係が問題となった。アメリカの個人データ保護法は EU と比較して保護が弱いため、EU からアメリカへの情報移転を認めるべきか。アメリカ側の企業が任意的な約束を引き受けて、EU の保障と同等の水準を達成している場合、当該情報移転を認めることになる。

Schrems Ⅰでは、当時の欧州委員会の関連決定[22]を無効と判断した。アメリカの個人データ保護水準が人権を侵害する上に、法治国家主義と両立しない形で情報該当者の訴訟の可能性も排除されている点がその理由とされた。

本判例を受けて、欧州委員会はアメリカ側と改めて交渉して、別の制度を成立させたが、Schrems Ⅱでは、その代替案で採用された決定[23]も、無効とされた。以前と同様に、アメリカでは裁判上の救済方法が整備されていない点、またはアメリカの諜報機関がすべての国民の情報を無制限に保持している点が、その理由とされていた。

これらの判例を見る限り、EU の個人データ保護水準がアメリカと比較して数段も高いことを理解できる。アメリカの企業に対しても、インターネットを利用している限り、当該高い水準の遵守が要請されることになる。

〈参考文献〉

宮下紘「EU-US プライバシーシールド無効判決」EU 法研究 11 号（2022 年）99-128 頁

Lenz「新インターネット通貨 Bitcoin の法的問題── EU 法・ドイツ法を中心に」青山法務研究論集 7 号（2013 年）1-20 頁

Lenz「ドイツ法・ＥＵ法からみた技術的特異点（Singularity）」青山法務研究論集 16 号（2018 年）1-21 頁

(21) Case C-311/18, *Data Protection Commissioner v Facebook Ireland Limited and Maximillian Schrems*, Judgment of 16 July 2020, ECLI:EU:C:2020:559.

(22) Commission Decision of 26 July 2000 pursuant to Directive 95/46/EC of the European Parliament and of the Council on the adequacy of the protection provided by the safe harbour privacy principles and related frequently asked questions issued by the US Department of Commerce, bit.ly/3kYphe8.

(23) Commission Implementing Decision (EU) 2016/1250 of 12 July 2016 pursuant to Directive 95/46/EC of the European Parliament and of the Council on the adequacy of the protection provided by the EU-U. S. Privacy Shield, bit.ly/3HDNIay.

Lenz「特異点と EU の AI 倫理方針」青山法務研究論集 18 号（2019 年）1-25 頁

第10章

環境法(1)

―法的枠組と環境統合原則―

本章のあらまし

本章では、EUの環境政策の法的な枠組について解説することを目的とする。この章を読めば、なぜEUが環境保護にかかわる国際的平面においてリーダーシップを発揮することができるのかが理解できる。EUの環境保護を支えるのは、EU運営条約第3部第20編「環境」の規定（Ⅰ）とEU運営条約11条に定められる環境統合原則（Ⅱ）である。これら2つが両輪となって、高度な環境保護の実現を可能にしている。すなわち、環境政策の枠組における措置と他のEU政策における環境保護措置により環境保護が強化されている。

Ⅰ　環境政策の法的枠組

1　発　展

EU運営条約はもともと欧州経済共同体（EEC）を設立する条約（ローマ条約）であった。1957年に署名されたEEC条約は、関税同盟、ひいては共同市場の設立を目指すものであった。当時、EECは経済統合を目指しており、EEC条約の中には環境保護への言及が存在しなかった。しかし、その後世界的にも環境保護への関心が高まり、1972年6月にはスウェーデンのストックホルムで国連人間環境会議が開かれ、同年、ローマクラブが『成長の限界―人類の危機レポート』という本を出版し、将来の環境危機へ警鐘を鳴らした。このような中で、同年10月、EU（当時のEC）の欧州首脳会議がパリで開催され、環境保護を進めていくことが合意された。同会議は、欧州委員会に環境行動計画を作成するよう要請した。その後、EEC条約の中に規定されていた共同市場の設立にかかわるEEC条約100条（現EU運営条約115条）および共同体の目的を達成するために措置をとることができるEEC条約235条（現EU運営条約352条）

のいずれか一方または両方を法的根拠条文として環境にかかわる措置が採択されるようになった。

1986 年に単一欧州議定書（Single European Act, SEA）が署名され、翌年に発効した。同議定書は、1970 年代の 2 度のオイル・ショックで停滞した欧州経済を立て直すために、域内市場という新しい概念を導入したが、それと同時に現在の EU 環境政策の法的枠組の基礎となる 3 つの条文が導入した。同議定書により EEC 条約が改正され、EEC 条約 130r 条、130s 条および 130t 条の 3 か条が追加された。これらがそれぞれ現在の EU 運営条約 191 条、192 条および 193 条となっている。マーストリヒト条約、リスボン条約により若干の文言の追加および変更がなされたものの、形は変化していない。

2　環境政策の目的

EU 条約の前文には、「持続可能な発展（sustainable development）の原則を考慮し、…環境保護の強化の文脈において、各国民の経済的および社会的な前進を促進すること」という文言が入れられている。また、EU の目的を定める EU 条約 3 条では、その 3 項 1 段 2 文において、「連合は、…環境の質の高水準の保護および改善を基礎とする欧州の持続可能な発展のために活動する」と、また、その 5 項において「連合は、…平和、安全保障、地球の持続可能な発展、…に寄与する」と定められている。さらに、EU の対外行動の目的を規定する EU 条約 21 条 2 項(f)では、「持続可能な発展を確保するために、環境の質および世界規模の自然資源の持続可能な管理を維持しかつ改善する国際的な措置の発展に寄与すること」と規定している。環境の質の改善および持続可能な発展、この文脈で国際的な寄与することが EU の目的として設定されている。

EU 運営条約 191 条は、あらためて環境政策分野の 4 つの目的を掲げている。①環境の質の保全、保護および改善、②人間の健康の保護、③天然資源の慎重かつ合理的な利用、④地域的または世界的規模の環境問題に対処するための措置、特に気候変動と闘う措置の促進である。リスボン条約による改正で「特に気候変動と闘う措置の促進」という文言が追加された。11 章「環境法（2）」で取り上げるが、気候変動が環境政策の中で重要な位置を占めている。「環境」に関しては、EU 運営条約の中に定義があるわけではないが、広く捉えられている。また、④の目的で世界的規模の環境問題に対処するための措置とあるように、単に EU の中ではなく、国際環境問題に対処することが目指されている。

3　権限と権限に関する原則

⑴ 権　限

EU は、構成国が締結する条約により権限を付与されている。環境分野では、共有権限を付与されている（EU 運営条約 4 条 2 項(e)）。共有権限の場合は、EU と構成国の両方が立法を行い、拘束力のある法行為を採択することができる（EU 運営条約 2 条 2 項）。EU 環境法と並行して国内環境法が存在する。つまり、EU 環境法があるからといってフランス環境法がなくなったわけではない。環境に関する措置は、指令の形で採択されることが多く、各構成国がそれを国内法化することになるため、EU 法であっても形式的に国内法という形もよく見られる。共有権限の場合は、構成国は、EU が権限を行使しない範囲においてその権限を行使することができる。換言すれば、EU が権限行使し、措置を採択した場合は、構成国は権限を行使できなくなる。ただ、環境分野では、EU 運営条約 193 条に基づき、たとえ EU の措置が採択されたとしても、それよりもより厳格な国内措置を維持し、新たに採択することができる。

⑵ 権限に関する原則

権限に関する原則として、①権限付与の原則（principle of conferral)、②補完性原則（principle of subsidiarity)、③比例性の原則（principle of proportionality）が挙げられる（EU 条約 5 条)。①により、EU は権限が付与された範囲でのみ行動することができる。EU が措置をとるためには、法的根拠（legal basis）が必要となる。権限が付与されている場合、次にネックとなるのが、補完性原則である。共有権限の場合には、EU のみが権限を行使できる、排他的権限の場合とは異なり、補完性原則が適用される。補完性原則は、もともと環境政策分野で導入されたものが他の政策分野にも適用される一般原則となったものである。補完性原則に基づき、提案される行動の目的が、構成国において十分に達成することができず、提案される行動の規模または効果のために EU レベルでより良く達成されうる場合にのみ、EU は措置をとることができる。すなわち、構成国法により十分に目的が達成され、効果的な措置がとられる場合は、たとえ EU に権限が付与されていても EU はその権限を行使することができない。補完性原則をクリアして EU が措置を採択できるとなった場合、さらに比例性原則をクリアしなければならない。どんな措置でも採択できるわけではなく、措置の内容と形式は、目的の達成に必要な範囲にとどまらなければならない。たとえば、指令よりもより厳格な措置である規則の形で採択することが必要であるのか否かが問われる。

(3) 法的根拠条文

権限付与の原則に基づき措置が採択されるため、第二次法（派生法）の採択には法的根拠条文が必要であり、第三次法（実施措置など）の採択には親となる第二次法が必要である。環境政策分野の法的根拠条文は、EU 運営条約 192 条 1 項および 192 条 2 項となる。

EU 運営条約 192 条 1 項は、191 条の目的を達成するために、通常立法手続に従い、かつ経済社会評議会と地域評議会と協議した後に、EU のとるべき行動を決定すると定める。津城立法手続は、欧州委員会が提案し、理事会と欧州議会の双方の合意が要請される共同決定で採択されることを意味する。環境政策ではこの条文が基本的な法的根拠条文となる。他方、①財政的な性質の規定、②都市計画および国土計画、③水資源の量的管理または水資源の利用可能性に直接もしくは間接的に影響を与えるもの、④土地利用、⑤構成国が選択するエネルギー資源およびエネルギー供給の全体的構成に影響を与える措置の場合は、EU 運営条約 192 条 2 項が用いられる。この場合、欧州委員会の提案に基づき、欧州議会、経済社会評議会および地域評議会に諮問した後、理事会が全会一致で採択することになる。

4　環境に関する原則

(1) 環境に関する 4 つの原則

EU の環境政策に適用される原則として 4 つの原則が列挙されている。①予防原則、②未然防止の原則、③根源是正の原則、④汚染者負担の原則である。②～④の原則は、単一欧州議定書による EEC 条約の改正のときに導入されたもので、①の予防原則は、1993 年発効のマーストリヒト条約により追加された原則である。

予防原則は、ドイツの予防原則（Vorsorgeprinzip）に由来するといわれる。1992 年の「環境と開発に関するリオ宣言」の 15 は予防的アプローチに関するものである。2000 年に予防原則について欧州委員会は COM 文書[(1)]が公表された。予防原則のコアとなるのは、ある活動が環境に対して重大なまたは不可逆的な結果を招く可能性が強く疑われる場合には、科学的証拠が不十分で決定的な（因果関係が不明の）段階において当該活動を規制することを是とすることで

---

(1)　COM(2000)1, Communication from the Commission on the precautionary principle

である。予防原則は、遺伝子組み換え生物（GMO）に関する措置、化学物質を規制する措置（REACH 規則）[2]など公衆衛生・健康、食品等に関する措置で幅広く適用されている。未然防止の原則（予防措置がとられるべきという原則）は、予防原則と並んで用いられることが多いが、予防原則とは異なり、環境損害を防ぐために措置が早い段階でとられるべきということを示す。環境影響評価指令 2011/92[3]および戦略的環境アセスメント指令 2001/42[4]は、この原則の考え方に基づいている。根源是正の原則は、環境損害は末端で処理されるよりも発生源において防止されることが望ましいという原則である。特に廃棄物法において重要な原則となる。汚染者負担の原則は、汚染に対して責任のある者が汚染を扱う費用を支払わなければならないという原則である。この原則は、汚染者に汚染の削減と汚染の少ない製品または技術開発を促進することになる。たとえば、廃電子・電気機器指令（WEEE）2012/19[5]、拡大生産者責任を盛り込んだ、使い捨てプラスチック製品規制指令 2019/904[6]などが挙げられる。

(2) 持続可能な発展

EU の中で最も重要な概念の１つと捉えられるのが持続可能な発展（sustainable development）である。同概念は、1987 年の Brundtland 報告書（Our Common Future）の中で用いられた。そこでは、自然生態系の保護と将来世代の利益の保護が唱えられた。その後の 1992 年のリオサミットおよびリオ宣言に基づき採択されたアジェンダ 21 という動きを受け、マーストリヒト条約において「持続可能な成長」という文言が取り入れられた。その後の 1999 年発効のアムステルダム条約により「持続可能な発展」という文言が EU 基本条約の中に取り入れられた。リスボン条約発効後は、EU 条約（前文、3 条 3 項および 5 項、21 条 2 項(f)）、EU 運営条約（11 条）および EU 基本権憲章（37 条）において規

(2)　OJ 2006 L396/1, Regulation 1907/2006 concerning the Registration, Evaluation, Authorisation and Restriction of Chemicals, establishing a European Chemicals Agency.

(3)　OJ 2012 L26/1, Directive 2011/92 on the assessment of the effects of certain public and private projects on the environment.

(4)　OJ 2001 L197/30, Directive 2001/42 on the assessment of the effects certain plans and programme on the environment.

(5)　OJ 2012 L197/38, Directive 2012/19 on waste electrical and electronic equipment (WEEE).

(6)　OJ 2019 L155/1, Directive 2019/904 on the reduction of the impact pf certain plastic products on the environment.

定されており、EU における鍵概念となっている。対外関係法の章で述べたように、EU の FTA には「貿易と持続可能な開発」章が含められている。

11 章「環境法（2）」で言及している、欧州グリーンディール(7)では、EU のすべての行動および政策が持続可能な将来のための移行を達成するために用いられるべきであるという、緑の誓い（a green oath:do no harm）が述べられている。後述する、環境統合原則は、持続可能な発展概念と結びついており、持続可能な発展と環境統合原則を基盤に EU の政策および活動が構築されていく形になっている。

(3) 高水準な保護の原則と保護強化条項

EU の目的を定める EU 条約 3 条 3 項では、「環境の質の高水準の保護および改善」とされ、環境に関する原則を定める EU 運営条約 191 条 2 項 1 文において「連合の環境政策は、連合の各地域における事情の多様性を考慮しつつ高水準の保護を目指す」としている。また、EU 基本権憲章 37 条は、「高水準の環境保護…は、確保されなければならない」と定めている。このように EU 条約、EU 運営条約および EU 基本権憲章という 3 つの EU「憲法」に「高水準の環境保護」が定められている。さらに、EU が締結する FTA には、「持続可能な開発章」が設けられているが、そこには、規制を行う権利（the right to regulate）が定められている。たとえば、日本と EU の EPA の 16.2 条「規制を行う権利および保護の水準」の 1 項では、「自国の法令および関連する政策が高い基準の環境および労働に関する保護を定めることを確保するように努め」と定められており、EU の高水準な保護基準が第三国と FTA を締結することで下がらないように確保するということが示されている。

もっとも、高水準の保護の原則は、EU の措置を EU 構成国の中で最も高水準の保護を行っている国の基準に合わせることを意味するわけではない。それゆえ、保護強化条項である EU 運営条約 193 条は、より厳格な保護措置を維持し、また、導入することを構成国に許容している。これにより、環境保護先進国が EU の構成国であることで、保護の基準を低める必要はなく、より高水準の環境保護措置を維持し、新たに採択することができようになっている。

5　環境行動計画

EU の環境政策は、環境行動計画を基礎として措置がとられるようになって

(7)　COM(2019)640, The European Green Deal, p. 19.

いる。日本においては、環境基本法15条1項に基づき、環境基本計画が作成される。EUでは、これまで定期的に環境行動計画が作成されているが、時代や条約改正とともに発展し、充実したものとなってきており、また、法的な意味も強化されてきている。

上述した1972年のパリの欧州首脳会議では、欧州委員会に環境行動計画を作成するように要請した。それを受け、欧州委員会は、1973年に第1次環境行動計画を公表した。その後、1977年に第2次環境行動計画、1983年に第3次環境行動計画が公表された。第3次までは、規制的行政的手法にとどまっていた。それが単一欧州議定書後の1987年の第4次環境行動計画では同議定書による環境統合原則（後述する）の明文化を受け、1987年～1992年の行動計画期間において、経済、産業、農業および社会政策の本質的な要素に環境保護が統合されることが目標とされた。さらに、1992年に環境と開発に関する国際連合会議（リオサミット）が開催され、アジェンダ21（リオ宣言に基づく持続可能な発展を実施するための自主的行動計画）の採択されたことを受け、1993年の第5次環境行動計画では「持続性に向けて」というタイトルが付された[8]。第5次環境行動計画は、持続性と政治的手段の多様性に焦点をあて、すべての経済的・社会的パートナーを取り組む方式を基本として、長期戦略を立てるものとなった。また、1993年11月にマーストリヒト条約発効したが、それにより130r条が改正され、130r条3項に環境行動計画が理事会により採択されるという条文が入れられた。これにより、環境行動計画が法行為として位置づけられるようになった。その後、1999年発効のアムステルダム条約により改正された、EC条約175条3項（旧EC条約130r条3項）では、理事会が環境行動計画をEC条約251条の手続に従い欧州議会と共同決定すると定められた。それを受けて、第6次環境行動計画は、EC条約175条3項（現EU運営条約192条3項）に基づき、欧州議会と理事会の法行為の1つである「決定」の形で採択された[9]。そこでは、2002年7月22日からの10年間の行動計画が策定された。その際、4つの優先事項（同決定1条、5条～8条個別具体的）、①気候変動、②自然と生物多様

(8) OJ 1993 C138/5, 17. 5. 1993, Towards Sustainability, A European Community Programme of policy and action in relation to the environment and sustainable development.

(9) OJ 2002 L242/1, Decision 1600/2002 of the European Parliament and of the Council of 22 July 2002 laying down the Sixth Community Environment Action Programme.

性、③環境、健康と生活の質、④自然資源の持続可能な利用と廃棄物の管理が設定された。このときから気候変動が優先事項と位置づけられた。

リスボン条約発効後の 2013 年 11 月に第 7 次環境行動計画が採択され、2014 年 1 月に発効した⑽。同計画は、「我々の地球の限界の中でよく生きる」とタイトルがつけられている。そこでは、2020 年までの計画と、2050 年に向けたビジョンが提示された。第 8 次環境行動計画が 2022 年 4 月 12 日に採択され、5 月 2 日に発効した⑾。欧州グリーンディールを支援し、グリーン・トランジションを加速することを目指している。地球上（planetary boundaries）において人々がよく生きるという長期的な優先目標が定められている。2 条 2 項(c)において「取る以上に地球に還元すべきである（gives back to the planet more than it takes)」という認識が示されている。

6　欧州委員会と下部機関

欧州委員会の中には、委員長を含め 27 名の委員から構成される。どの委員がどのような分野を担当するかは、委員長が決めるため、担当する任務の範囲が委員長により異なる。この中で、環境にかかわる委員がいる。欧州グリーンディールの総括と気候変動を担当する委員、環境、海洋および漁業を担当委員、エネルギーを担当する委員がいる。欧州委員会事務局の中には、DG 気候変動、DG 環境および DG エネルギーという総局（Directote-general）が存在する。

また、環境にかかわる下部機関として、1990 年に欧州環境庁（European Environment Agency, EEA）がデンマークのコペンハーゲンに設立された。環境を保護する措置の採択、措置の結果の評価、公衆に対する情報の提供、EU 構成国に対する必要な技術的および科学的支援のために、客観的かつ比較可能な情報を EU、EU 構成国および公衆に与える役割を担っている。環境措置は、採択されれば、それでおしまいというわけではなく、11 章「環境法（2）」で取り上げる排出量取引制度指令のようにより良い実施のために何度も改正される。改正に当たっては、問題点が審査されることになるが、その際にも客観的なデータが重要となる。

⑽　OJ 2013 L354/171, Decision 1386/2013 of the European Parliament and of the Council of 20 November 2013 on a General Union Environment Action Programme to 2020 “Living well, within the limits of our planet”.

⑾　OJ 2022 L114/22, Decision 2022/591 on a General Union Environment Action Programme to 2030.

7　市民社会と NGOs

EU 環境法の発展に重要な役割を果たしているのが市民社会・NGOs である。上述した第 5 次環境行動計画では、すべての経済的・社会的パートナー（ステークホルダー）を取り込む方式が基本とされた。これにより、欧州委員会が立法提案する前に NGOs などが意見を出し、また、欧州委員会から協議を受けるというプラクティスが生まれた。このプラクティスは、リスボン条約により EU 条約 11 条に規定された。諸機関は、EU のすべての活動分野において、適当な方法により、市民と代表団体に対して意見表明および公開の意見交換の機会を与えなければならず、また、代表団体および市民社会との間での公開で透明かつ定期的な対話を維持しなければならない。もともとのプラクティスは、環境分野でかつ欧州委員会に限定されていたが、現在は EU のすべての活動分野かつ EU 機関と適用範囲が拡大している。たとえば、カナダと EU の FTA に関する欧州議会の審議に NGOs 等が参加し、意見表明を行った。このようなことが EU の FTAs の内容にも影響を及ぼしてきた。また、FTAs が発効してからも協定に規定された市民の共同対話を通じて、市民社会・NGOs の意見が表明される機会が保障されている。

また、EU は 2005 年に環境に関する情報の取得、環境に関する決定過程への公衆参加および司法救済に関する条約（オーフス条約）に加入した。同条約は、①環境情報へのアクセス権、②意思決定の参加権、③裁判を受ける権利の 3 つの権利保障を主な内容とする。EU では、特に③の保障が問題となっている。EU 環境法の効果的な実効性を確保するために、EU 司法裁判所は、各構成国において NGOs による司法アクセスを実質的に保障するようにという判示を行ってきた。たとえば、それを受け、ドイツの行政訴訟では、個人の主体的権利侵害を原告適格の要件としていたため、NGOs が原告適格を認められるのは困難であったが、法律が改正された。ただ、EU 司法裁判所においては、EU 運営条約 263 条に従い、取消訴訟の原告適格は、自己に向けられた行為、直接かつ個人的に関係する行為、または、自己に直接関係しかつ実施措置を必要としない規制的行為といういずれかの条件が満たされる場合のみ原告適格が認められるので、却下されることが多い。もっとも、ヨーロッパにおける気候訴訟では、NGOs と市民が国内裁判所に提訴して、勝訴判決を勝ち取っている。

Ⅱ　他の政策における環境保護の確保──環境統合原則

これまで EU 環境政策の法的枠組を見てきた。ここでは、EU が環境保護を進めることのできるもう 1 つの強力な手段である環境統合原則を見ていくことにする。環境統合原則は、1987 年に EEC 条約に導入されてから、条約改正を経て、また、時代の要請を受けて、発展し、ますます重要性をもってきている。

1　環境統合原則の発展

上述した第 4 次環境行動計画において他の政策において環境を統合していくことが取入れられたが、そのような変化は、1987 年の単一欧州議定書による環境統合原則の明文化を基礎としている。EEC 条約 130r 条 2 項 2 文において「環境保護の要請は、他の共同体の政策の構成要素である（Environmental protection requirements shall be a component of the Community's other policies）」という条文が挿入された。この条文は、マーストリヒト条約の改正により、「環境保護の要請は、他の共同体の策定および実施にあたって統合されなければならない（Environmental protection requirements must be integrated into the definition and implementation of other Community polices）」と改正された（EC 条約 130r 条 2 項）。この中の「環境保護の要請は、…統合されなければならない」という文言から環境統合原則と呼ばれる。環境統合原則は、環境の編に規定されていたが、1999 年発効のアムステルダム条約による改正で、第 1 部の「諸原則」の中置かれることになった（EC 条約 6 条）。このことで、より環境統合原則の重みが増した。さらに、同原則は、「環境保護の要請は、…特に持続可能な発展のために統合されなければならない」と規定された。すなわち、「持続可能な発展のために」にいう、より高度な価値と位置づけられる EU の鍵概念と結びつけられた。

2　環境統合原則の意味

リスボン条約による改正により環境統合原則は、EU 運営条約 11 条に規定されている。「環境保護の要請は、連合の政策および活動の策定と実施の中に、特に持続可能な発展のために統合されなければならない」となっている。EU 運営条約 11 条は、環境の編ではなく、EU 運営条約第 1 部「原則」の第 2 編「一般規定」に置かれている。また、これまでの条文では、適用される政策分野が限定されていたのが、EU の政策および活動と規定されたことにより、すべての EU の政策および活動において横断的に適用されることになる。

また、環境統合原則につき、「統合されなければならない（must be integrated）」という強い文言が用いられ、法的な義務となっている。実際、13章「対外関係法（2）」で言及するように、裁判所意見2/15[12]において、EU司法裁判所は、持続可能な発展に言及したうえで、EU運営条約11条が考慮されなければならないとした。すなわち、共通通商政策の中に環境統合原則に基づき、環境保護がその政策の策定と実施の中に組み入れられなければならないということになる。農業、域内市場、運輸、経済通貨同盟、競争法、予算など、さまざまなEUの政策や活動の中で環境統合原則が実際に浸透してきている。

加えて、EU基本権憲章37条において「高水準の環境保護および環境の質的改善は、連合の政策に取り入れられなければならず、また、持続可能な発展の原則に従って確保しなければならない」と環境統合原則が規定されている。さらに、欧州気候法（European Climate Law）と呼ばれる規則2021/1119[13]の前文6段において、同37条に言及しつつ、当該規則は、EUの基本権憲章、とりわけその37条により認められる基本権を尊重し、原則を遵守すると定められている。

3　環境保護のための権限

環境政策の措置のための法的根拠条文は、上述したようにEU運営条約192条1項および2項である。しかし、EU運営条約には、他にも環境保護のための措置を採択できる法的根拠条文が存在する。1972年のパリサミットにおいて、環境保護に関する措置を共同体でとっていくことが合意された。そこで用いられるようになったのが、EEC条約100条（現EU運営条約115条）とEEC条約2 35条（EU運営条約352条）である。

現在は、まず環境保護に関する措置の法的根拠条文として挙げられるのは、EU運営条約114条である。域内市場の設立と運営を対象とする措置の法的根拠条文である。EU運営条約115条（旧EEC条約100条）が理事会の全会一致を必要とし、また、指令の形でしか措置を採択できない。他方、EU運営条約114条は単一欧州議定書により追加された条文（EEC条約100a条）であるが、理事

(12) Case Opinion 2/15, Opinion of 16 May 2017, ECLI:EU:C:2017:376; 中西優美子「EUとシンガポール間の自由貿易協定（FTA）に関するEUの権限」国際商事法務 Vol. 45, No. 9, 2017年1348-1354頁。

(13) OJ 2021 L243/1, Regulation 2021/1119 establishing the framework for achieving climate neutrality (“European Climate Law”).

会の特定多数決により採択が可能であり、現在は通常立法手続により採択されることになっている。また、同条に基づく措置は、指令以外にも規則および決定という形も可能である。環境統合原則と相まって、EU 運営条約 114 条（旧 EC 条約 95 条）を法的根拠としてさまざまな措置がとられている。たとえば，日本企業にもなじみがある化学物質規制である REACH 規則、加えて ESG 投資開示規則（2019/2088）や EU タクソノミー規則（2020/852）も同条を法的根拠条文としている。また、環境法（2）で言及する、エネルギーに関する EU 運営条約 194 条に基づいて環境保護に関する措置を採択することができる。農業に関する EU 運営条約 43 条も法的根拠条文となる。なお、EU 運営条約 352 条（旧 EEC 条約 235 条）は、潜在的権限と呼ばれ、EU の目的の 1 つを達成するために必要であるが、権限が必要な権限を定めていない場合に、用いることのできる条文である。環境に関する個別権限が EU に付与されていない時代にはよく用いられたが、現在、EU は EU 運営条約 192 条において権限が付与されているため、原則的に用いられない。

〈参考文献〉

中西優美子『概説 EU 環境法』（法律文化社、2021 年）

中西優美子編『EU 環境法の最前線――日本への示唆』（法律文化社、2016 年）

中西優美子「EU の民主主義における市民社会の参加―― EU の FTAs を素材にして」EU 法研究 6 号（2019 年）5-30 頁

庄司克宏編『EU 環境法』（慶應義塾大学出版会、2009 年）

David Langlet and Said Mahmoudi, *EU Environmental Law and Policy*, 2016, Oxford University Press

Suzanne Kingston, Veerle Heyvaert adn Aleksandra Čavoški, *European Environmental Law*, 2017, Cambridge University Press

第11章

環境法(2)

── 気候・エネルギー・動物 ──

本章のあらまし

10章「環境法（1）」では、環境法秩序を支える両輪、環境政策の法的枠組と環境統合原則を概観した。本章「環境法（2）」では、まず、それを踏まえつつ、EUの環境政策の中で中心的な位置を占めている気候変動にかかわる法（Ⅰ）を取り上げる。環境法と密接な関係を持ちつつも、リスボン条約により新たにEUに個別分野の権限が付与されたエネルギー分野の法（Ⅱ）を取り扱う。最後に、動物ということを視点にして、環境法としての自然・動物保護、環境法から離れ、動物を感覚ある生き物として捉える動物福祉（アニマルウェルフェア）（Ⅲ）を取り扱うことにする。

Ⅰ　気候変動にかかわる法

リスボン条約による改正で、EU運営条約191条1項の環境政策の目的に明示的に「特に気候変動と闘う措置の促進」という文言が入れられた。第6次、第7次および第8次の環境行動計画において気候変動が優先事項となっている。EUは、2050年までにEU域内の温室効果ガスを実質ゼロにする「カーボンニュートラル」の実現を柱とする長期戦略を設定している。さらに、Von der Leyen委員長の下での欧州委員会は発足してすぐ、2019年12月に欧州グリーンディール[(1)]を公表した。欧州グリーンディールの主要な目的が気候変動対策である。

(1) 欧州気候法律

2021年6月30日に気候中立を達成するための枠組を設定する規則2021/1119[(2)]が採択された。これは、欧州グリーンディールの中の1つである。

---

(1)　COM(2019)640, Europeean Green Deal; COM(2021)550, Fit for 55.

(2)　OJ 2021 L243/1, Regulation 2021/1119 of the European Parliament and of the Council

この規則は、特別に欧州気候法律（European Climate Law, loi européenne sur le climat, Europäisches Klimagesetz）という名称が公式につけられている。法律というのは、国家を連想するということで、わざわざ法律の性質をもつ EU の措置を「規則」と表示してきたが、今回は、正式名称として「法律」が採用された。この法律は、2021 年 7 月 29 日に発効した。規則であるので、すべての構成国において直接適用される。環境政策の措置は指令の形が多いが、今回「規則」で採択されたことに意味がある。この法律は、環境政策に関する EU 運営条約 192 条 1 項を法的根拠条文とする。前文と 14 か条から構成されている。その 1 条において、この規則が、パリ協定 2 条に定められる長期的基本目標の追求の中で 2050 年までに EU の中での気候中立を拘束力のある目標として設定し、パリ協定の 7 条に定められるグローバル適応（adaptation）の追求に向けての進歩を達成する枠組を設定することが目的として規定されている。2 条において、気候中立とは、温室効果ガスの排出を実質ゼロにすることであり遅くとも 2050 年までにそれを達成することが法的拘束力のある目標となっている（2 条）。

(2) 排出量取引制度指令

国連気候変動枠組条約が 1992 年に採択され、その後 1997 年に京都で締約国会議（COP）が開催され、京都議定書が採択された。京都議定書では、京都メカニズムと呼ばれる、共同実施（JI）、排出量取引、クリーン開発メカニズム（CDM）が規定された。京都議定書は、2008 年から 2012 年までの間に 1990 年を基準年として、温室効果ガスを全体として 5%削減することを目標としていた。EU は 8%の削減義務を負った。EU では、それを独自の排出量取引制度（一定規模の事業者に参加を義務づけ、排出枠を与え、その不足分または余剰分を市場で取引するもの）を設定することによって履行しようと考えた。

京都議定書における排出量取引は、2008 年から開始されうることになっていたが、EU では、排出量取引制度を EU 排出量取引制度指令（EU-ETS 指令）2003/87[(3)]により 2005 年から開始した。まずは、試行期間として、2005 年から 2007 年末が設定された。これが第 1 フェーズとなる。第 2 フェーズが 2008 年

---

establishing the framework for achieving climate neutrality and amending Regulation 401/2009 and 2018/1999.

(3)　OJ 2003 L275/32, Directive 2003/87 establishing a scheme for greenhouse gas emission allowance trading.

から2012年末、第3フェーズが2013年から2020年末、第4フェーズが2021年から2030年末となっている。現在は、第4フェーズとなっている。EU-ETS指令が実施されていく中で過剰な排出量の割り当て、グランドファザリング、取引期間の短さ、指令の適用領域等の問題点や課題がみつかり、改正(4)がされてきている。現時点でも改正案(5)がだされている。

⑶ 他の政策との連結

欧州グリーンディールは、気候変動を中心にして、環境保護とデジタル化に関する新たな措置の提案や既存の措置の改正案等、道筋を示す青写真的な文書である。2021年7月14日に欧州委員会は、欧州グリーンディールの実施を強化するための包括的提案「fit for 55」(6)を公表した。「Fit for 55」というのは、2030年までに1990年比で少なくとも55%、温暖化ガスの排出を減らすということからきている。そのための12施策からなる提案パッケージになっている。たとえば、自動車規制や国境炭素調整メカニズム（CBAM）、EU排出枠取引制度の強化、エネルギー課税指令の改正、エネルギー消費量削減目標引き上げ、再生可能エネルギー比率の引き上げ、森林等による炭素除去目標設定、持続可能な航空燃料促進、充電・水素燃料補給等のインフラ設備、海運燃料のCO_2含有量上限の設定および段階的引き上げ、気候社会基金の創設など、一連の措置が目標の達成に必要とされている。

また、循環経済（サーキュラーエコノミー）という概念(7)が導入され、環境保護を目指しつつ、EUにおける企業の競争力を維持するための施策が開始されている。循環経済では、製品、材料および資源の価値ができるだけ長く経済に維持され、廃棄物の生成が最小限化される。循環経済への移行は、製品と消費のモデルを大きく変えることになる。

加えて、欧州グリーンディールの中に含まれ、持続可能な投資を促進する戦

⑷　OJ 2018 L76/3, Directive 2018/410 amending Directive 2003/87 to enhance cost-effective emission reductions and low-carbon investments.

⑸　COM (2021) 552, Proposal for a directive amending Directive 2003/87 as regards aviation's contribution to the Union's economy-wide emission reduction target and appropriately implementing a global market-based measures.

⑹　COM (2021) 550.

⑺　COM (2015) 614, Closing the loop-An EU action plan for the Circular Economy; COM (2020) 98, A new Circular Economy Action Plan for a cleaner and more competitive Europe.

略の1つである、2020年にEUタクソノミー規則2020/852[(8)]が採択された。タクソノミー（Taxonomy）とは、ギリシャ語の分類を意味する語に由来し、同規則は、環境的に持続可能な活動を分類するためのタクソノミー（分類表）を設定することを目的とする。その枠組として同規則9条は、①気候変動の緩和、②気候変動への適応、③水および海洋資源の持続可能な利用と保護、④循環経済（CE）への移行、⑤汚染の防止と管理、⑥生物多様性およびエコシステムの保護と修復を環境目的としている。さらに、経済活動が環境的に持続可能とされるためには、これら6つの目的のうち、1つ以上の項目に実質的に寄与しなければならず、環境目的のいずれにも著しい害を与えてはならず、労働・人権の観点で、最小限のセーフガードを遵守したうえで実施され、欧州委員会が別途定める、気候変動緩和のための原則と経済活動の測定基準等の、技術的なスクリーニング基準を満たさなければならないと規定されている（同規則三条）。この規則においては、欧州グリーンディールに言及される、著しい害を与えないDNSH（do no significant harm）原則が大きな意味をもっており、欧州委員会の委任規則案において原子力エネルギーおよび天然ガスが追加されたが、その是非が議論を呼んでいる。

⑷ 気候訴訟と将来世代

ヨーロッパでは、若者によるデモが行われ、いくつもの気候変動訴訟が起こっている。１０代を含む、若者および将来世代の利益を代表するNGOが原告として、国家を訴える、または、大企業を訴えるという訴訟が提起され、オランダ、フランスおよびドイツで勝訴判決を勝ち取った。さらに、2022年5月現在、欧州人権裁判所にもポルトガルの若者が複数の国家を提起した訴訟が係属している。

II　エネルギー法

1　発　展

リスボン条約によりEU運営条約194条に「エネルギー」と題される、第21編が第20編「環境」の次に追加された。同条は挿入される以前にもエネルギー関連の措置は採択されてきた。同条1項を見ると、「域内市場の設立および運

⑻　OJ 2020 L198/13, Regulation 2020/852 on the establishment of a framework to facilitate sustainable investment, and amending Regulation 2019/2088.

営の文脈の中でならびに環境を維持しかつ改善する必要性に鑑み」と定められており、域内市場政策と環境政策と結びついていることが読み取れる。さらに、同項において、①エネルギー市場の運営を確保すること、② EU におけるエネルギー供給の安全を確保すること、③エネルギー効率およびエネルギー節約ならびに新たなおよび再生可能エネルギーの発展を促進すること、④エネルギーネットワークの相互接続を促進することの 4 つが目的として規定されている。①エネルギー市場関連は、EU 運営条約 114 条（旧 EC 条約 95 条）が法的根拠条文となり、③エネルギー効率等は、EU 運営条約 192 条（旧 EC 条約 175 条）が法的根拠条文となる環境政策法が、④エネルギーネットワークは、欧州横断ネットワークに関する条文である EU 運営条約 172 条（旧 EC 条約 156 条）が法的根拠文となり、さまざまな措置が採択されてきた。

② EU におけるエネルギー供給の安全確保は、重大な困難に対する例外的な措置のための法的根拠条文、EU 運営条約 122 条（旧 EC 条約 100 条）に基づき、一部措置が取られていたが、「経済状態に対応して、特に一定の産品の供給に重大な困難が生じた場合」が前提とされていた。今回、EU 運営条約 194 条が導入されたことで、重大な困難の存在がなくても措置をとることができるようになった。エネルギーの安全供給は、EU が真に求めるものである。EU 運営条約 194 条の導入は、これまでの既存の法的根拠条文を用いて、エネルギーに関連する措置を採択するのに代えて、エネルギー同盟を設立し、エネルギー分野における EU のロシア依存からの脱却を目指すものである。ロシアのウクライナ侵攻を受け、2022 年 3 月 8 日、欧州委員会は、現時点ではガス消費の 40％以上をロシアに依存しているとしたうえで、EU が 2030 年までにロシアの化石燃料から独立する計画を提案し、5 月 18 日に REPowerEU 計画が公表された[9]。

2　エネルギー分野の権限

域内市場、環境および欧州横断ネットワークのいずれも共有権限であり、エネルギー分野の権限も、共有権限に属する（EU 運営条約 4 条 2 項(i)）。エネルギー分野の権限は、EU 運営条約 194 条 2 項および 3 項に規定されている。同条 2 項 1 段によると、欧州議会および理事会は、通常立法手続に従い、経済社会評議会および地域評議会と協議した後、必要な措置をとることになる。財政

(9)　COM(2022)108, REPowerEP: Joint European Action for more affordable, secure and sustainable energy; COM(2022)230, REPowerEUPlan.

的な性質をもつ措置に関しては、同条3項に基づき、理事会が特別立法手続に従い、欧州議会と協議した後に全会一致で採択する。

エネルギー分野の権限で1つ注意しなければならないのは、構成国の権限として留保されている事項があることである。環境政策の法的根拠条文である、EU運営条約192条2項において、(c)「構成国が選択する異なるエネルギー資源およびエネルギー供給の全体的構成に重大な影響を与える措置」は、理事会が特別立法手続に従い全会一致で採択するとなっていた。EU運営条約194条2項2段によると、「これら措置は、192条2項(c)を妨げることなく、エネルギー資源の使用に対する条件、構成国が選択する異なるエネルギー供給の全体的構造を決定する構成国の権限に影響を与えるものではない」と定められている。すなわち、エネルギー資源の使用に対する条件およびエネルギー供給の全体的構造については、環境保護の観点からの措置は採択され得ても、エネルギー分野の観点からの措置は採択できないということになる。これは、EU構成国において、再生可能エネルギーが基幹エネルギーとなっている国（デンマーク等）もあれば、フランスのように主に原子力エネルギーを用いている国もある。どのようなエネルギーミックスとするかは、それぞれの構成国の権限であり、EUレベルでそれを決定することはできない。EUができることは、再生可能エネルギーの割合をどの程度にするかということであり、原子力エネルギーをやめるべきという決定は採択できない。加えて、リスボン条約に付された「35　EU運営条約194条に関する宣言」においては、「EU運営条約194条が347条に定める条件の下でエネルギー供給を確保するために必要な措置をとる構成国の権限に影響を与えるものではない」とされている。なお、EU運営条約347条は、法と秩序の維持に影響を与える重大な国内的な騒乱など特別の場合のことが定めている。

3　連帯の精神

EU運営条約194条1項では、EUのエネルギー政策は、「構成国間の連帯の精神によって」、行われると定められている。「連帯（solidarity）」は、2006年のグリーンペーパー「持続可能で競争的かつ確実なエネルギーのための欧州戦略」と題されるCOM文書(10)、また、2007年の「欧州のためのエネルギー政策」

(10)　COM(2006) 105, Green Paper, A European Strategy for Sustainable, Competitive and Secure Energy, p. 5 and 8-9.

と題されるCOM文書[11]の中で、特にエネルギーの安定供給の文脈で言及されていたが、同項の中に明示的に規定されるようになった。エネルギー市場として、後述する電気のエネルギー域内市場、また、ガスのエネルギー域内市場を設立して、相互に電気やガスを融通できるように、そのためには、連帯の精神が重要であることが示されている。エネルギー域内市場で天候に左右されやすい再生可能のエネルギーエネルギーもうまく融通しあって、確保することができれば、ロシアへのエネルギー依存も減らすことができる。

4　エネルギー政策とエネルギー域内市場

EU運営条約194条に新たな編「エネルギー」が追加されたことによって、個別的・単発的な措置にとどまらない、広いビジョン、長期的な視野をもったエネルギー政策が展開されてきている。主なところを概観する。

(1) エネルギー同盟（energy union）

エネルギー同盟の考え方は、2014年6月の欧州(首脳)理事会で示された。そこでは、エネルギー同盟の創設がEUの戦略的目標の1つとして設定された。欧州(首脳)理事会から要請を受けて、欧州委員会は2015年にエネルギー同盟戦略[12]を公表した。同戦略は、5つの柱なるなる。①エネルギーの安全保障、連帯および信頼、②統合されたエネルギー域内市場、③エネルギー効率、④気候行動、経済の脱炭素化、⑤研究、変革および競争である。

(2) 欧州市民のためのクリーンエネルギー

欧州委員会は、2016年にクリーンエネルギー変革（transition）がグローバルエネルギーマーケットを変更するときにEUが競争力を維持できるように、すべての欧州市民のためのクリーンエネルギー（Clean Energy for All Europeans）パッケージを公表した[13]。パッケージは、5つの分野に関係する。①建物のエネルギー効率性、②再生可能エネルギー、③エネルギー効率、④ガバナンス規則、⑤電気市場のデザインである。これらに関連して、次の8つの措置が採択された。建物のエネルギーに関する指令2010/31およびエネルギー効率に関する指令2012/27を改正する指令2018/844、再生可能エネルギーの促進に関する指令2018/2001、エネルギー効率指令を改正する指令2018/2002、エネルギー同

(11)　COM(2007)1, An energy policy for Europe, p. 4.

(12)　COM(2015)80, A Framework Strategy for a Resilient Energy Union with a Forward-Looking Climate Change Policy.

(13)　COM(2016)860, 30.11.2016, Clean Energy For All Europeans.

盟のためのガバナンス制度を設定する規則2018/1999、電気域内市場のための共通ルールに関する指令2019/944、電気域内市場に関する規則2019/943、電気分野におけるリスク準備に関する規則2019/941、欧州規制者の協力のためのEU機関（ACER）規則2019/942が採択された。

(3) エネルギー域内市場

電気のエネルギー市場に関しては、第1次、第2次、第3次電力自由化指令がだされ、現在は、電気域内市場のための共通ルールに関する指令（新電力自由化指令）2019/944[14]が2021年1月1日より適用されている。また、電気域内市場に関する規則2019/943が採択されている。これらは、上述した欧州市民のためのクリーンエネルギーパッケージの一部でもある。

電気の他にガスの自由化指令も存在する。第1次、第2次ガスの自由化指令を経て、現在は、第3次ガス自由化指令2009/73が効力をもっている。この指令は、2019年に指令2019/692により改正された。この改正により、指令の適用範囲が拡大され、第三国からのおよび第三国にあるガスパイプラインにも適用されることになった（指令2019/692の前文3段参照）。

(4) EUエネルギー規制者の協力のための機関

エネルギー規制機関間協力庁（Agency for Cooperation of Energy Regulators: ACER）が、規則713/2009により2011年に設立され、スロベニアのリュブリリャナにおかれている。ACERは、電気とガスの域内エネルギー市場の統合と実施を促進するための独立したEUの下部機関である。その後、EUACERを設立する規則2019/942が2019年に採択され、役割と機能がアップデートされた。役割としては、国内規制機関を補佐し、必要であれば、規制機関による行動を調整し、紛争解決に寄与する。

III　植物・動物にかかわる法

動物にかかわる法は、大きく分けると、2つの観点、①環境法、②動物福祉からなる。環境法は、種の保存（数の保存）、動物福祉は、動物の個体に注目するものである。動物を保護するためには、生息地も同時に保護しなければならない。猫の写真で有名な岩合光昭さんの写真集『虎』には「森のたからもの」

(14)　OJ 2019 L158/125, Directive 2019/944 on common rules for the internal market for electricity.

という副題がついている。草原を走る回る美しい虎を保護するためには、生息地も一緒に守っていかなければならないということを気づかせてくれる。ヨーロッパでは、ベジタリアンの方が数多くいる。ベジタリアンである理由はさまざまであるが、食肉牛が多くの食糧や水を必要とするという環境意識、また、動物福祉という観点もあるだろう。また、捕鯨が批判されるのも絶滅危惧種であるという理由だけではなく動物福祉と関連する。ここでは、環境法と動物福祉から動物にかかわるEU法をみていくことにする。

1　野生動植物の保護

EUには、動植物の保護にかかわる措置が比較的古くから存在する。野生動植物の保護のための2つの重要な措置は、①野鳥の保全指令と②生息地指令である。

(1) 野鳥の保全指令

野鳥の保全指令は、1979年に採択された[15]。単一欧州議定書発効以前であったので、EEC条約235条（現EU運営条約352条）を法的根拠条文にして採択された。現在は、野鳥の保全に関する指令2009/147[16]が効力をもっている。同指令の法的根拠条文は、EC条約175条1項（現EU運営条約192条1項）である。同指令は、保護、管理およびコントロールのためのルールを設定することによって野鳥の包括的な保護を目的としている。構成国は、すべての鳥種のために生息地の十分な多様性と領域を保護し、維持または再建するための措置をとらなければならない。特に渡り鳥は構成国の共通の遺産であり、その効果的な保護は共通の責任を伴う国境を超える環境問題であるとされている。渡り鳥の保護には、湿地の保護が特に重要となる（4条2項）。付属書Ⅰには194の絶滅の恐れのある種がリストアップされている。構成国は、これらの種の保存のために特別保護区（Special Protection Areas）を設定しなければならない。

(2) 生息地指令

自然生息地ならびに野生動物および野生植物の保全に関する指令（生息地指令）92/43[17]が1992年に発効した。同指令は、生息地および野生動植物がEU

(15)　OJ 1979 L103/1, Council Directive 79/409 on the conservation of wild birds.

(16)　OJ 2010 L20/7, Directive 2009/147 of the European Parliament and of the Council on the conservation of wild birds.

(17)　OJ 1992 L206/7, Council Directive 92/43 on the conservation of natural habitats and of wild fauna and flora.

の自然遺産の一部という考え方に基づき、EUにおける生物多様性に寄与することを目的としている。自然生息地および野生動植物を維持し、修復していくために措置がとられなければならないとされている（2条2項)。同指令により、1000以上の動植物種および200の生息地のタイプが対象となっている。約900がEU（共同体）にとって重要な場所（Sites of Coummunity Importance）として指定され、Natura2000に含まれている。Natura2000は、欧州生態系ネットワークで、同指令の下でEU構成国により指定される特別保全区（Special areas of conservation）と鳥保全指令2009/147の下で特別保護区（SPA）から構成される。Natura2000の場所に重大な影響を持ちうる計画またはプロジェクトは影響評価を受けなければならない（6条3項)。特別保全地区に対して、構成国は保全目標および措置を導入し、生息地の保全を保障し、その破壊および種の消滅を回避するためにあらゆることをしなければならない（6条1項および2項）

2　動物福祉

動物福祉は、動物の個体数とは関係しない。すなわち、絶滅危惧種であろうとなかろうと、動物の福祉が尊重されなければならない。たとえば、鶏、牛、豚という個体数的には絶滅の恐れがない動物に対して動物福祉が問題となる。

⑴ 動物福祉の発展

EUにおいて動物福祉に関する措置は、1974年にさかのぼることができる。理事会は、畜殺前の気絶に関する指令74/577[18]を1974年11月18日に採択した。ここでは、畜殺時に動物への不必要な苦痛を避けるための条件を定めることが挙げられており、動物ができるだけ痛みや苦しみを被らないようにすることが定められた。同指令は、共通農業政策に関するEEC条約43条（現EU運営条約43条）および100条（現EU運営条約115条）を法的根拠条文にした。同指令は、現在は殺生時における動物の保護に関する規則1099/2009[19]に引き継がれている。飼育時の環境についての措置（たとえば、鶏の保護のための最小限の基準を定める指令1999/74[20]）、運輸時における動物の保護の措置（たとえば運輸時の動物の保護に関する規則1/2005[21]）もある。

⒅ OJ 1974 L316/10, Council Directive 74/577 on stunning of animals before slaughter.

⒆ OJ 2009 L303/1, Council Regulation 1099/2009 on the protection of animals at the time of killing.

⒇ OJ 1999 L203/53, Council Directive 1999/74 laying down minimum standards of the protection of laying hens.

⑵ 動物福祉配慮原則

いくつかの措置が1970年代から採択されていたが、「動物福祉」という言葉は、条約の中に規定されていなかった。動物福祉については、まず、マーストリヒト条約に付属する宣言の中で動物福祉に関するもの見られた。アムステルダム条約の付属議定書の１つとして「動物の保護および福祉に関する議定書」が定められた。その後、リスボン条約による改正により、さらに進んで、EU運営条約13条に動物福祉配慮原則が明示的に定められた。「連合の農業政策、漁業政策、運輸政策、域内市場政策、研究技術開発および宇宙政策の決定と実施において、連合と構成国は、感覚ある生物としての動物福祉を十分に尊重する…」という規定がおかれた。政策横断的に動物福祉配慮原則が適用される。ただ、明示的には適用される政策が限定されており、また、文言が十分に尊重する（pay full regard）となっており、環境統合原則に関する条文に比べ弱めとなっている。しかし、Centraal事件[22]において、イスラム教やユダヤ教では気絶処理なしでの畜殺が重要な宗教儀式となっているが、気絶処理なしの畜殺を禁止し、例外を認めないベルギーのフランドル地方の法がEU法、特に宗教の自由と合致するか否かが問題となったが、EU司法裁判所は、気絶処理の原則は、EUの価値、つまり動物福祉を反映したものであり、動物福祉の保護はEUが認める一般利益の目的であるとして、当該法はEU法と合致すると判示した。この判決は、市民社会における動物福祉意識の向上を踏まえたものである。

⑶ 権限と措置

環境政策分野の措置と異なり、動物福祉の措置のための個別分野の権限は、EU基本条約には存在しない。共通農業政策、域内市場、環境政策、共通通商政策など、条約に付与された権限を用いつつ、さまざまな措置がとられてきている。日本に関連する措置としては、化粧品に関する動物実験禁止規則1223/2009[23]が挙げられる。この措置により日本の化粧品メーカーの多くは動物実験をやめることを決定した。また、日本とEUは、EPAを締結したが、そ

⑵1) OJ 2005 L3/1, Council Regulation 1/2005 on the protection of animals during transport and related operations.

⑵2) Case C-336/19, *Centraal Israëlitisch Consistorie van België e.a. and Others*, Judgment of 17 December 2020, ECLI:EU:C:2020:1031; 中西優美子「EUにおける動物福祉と宗教の自由」自治研究97巻11号（2021年）124-135頁。

⑵3) OJ 2009 L342/59, Regulation 1223/2009 on cosmetic products.

の中に動物福祉に関する規定（18.17条）が含まれている。日本に法的義務を課すものではないが、動物福祉に関して相互理解を含めるために協力すること、動物福祉に関して技術作業部会の設置することが規定されている。さらに、EUはEC条約95条（EU運営条約114条）を法的根拠にして、動物福祉の観点からアザラシ毛皮製品取引禁止規則1007/2009(24)を採択した。この措置は、WTO違反としてカナダおよびノルウェーから訴えられたものの、WTOの上級委員会は、GATT1947のXX条(a)の意味における「公徳（public morals）の保護のために必要」なものと認定した(25)。

近年の動きとして、以下のようなものがある。2019年12月16日に動物福祉（持続可能な動物生産）に関する理事会の決議（14975/19）がなされた。この決議の要請に基づいて、欧州委員会は2020年に「ファームからフォーク戦略」(26)を公表した。この戦略は、欧州グリーンディールの1つであり、SDGsの達成に寄与するものとされている。

〈参考文献〉

中西優美子『概説EU環境法』（法律文化社、2021年）

中西優美子編『EU環境法の最前線──日本への示唆』（法律文化社、2016年）

須網隆夫「エネルギー政策と環境政策の統合── EUの気候変動・エネルギー政策を素材に」早稲田法学97巻3号（2022年）33-71頁

Edwin Woerdman, Martha Roggenkamp and Marijn Holwerda, *Essential EU Climate Law*, 2nd edition, 2021, Elgar

Heiko Krüger, *European Energy Law and Policy*, 2016, Elgar

(24) OJ 2009 L286/36, Regulation 1007/2009 on trade in seal products.

(25) WT/DS400/R, WT/DS401/R (25 November 2013).

(26) COM(2020)381, A Farm to Fork Strategy for a fair, healthy and environmentally-friendly food system.

第12章

対外関係法(1)

―― 法的枠組 ――

本章のあらまし

EUは、国際的な舞台において活躍している。新聞やニュースでも気候変動に関する国際会議での文脈でも、貿易の分野でも欧州委員会やEUという言葉を聞くことが多い。EUは、国際会議に参加したり、第三国と国際協定を締結する交渉をしたり、その結果EUが国際協定の当事者となることも多い。この章では、そのような活動の基礎となっている、対外関係にかかわる法的枠組を解説することを目的とする。まず、EU条約・EU運営条約の中での対外関係における活動の法的枠組（Ⅰ）、対外関係分野で行動するための権限について（Ⅱ）、最後に国際協定を締結する手続（Ⅲ）、新加盟国がEU加入前に第三国と締結していた、または、EUに権限が委譲される前に構成国が締結していた既存の国際条約とEU基本条約との関係（Ⅳ）について取り扱うことにする。

Ⅰ　法的な枠組

1　歴　史

EUは、ECSC、また、その後のEECから発展し、EUになった。EECは、当初まず関税同盟の設立を目指していた。関税同盟は、対内においては関税の撤廃をし、対外的には一律の関税率を課すことを意味する。1968年に関税同盟が設立されたことにより、EU（当時のEC）において共通通商政策が開始された。当時のEEC条約においては、明示的に条約締結について規定されている条文は、EEC条約113条（現EU運営条約207条）と238条（現EU運営条約217条）しかなかった。しかし、1970年代に下された黙示的条約締結権限に関する一連の判例により、EUの条約締結権限が拡大した。1971年のATER事件(1)では、

(1)　Case 22/70, *Commission v Council*, Judgment of 31 March 1971, ECLI:EU:C:1971:32; 中

条約締結権限は、「明示的な付与からのみ生じるのではなく、EC条約の他の規定および規定の枠組のなかで共同体の機関により採択された措置からも導かれる」と判示された。また、1976年のKramer事件(2)では、EU法が対内関係においてEU機関に課している義務および付与している権限から、海洋生物保護の目的で国際法上の義務をEUの権限が導かれるとして、EUの対内権限から対外権限を導く理論構成を示した。さらに、1977年の裁判所意見1/76(3)では、裁判所は、共通運輸政策の目的を達成するために、共同体は国際条約を締結する権限を有するとした、すなわち、対内的にEUに権限が付与されている場合、その事項についてEUは国際条約を締結することができるとする、対内権限と対外権限のへ並行性原則が確立された。これらの一連の判例により、明示的に条約において権限が付与されていなくても、条約または措置から条約締結権限を導くことができるようになった。これにより飛躍的にEUが条約を締結できる分野が拡大した。

2　リスボン条約に基づく法的枠組

(1) EU対外行動の体系化

リスボン条約以前は、EUの対外行動にかかわる規定が条約の中に散らばっていた。しかし、リスボン条約により、EU条約およびEU運営条約において、EUの対外行動に関する事項が以下のように体系的に規定されるようになった。

EU条約第5編：EUの対外行動に関する一般規定および共通外交安全保障政策に関する特別規定（EU条約21条～46条）
　第1章　連合の対外行動に関する一般規定（EU条約21条および22条）
　第2章　共通外交安全保障政策に関する特別規定（EU条約23条～46条）
　　第1節　共通規定（EU条約23条～41条）
　　第2節　共通安全保障防衛政策に関する規定（42条～46条）
EU運営条約第5部：連合の対外行動（EU運営条約205条～222条）

西優美子「ECの黙示的条約締結権限」中村民雄・須網隆夫編『EU法基本判例集』（日本評論社、2007年）345-352頁。

(2) Joined cases 3, 4 and 6/76, *Kramer and others*, Judgment of 14 July 1976, ECLI:EU:C:1976:114, paras. 30-33.

(3) Case Opinion 1/76, Opinion of 26 April 1977, ECLI:EU:C:1977:63, para. 5.

第1編　連合の対外行動に関する一般規定（EU運営条約205条）
第2編　共通通商政策（EU運営条約206条～207条）
第3編　第三国との協力および人道援助（EU運営条約208条～214条）
　第1章　開発協力（EU運営条約208条～211条）
　第2章　第三国との経済、財政および技術的援助（EU運営条約212条～213条）
　第3章　人道援助（EU運営条約214条）
第4編　制限的措置（EU運営条約215条）
第5編　国際協定（EU運営条約216条～219条）
第6編　国際組織、第三国および連合の代表団に対する連合の関係（EU運営条約220条～221条）
第7編　連帯条項（EU運営条約222条）

たとえば、上述した共通通商政策はEU運営条約第5部「連合の対外行動」の第2編「共通通商政策」の207条に規定されている。

⑵ EUの目的と対外関係

EUが国際的な場で行動することは、EUの目的の1つとなっている。EU条約3条5項は、「より広い世界との関係において、連合は、その価値を堅持しかつ促進し、その市民の保護に寄与する。連合は、平和、安全保障、地球の持続可能な発展、人々の連帯と相互尊重、自由でかつ公正な貿易、貧困の根絶、とりわけこどもの権利を含む人権の保護、および国際連合憲章の諸原則の尊重をはじめとする国際法の厳格な遵守と発展に寄与する」と定める。ここでは、EUが平和・安全保障、環境保護、貿易、貧困問題、人権の保護など、幅広い分野で活動することが目的として規定されている。実際、EUは、2012年に「欧州の平和と調和、民主主義と人権の向上に60年以上にわたって貢献した」として、ノーベル平和賞を受賞した。また、環境分野において気候変動に対処するためのパリ協定の採択等に尽力してきた。人権保護の分野でも難民保護やビジネスと人権の問題に積極的に取り組んできている。

⑶ EUの対外行動の際の原則

EUは、従来からソフト・パワーとして、発展途上国等に支援を行う際に、コンディショナリティを設定し、それが遵守されている場合のみ援助を行うという政策を採ってきた。コンディショナリティになってきたのは、民主主義の尊重、人権の尊重および法の支配である。リスボン条約では、発展途上国等EU からの何等かの援助を受ける国のみならず、EU と関係を構築するすべての第三国に対して、EU の対外行動の際の原則が適用されることが規定されるようになった。リスボン条約により EU の諸価値が EU 条約 2 条に明示的に規定されるようになったが、EU 諸価値に内容的に類似する、EU の対外活動を行う際の諸原則が EU 条約 21 条 1 項に定められた。その諸原則とは、「民主主義、法の支配、人権と基本的自由の普遍性および不可侵性、人間の尊厳の尊重、平等および連帯の原則、ならびに、国際連合憲章および国際法の諸原則の尊重である」である。EU は、これらの諸原則を共有する第三国および地域組織または国際組織との関係を発展させ、連携を構築することを目指さなければならない。それゆえ、EU が第三国と協定を締結する際には、これらの諸原則を確認し、遵守する規定が含まれている。

(4) EU の法人格

EC が設立された当初は、EC が法人格を有するか否かは議論があり、ソ連（現ロシア）がその法人格を認めない時代があった。また、上述したように、当初、EC が明示的に対外権限を付与されている分野は限定されており、EC の国際的プレゼンスは低かった。国際条約では当事者が国家に限定され、EC が当事者になれないということがあった。たとえば、GATT（関税および貿易に関する一般協定）は、当事者を国家に限定していたため、EC は当事者となることができなかった。GATT は、EEC が設立される前の 1947 年に署名されており、EU は、1970 年から独自の通商政策を行うようになり、この分野において EU に排他的権限が付与されていたが、形式的には当事者ではなかった。他方、GATT のウルグアイラウンドにおいて EU を代表して交渉した、世界貿易機関（WTO）では、WTO 協定において EU が当事者となる規定が挿入されている。絶滅のおそれのある野生動植物の種の国際取引に関するワシントン条約（CITES）は、1973 年にワシントンで署名され、1975 年に発効した。当時、環境分野における国際プレゼンスが低く、EU は、ワシントン条約の当事者となっていない。その後、EU は、ねばり強く交渉を続け、ワシントン条約が改正され、EU は条約当事者となることができた。EC（EU）の権限が拡大するにつれて、その国際的プレゼンスも高まり、国連気候変動枠組条約等では、交渉の段階から EU が交渉者となり、条約において EC が加入できる条文が盛り込まれるようになった。マーストリヒト条約により、EC とは別に EU が設立され、

EUの法人格の有無が問題となった。共通外交安全保障政策の分野でEUが条約を締結するための法人格を有するのか否かが議論された。リスボン条約により、ECが消滅し、EUのみとなり（Euratomは存続している）、EUが法人格を有することがEU条約47条に明示的に規定された。現在は、EUが国際条約の当事者となっている。なお、条約を締結するのには、法人格と条約締結権限の両方が必要である。

II　対外関係分野の権限

権限付与の原則に従い、EUは権限を付与された範囲においてのみ行動することができる（EU条約5条2項）。それゆえ、EUが条約を締結するには、明示的にせよ、黙示的にせよ、条約を締結する権限が付与されていることが必要となる。

1　明示的権限と黙示的権限

リスボン条約により、これまでEU司法裁判所により確立されてきた黙示的な条約締結権限の法理が明文化されてまとめられた。EU運営条約216条に従い、EUは、①条約が協定の締結を定める場合、②協定の締結がEUの政策の枠組の中において条約に定められるいずれかの目的を達成するために必要である場合、③協定の締結が拘束力ある場合の法行為において定められている場合、④協定の締結が共通法規に影響を与えもしくはその範囲を変更する可能性のある場合のいずれかの場合には、EUは国際条約を締結することができる。①の場合が、明示的な権限となり、②〜④の場合が黙示的な条約締結権限法理が明示的に規定されたものとなる。

明示的な対外権限は、共通通商政策（EU運営条約207条）、開発協力（EU運営条約209条）、リスボン条約により追加された人道援助（EU運営条約214条）、連合協定（EU運営条約217条）、共通外交安全保障政策（EU条約37条）分野において規定されている。たとえば、EUと日本の経済連携協定（EPA）は、EU運営条約207条が法的根拠条文となっており、他方、英国の離脱後、EUと英国の関係を構築するEUと英国間の貿易協力協定（TCA）は、EU運営条約217条を法的根拠条文にして締結された。

2　権限の種類

EUは、条約により権限を付与されているが、付与されている権限の強度は、分野によって異なっている。権限の種類としては、大きく分けて、排他的権限、共有権限、支援、調整または補足的権限、共通外交および安全保障政策分野の権限がある。EUが排他的権限（exclusive competence）を有しているときは、EUのみが立法行い、拘束力ある法行為を採択することができる（EU運営条約2条1項）。EUが排他的権限を有している分野では、EUのみが条約を交渉し、締結することができる。すなわち、構成国は、この分野では第三国と条約交渉したり、条約を締結することはできない。たとえば、英国は、EUを脱退したが、脱退するまでは、通商政策分野の権限をEUに移譲していたので、第三国と条約交渉を開始することができなかった。共有権限（shared competence）を有する場合、EUと構成国は、その分野において立法を行い、拘束力ある行為を採択することができる（EU運営条約2条2項）。この分野ではEUが権限の行使した場合は、構成国は権限を行使できなくなるが、研究、技術開発および宇宙、開発協力および人道援助の分野では、EUが権限行使した後も構成国は自己の権限を行使することができる（EU運営条約4条3および4項）。

EUが排他的権限を有するのは、①関税同盟、②域内市場の運営に必要な競争法規の設定、③ユーロを通貨とする構成国の金融政策、④共通漁業政策に基づく海洋生物資源の保護、⑤共通通商政策分野である（EU運営条約3条1項）。これに加えて、①国際協定の締結がEUの立法行為の中に規定される場合、②その締結がEUの対外権限の行使を可能にするために必要である場合、③その締結が共通法規に影響を与えもしくはその範囲を変更するものである場合には、EUの権限は排他的条約締結権限となる（EU運営条約3条2項）。たとえば、オープンスカイ協定に関する事件(4)では、構成国がアメリカと締結した二国間協定が既存のEU措置に影響を与えるため、EUの排他的権限を侵害したと判示した。

EUがある国際協定の規定事項に対し排他的権限を有する場合は、EUは同協定を単独で締結することができる。つまり、EUオンリー（only）協定の形で締結することができる。たとえば、EUと日本のEPAは、EUオンリー協定と

(4)　Case C-467/98, *Commission v Denmark*, Judgment of 5 November 2002, ECLI:EU:C:2002:625; 中西優美子「オープンスカイ協定に対するEU黙示的対外権限の適用範囲」同『EU権限の判例研究』（信山社、2015年）165-170頁。

して締結された。また、EUと英国のTCAもEUオンリー協定の形で締結された。他方、EUが締結しようとする国際協定の一部が構成国の権限に属している場合、国際協定は、EUのみならず、EU構成国も条約当事者となる、混合協定（mixed agreement）の形で締結されることになる。たとえば、環境分野はEUの共有権限の分野となるが、気候変動にかかわるパリ協定はEUと構成国の両方が条約当事者となっている。また、日本とEUの戦略的パートナーシップ協定の規定事項は、一部がEUの権限、一部が構成国の権限となっており、混合協定の形で署名された（現在は未発効で暫定適用がなされている）。EUとカナダの包括的経済貿易協定（CETA）も混合協定となっている。混合協定の場合は、EUのみならず、すべてのEU構成国による批准が必要であり、条約が署名されても発効するまでに時間がかかる。CETAについては、キプロスでは議会が否決し、発効が難しくなっている。

EUが単独で条約を締結するのと、EUがEU構成国とともに条約を締結するのでは、条約手続における相違のみならず、条約発効後においても実質的な相違がある。EUオンリー協定の場合、欧州委員会が交渉し、理事会が署名決定をし、欧州議会が同意して、最終的に理事会が締結の決定をすれば、EU側の手続は終了する。協定により設立される委員会（混合委員会など）は、EUの代表と協定の相手方の代表から構成されることになり、EU代表としては、EU構成国の利益ではなく、EUの利益のみを代表すればよいことになる（もちろん理事会はEU構成国代表から構成されるため、EU構成国の利益も間接的に加味されることになるが）。それゆえ、欧州委員会としては、EUオンリー協定であることを好み、そのようになるようにEU司法裁判所にEUに権限があることの確定を何度も求めてきた。たとえば、WTOに関する意見[(5)]では、WTOを締結する権限がEUに属するのか、それとも一部構成国の権限になるのかが問題となり、EU司法裁判所は、GATT1994（物品の貿易に関する多角協定）についてはEUにのみ権限が属するとしたが、GATS（サービスの貿易に関する協定）およびTRIPs（知的所有権の貿易関連の側面に関する協定）はEUと構成国の間で締結権が共有されると判示し、結局、混合協定の形で締結されることになった。他方、EUとシンガポール間の自由貿易協定（FTA）に関する事件[(6)]において、EU司

(5)　Case Opinion 1/94, Opinion of 15 November 1994, ECLI:EU:C:1994:384; 中西優美子「EU対外通商政策と協定締結権（WTO事件）」同『EU権限の判例研究』（信山社、2015年）78-84頁。

法裁判所は、EUとシンガポール間のFTAはEUの排他的権限に属する、ただし、以下の規定はEUと構成国間において共有される権限に属するとした。以下の規定とは、①EUとシンガポール間の非直接投資に関する限り、9章のA部（投資保護）の規定、②9章のB部（投資家対国家紛争解決（ISDS））の規定、③EUと構成国間で共有される権限に属する範囲において9章にかかわる限り、1章（目的および一般定義）、14章（透明性）、15章（当事者間の紛争解決）、16章（調整制度）および17章（機構、一般および最終規定）の規定である。すなわち、非直接外国投資[(7)]およびISDSなど、投資章の一部が構成国の権限にかかわることを明確化するとともに、大部分がEUの排他的権限に属することを認定した。そこで、この意見を受けて、欧州委員会は投資保護の部分を自由貿易協定から切り離し、自由貿易協定はEUオンリー協定として締結できるようにした。EUとシンガポールは、FTAと投資保護協定の両方を交渉し、締結することになった。ベトナムとの関係も同様に変更され、2つの協定が締結されることになった。日本とEU間もEPAから投資保護章が切り離された形で、EPAが締結された。なお、日本は、EUが求める投資裁判所の設立には合意できず、投資保護協定については交渉が続いている。

Ⅲ　条約交渉から発効までの手続

1　立法手続と条約締結手続の相違

まず、立法手続と条約締約手続の相違をみておくことにする。たとえば、共通通商政策分野では、EU運営条約207条が法的根拠条文になる。同条では、貿易協定の締結に明示的に言及されており、条約締結というのが共通通商政策の実施手段である。他方、関税率の変更、ダンピング措置を含む貿易上の保護措置等、EUの中で採られる措置というものもある。後者の措置の場合、EU運営条約207条に基づき、欧州議会と理事会は、通常立法手続に従い、規則によ

---

(6)　Case Opinion 2/15, Opinion of 16 May 2017, ECLI:EU:C:2017:376; 中西優美子「EUとシンガポール間の自由貿易協定（FTA）に関するEUの権限」国際商事法務 Vol. 45, No. 9 2017年1348-1354頁。

(7)　典型的な非直接投資は、企業の経営およびコントロールに影響を与えることなく金融投資をする意図をもって会社の証券を取得する形で行われる投資（ポートフォリオ投資）である。

り、共通通商政策の措置を採択する。通常立法手続とは、まず欧州委員会が提案を行い、欧州議会と理事会で審議されて、両機関が合意すれば、措置が採択される手続となる（EU 運営条約 294 条）。この際、欧州議会も理事会も欧州委員会の提案を修正することができる。欧州議会が反対すれば、可決されず、また、理事会が反対すれば、可決されない。両機関が合意しなければならない。

欧州議会と理事会が共同決定する通常立法手続では、欧州議会と理事会が全く対等であり、双方に実質的な審議をし、修正を加えることが可能である。特別立法手続において、理事会のみが決定する場合は、欧州委員会が提案をし、欧州議会に諮問した後で、理事会が決定することになる。

2　条約締結手続

条約締結手続を示すことにする。交渉の開始については、EU 運営条約 219 条 3 項および 4 項に基づき、まず、①欧州委員会が、理事会に勧告を提出する。②理事会は、国際交渉の開始を許可し、EU の交渉担当者または EU の交渉団の長を指名する決定を採択する。③理事会は、交渉担当者に指令を発し、特別委員会を指名する。交渉は、この特別委員会と協議しながら行われる。この交渉は、欧州委員会によって行われる。交渉担当者は、交渉しようとする協定の規定事項により交渉担当者が異なる。貿易にかかわる場合は、欧州委員会の中で通商を担当する委員が交渉担当者となる。交渉後、交渉担当者による提案に基づいて、理事会は、協定の署名を許可する決定を行う（EU 運営条約 218 条 5 項）。つまり、署名は理事会に決定により行われる。この署名によって条約条文が確定することになる。また、理事会は、必要な場合には、当該協定が発効する前にその暫定適用を許可する決定を採択する（同）。日本と EU の戦略的パートナーシップ協定や EU とカナダの CETA などについては、発効前に暫定適用が開始されている。

その後、以下の場合は、欧州議会の同意を得て、理事会が協定を締結する決定を採択することになる。以下の場合とは、①連合協定、②欧州人権条約への加入、③協力手続の導入により特別機構枠組を設定する協定、④ EU の重要な財政上の意味をもつ協定、⑤通常立法手続または欧州議会の同意が必要とされる特別立法手続となる。たとえば、日本と EU の EPA は、EU 運営条約 207 条が法的根拠条文となっているが、同条文は通常立法手続となっているから、④の場合となり、EPA の批准には欧州議会の同意が必要であった。イギリスと

EU の TCA は連合協定であったので、①の場合となり、同様に欧州議会の同意が必要であった。それ以外の場合には、理事会は欧州議会と協議した後に、協定を締結する決定を採択する。

なお、混合協定の場合は、EU のみならず、すべての構成国による批准が必要であり、その批准手続は各国法による。

3　条約締結手続における EU 機関の権限

EU に権限が付与されていること（垂直的権限配分の問題）と EU のそれぞれの機関に権限が付与されていること（水平的権限配分の問題）とは異なる。より具体的に言うと、上述した条約締結手続に見たように、EU のそれぞれに機関に割り当てられている役割・任務が異なる。おおまかに言うと、欧州委員会は、条約交渉をし、理事会が署名の決定をし、欧州議会が同意し、最終的に理事会が批准のための決定をするということになる。それぞれの機関に付与されている権限が異なる。たとえば、欧州委員会は理事会に代わって協定を締結することはできない。日本では、行政協定の場合、内閣で決定とし、批准ということが可能であるが、EU 機関の中では内閣に相当する欧州委員会は、条約交渉はできても自ら条約を締結することはできない[(8)]。

欧州議会について、最近議論となっているのは、条約締結手続における民主的正統性である。欧州議会は、手続のすべての段階において情報を受け取る権利を保障されており（EU 運営条約 218 条 10 項）、また、同意権限を付与されている。欧州議会は、交渉中に協定に関して、欧州議会の中で審議し、決議をすることができる。たとえば、欧州議会において、EU とアメリカの大西洋貿易投資パートナーシップ協定（TTIP）に関する ISDS が議論されているときに、投資裁判所案の必要性が強調された[(9)]。その後、欧州委員会も欧州議会における議論を尊重し、FTA の中に ISDS ではなく、投資裁判所の設立を盛り込む方針に転換した。ただ、条約締結手続においては、通常立法手続においては付与されている修正権というのは有さず、署名された協定に諾否を言えるということに限定される。

(8)　Case C-327/91, *France v Commission*, Judgment of 9 August 1994, ECLI:EU:C:1994:305; C-233/02, *France v Commission*, Judgment of 23 March 2004, ECLI:EU:C:2004:173; 中西優美子「欧州委員会の対外的献納の範囲」同『EU 権限の判例研究』（信山社、2015 年）217-223 頁。

(9)　European Parliament, A8-0175/2015.

4　市民の参加

国連気候枠組条約会議（COP）の報道を見ても分かるように、国際条約の交渉や起草にNGOや市民社会が間接的にしかし大きく影響を及ぼすようになってきている。日本においてデモはヨーロッパのそれと比べて規模や頻度は少ないが、TPP交渉の際にはその内容を懸念する動きが顕在化した。EUにおいては、NGOや市民社会が、EUが交渉、締結する協定に大きな影響を与えている。

(1) 交渉文書の公開

条約締結手続における民主的正統性の観点からEUにおいて大きな改革がなされた。従来、協定交渉文書はそれぞれの戦略的観点から非開示となっており、協定が署名されてからその条文が公開されることになっている。しかし、EUがアメリカと太平洋横断貿易投資パートーシップ協定（TTIP）の交渉している際に、NGOs等から交渉文書の非公開について厳しい批判がなされた。これを踏まえて、欧州委員会は、2015年10月にコミュニケーション文書（Trade for All）[(10)]を公表した。欧州委員会は、政策形成が透明であるべきでかつ事実に基づく議論が必要で、文書を公開してステークホルダーからのフィードバックを得ることが重要であるという認識を示した。そこで、理事会が欧州委員会に第三国との交渉を許可する際のアンデート文書から、交渉中の文書、交渉後文書に至るまで公開とする方針がとられた。

(2) 協定におけるNGOsの声の取入れ

TTIPの交渉でNGOsが懸念を示したのが、EUが第三国とFTAを締結することによって、EUにおける環境・労働者保護等基準が下がってしまうことであった。そのような懸念を踏まえて、EUのFTAには、規制を行う権利（the right to regulate）が挿入されている。

Ⅳ　既存の条約とEUおよびEU運営条約との関係

EUに加盟する前に構成国は、第三国と条約を締結していることがある。EU法と両立する限りは、既存の条約に規定される権利や義務は影響を受けない。しかし、そのような加盟前に締結していた条約とEU法が合致しない場合は、構成国は不両立を解消するために適切なあらゆる手段を講じなければならない

(10)　COM (2015) 497, “Trade for All: Towards a more responsible trade and investment policy”.

(EU運営条約351条)。オーストリアは、オーストリアが締結している二国間投資協定がEU法と合致しないにもかかわらず、適当な措置をとらなかったとして、欧州委員会がオーストリアを条約違反手続に基づき訴えた事件がある[11]。また、同様の事件として、欧州委員会対スウェーデン事件[12]もある。欧州委員会は、これら事件では、投資協定がEC条約57条2項（現EU運営条約64条2項）に違反すると考えた。同項によると、資本移動の分野でEUは措置をとることができるとなっている。また、EC条約59条および60条1項も措置を採択できるという条文であるが、これらの措置が、その時点ではまだ措置は取られていなかったが、将来EUが措置をとる可能性がある。そうすると投資協定とEU法との抵触が起こるかもしれないから、そういった抵触が起こる可能性を回避するために投資協定を修正しないといけないし、再交渉しないといけないというのが欧州委員会の主張であった。このような欧州委員会の見解が認められたのがこれら2つの事件で、オーストリアとスウェーデンは条約違反と判断された。

EU構成国は既に第三国と多数の投資協定を締結してきたが、次章（13章）で述べるようにリスボン条約による改正により、EUが対外直接投資に関して排他的権限を付与された。EU運営条約315条は、構成国が締結した既存の条約の尊重を規定しているため、2012年にEUにおいて、構成国と第三国間における二国間投資協定の過渡的な取決めを設定する規則1219/2012[13]が採択された。これは、構成国が第三国と再交渉をし、当該構成国が締結した協定に代わって、EUが自ら投資協定を締結するまでの過渡的な措置である。

〈参考文献〉

中西優美子「EUと構成国間の協力義務の展開──マーストリヒト条約以後の黙示的条約権限法理の制限解釈」同『EU権限の法構造』（信山社、2013年）217-248頁

(11) Case C-205/06, *Commission v Austria*, Judgment of 3 March 2009, ECLI:EU:C:2009:118; 小場瀬琢磨「構成国条約関係のEC条約適合性確保」貿易と関税　Vol. 58 No. 6（2010年）75-69頁。

(12) Case C-249/06, *Commission v Sweden*, Judgment of 3 March 2009, ECLI:EU:C:2009:119.

(13) OJ 2012 L351/40, Regulation 1219/2012 establishing transitional arrangements for bilateral investment agreements between Member States and third countries.

同『EU法』（新世社、2012年）第19章
Bart Van Vooren and Ramses A. Wessel, *EU External Relations Law*, 2014, Cambridge University Press
Ramses A Wessel and Joris Larik, *EU External Relations Law*, 2ed., 2020, Hart Publishing

第 13 章

対外関係法(2)

── 通商政策・CFSP・加入と脱退 ──

本章のあらまし

対外関係法（1）で EU が対外活動をする際に法的枠組についてみた。ここでは、まず、対外関係における個別の政策を取り上げることにする（Ⅰ）。とくに中心的な政策である共通通商政策においては、具体例として、日本と EU が締結した EPA を挙げることにする。次に、EU 運営条約に規定されている法的枠組とは異なる法的枠組をもつ、共通外交安全保障政策（CFSP）（Ⅱ）を取り扱う。最後に EU への加入と EU からの脱退（Ⅲ）について解説することにする。

Ⅰ　EU の個別の対外政策

1　共通通商政策

(1) 発　展

共通通商政策は、EEC が設立された当初から EEC 条約に規定され、現在 EU の対外行動の中で最初に規定されている。共通通商政策は、もっとも古く、また、もっとも重要な政策の 1 つである。共通通商政策の中身は、時代の変化を受け、判例によりまた条約改正により変化してきた。通商政策に関する条文の変化と判例は、以下のようになる。

まず、EEC 設立当初の条文（EEC 条約 113 条）では、以下のようになっていた。「1．過渡期間の終了後、共通通商政策は、特に関税の改正、関税協定および通商協定の締結、自由化措置の統一、輸出政策ならびにダンピングおよび補助金の場合にとるべき対策を含む貿易上の防禦措置に関して一律の原則に基づくものとする。」過渡期間は、関税同盟の設立により終了し、1970 年から共通通商政策が開始された。1979 年の天然ゴムに関する裁判所意見 1/78[1]において、

(1)　Case Opinion 1/78, *International Agreement on Natural Rubber*, Opinion of 4 October

「EEC 条約 113 条が、通商政策の範囲を伝統的な対外貿易のみに限定し、さらなる発展のメカニズムを排除するものと解釈されてはならない。もしそのように通商政策が解釈されるのであれば、次第にそれが意義を失っていくであろう」とした。ここでは、共通通商政策が EEC 条約 113 条に列挙されているものに限定されるのではなく、広く解釈されるべきことが示された。もっとも、この後、WTO 協定を締結する際に、EEC 条約 113 条（当時は EC 条約 113 条）を時代の要請により拡大解釈されうるかが争点となったが、WTO 協定事件(2)では、サービス貿易や知的財産の貿易的側面については、EC 条約 133 条の範囲には入らないとした。

この判示があり、サービス貿易や知的財産の貿易的側面に対しても共通通商政策の枠組で取り扱えるように欧州委員会は条約改正を求めた。そこでなされたのが、1999 年に発効したアムステルダム条約による改正であった。EC 条約 133 条に 5 項が追加された。「5．理事会は、委員会の提案に基づき、欧州議会と協議した後に、全会一致により 1 から 4 の規定を、サービスおよび知的財産権に関する国際交渉および協定に準用することができる。」もっとも、ここでは、共通通商政策は理事会の特定多数決で決定されるが、ここでは全会一致になっており、また、サービスおよび知的財産権事項が共通通商政策分野に属するという規定にはならなかった。さらに、2001 年に発効したニース条約により EC 条約 133 条が改正された。共通通商政策の定義には変更はなく、「5．サービス貿易および知的財産権の通商的側面に関する協定が、第 1 項から第 4 項の規定によって規律されず、かつ、第 6 項を損なわない限りにおいて、当該協定の交渉および締結についても第 1 項から第 4 項の規定が準用される。」と規定され、理事会の特定多数決が適用されるようになったが、多くの例外事項が一緒に規定されることになった。たとえば、5 項において「第 4 項の規定に対する例外として、理事会は、本項第 1 段に定める分野のいずれかにおいて協定を交渉および締結するにあたり、当該協定が対内法規の採択に全会一致を要求する規定を含む場合、または、本条約により付与された権限を共同体が対内法規の採択により行使していない場合には、全会一致により決定する」と規定され

1979, ECLI:EU:C:1979:224, para. 44.

(2)　Case Opinion 1/94, Opinion of 15 November 1994, ECLI:EU:C:1994:384; 中西優美子「EU 対外通商政策と協定締結権（WTO 事件）」同『EU 権限の判例研究』（信山社、2015 年）78-84 頁。

た。

このような改正を経て、2009年発効のリスボン条約により抜本的な改正がなされた。EU運営条約207条1項は、「共通通商政策としては、特に関税率の変更、物品およびサービスの貿易に関する関税および貿易協定の締結、知的財産の通商的側面、対外直接投資、自由化措置の統一の達成、輸出政策並びにダンピングまたは補助金に関してとるべき措置を含む貿易上の保護措置に関して、統一的な諸原則に基礎をおく」（下線部筆者）と規定している。すなわち、これまで共通通商政策に属することが不明であった、サービス貿易および知的財産の通商的側面が共通通商政策の中に入ることが明示的に規定された。加えて、外国直接投資（foreign direct investment, FDI）が共通通商政策の中に規定された。外国直接投資がEUの排他的権限に属することになったことで、これまでEU構成国が第三国と個別に締結していた投資保護協定がEUの投資保護協定に置き換わっていくことになる。過渡的措置として、2012年にEUにおいて、構成国と第三国間における二国間投資協定の過渡的な取決めを設定する規則1219/2012⑶が採択された。リスボン条約発効後、EUは、カナダ、シンガポール、ベトナム、中国等の第三国と投資保護協定を交渉してきている。加えて、2019年3月に安全保障または公序に影響を与える第三国からの投資に関し、協力し、情報を交換するための制度を創設する規則（EUへの外国直接投資のスクリーニングの枠組決定）を共通通商政策の枠組において採択した⑷。

⑵ 貿易と環境保護

伝統的な自由貿易協定では、主に関税事項にかかわることが規定されていたが、新世代の自由貿易協定は、関税のみならず、競争、知的財産、環境保護、労働保護といった幅広い事項を規定している。特にEUのFTAは、持続可能な発展（開発）（sustainable development）章が盛り込まれていることを特徴とする。「貿易と持続可能な開発」章は、EU運営条約11条が環境統合原則を規定しており、同原則が通商政策の分野でも適用されていることを示している。裁判所意見2/15⑸では、EUとシンガポールのFTAに「貿易と持続可能な開発」

⑶　OJ 2012 L351/40, Regulation 1219/2012 establishing transitional arrangements for bilateral investment agreements between Member States and third countries.

⑷　OJ 2019 L79I/1, Regulation 2019/452 establishing a framework for the screening of foreign direct investments into the Union.

⑸　Case Opinion 2/15, Opinion of 16 May 2017, ECLI:EU:C:2017:376, paras. 164–167; 中西

章が含まれていることで、排他的権限である通商政策か共有権限である環境政策のどちらに入るのかが問題となったが、裁判所は、EU運営条約11条に言及して、通商政策であるとした。

⑶ 日本とEUの経済連携協定（EPA）

2013年4月から日本とEUはEPAの交渉を開始し、2018年7月17日に日本とEUは、EPAに署名した。双方が批准を終え、2019年2月1日に発効した。EUオンリー協定の形で締結された。EPA締結のための法的根拠条文は、EU運営条約91条、100条2項および207条である。EU運営条約91条および100条2項は、運輸分野の権限であり、EU運営条約207条は共通通商政策の権限である。EPAは、前文、23の章および複数の付属書から構成されている。23章の内訳は、1章「総則」、2章「物品の貿易」、3章「原産地規則及び原産地手続」、4章「税関に係る事項及び貿易円滑化」、5章「貿易上の救済」、6章「衛生植物検疫措置」、7章「貿易の技術的障壁」、8章「サービスの貿易、投資の自由化及び電子商取引」、9章「資本移動、支払及び資金の移転並びに一時的なセーフガード措置」、10章「政府調達」、11章「競争政策」、12章「補助金」、13章「国有企業、特別な権利又は特権を付与された企業及び指定独占企業」、14章「知的財産」、15章「企業統治」、16章「貿易及び持続可能な開発」、17章「透明性」、18章「規制に関する良い慣行及び規制に関する協力」、19章「農業分野における協力」、20章「中小企業」、21章「紛争解決」、22章「制度に関する規定」、23章「最終規定」となっている[(6)]。

EPAにより日本産品（自動車等を含め）のEU市場へのアクセスがより容易になる。約99%の関税が撤廃される。EU製品の日本市場へのアクセスは、工業品は100%、農林水産品は約82%の関税が撤廃される。14章「知的財産」では、地理的表示（GI）の高いレベルでの相互保護が定められている。16章「貿易及び持続可能な開発」章では、NGOs等の市民社会の参加が保障されている。経済界、労働組合、環境保護団体等の国内諮問機関（Domestic Advisory Group, DAG）は、国から独立して意見を表明し、意見を提出することができる（16.15条）。また、EUと日本の市民社会の組織との共同対話制度が規定されている

優美子「EUとシンガポール間の自由貿易協定（FTA）に関するEUの権限」国際商事法務　Vol. 45, No. 9 2017年 1348-1354頁。

⑹　EPAの条文は、外務省のサイトにおいて和文（の正文）で読むことができる。また、経産省のサイトでもEPAに関する情報を得ることができる。

(16.16 条)。

2　連合協定

連合協定(association agreement)の締結は、EU 運営条約 217 条に規定されている。EU は、これまでアフリカ・カリブ・太平洋地域(ACP)諸国、東欧諸国、トルコ等と連合協定を締結してきた。主に旧植民地国であった ACP 諸国とは、経済援助を含めた特別な関係を維持している。1963 年のヤウンデ協定に始まり、1975 年からのロメ協定、現在は EU と ACP 諸国のパートナーシップ協定であるコトヌー協定が締結され、発効している。EU 加入が言及されていた、東欧との連合協定は、ポーランド、ハンガリーなど東ヨーロッパ諸国が EU に加入する前の準備協定になった。トルコと EU 間の連合協定は 1963 年に署名されたものの、EU の加入には至っていない。

英国が EU から脱退後の両者の関係を法的に規律する、貿易協力協定(TCA)は、共通通商政策の法的根拠条文である EU 運営条約 207 条ではなく、EU 運営条約 217 条を法的根拠条文にしている。連合協定は、これまで EU と EU 構成国が共に締結する混合協定の形で締結されてきたが、TCA は EU オンリー協定の形で締結された。

3　人道援助

リスボン条約により人道援助のための個別的権限が EU 運営条約 214 条に付与された。人道援助は、天災または人災の犠牲者である第三国の人々に対して、援助、救済および保護を行うことを目的としている。EU の活動は、人道、中立、不偏および独立の基本的人道援助原則を基礎としている。緊急援助、食糧援助および難民および避難民の援助からなる。また、EU 市民の保護の場合は、EU 運営条約 196 条が関係する。これらを 2 つの条文を法的基盤として、欧州市民保護および人道援助活動(European Civil Protection and Humanitarian Aid Operations)がなされている。たとえば、2022 年 2 月にロシア侵攻を受け、ウクライナに必要物資が送られた(7)。

4　制限的な措置(経済制裁)

経済的および財政的な関係を部分的にまたは完全に断絶ないし縮小する措置(経済政策など)は、経済制裁の目的は安全保障であり、他方その手段は通商措

(7)　https://ec.europa.eu/echo/index_en.

置に入るということで、EU 運営条約と共通外交安全保障政策を定める EU 条約の双方にまたがる。まず、共通外交安全保障政策の枠組で決定がなされ、次にそれを実施するための措置が EU 運営条約 215 条に基づき採択される。通常、欧州委員会が立法提案を行うが、この分野に関しては、共通外交安全保障政策上級代表と委員会の共同提案に基づく。もっとも、理事会の決定は、特定多数決で採択される。さらに、EU 条約 5 編 2 章に従い採択された決定が定める場合には、国家に対する経済制裁だけではなく、自然人または法人および団体または非国家主体に対しても経済的な制限的措置を課すことができる（EU 運営条約 215 条 2 項）。たとえば、テロに対する闘いの中でテロ活動に関与する自然人等の資金凍結の措置がある。ロシアによるウクライナ侵攻では、ロシアに対してまた Putin 大統領個人に対してもさまざまな形（たとえばロシアの銀行を支払いネットワークから締め出す SWIFT の禁止（金融制裁）、個人の資金の凍結（スマート制裁）等）[(8)]での経済制裁がとられた。経済制裁には速攻性はないが、足並みをそろえることで、武力衝突を回避しつつ、相手の行動に変化をもたらしうるとして、よく用いられてきている。

5 域内政策

EU 運営条約第 5 部が「連合の対外行動」となっており、同条約第 3 部が「連合の域内政策」である。域内政策、たとえば、環境は第 3 部第 20 編に規定されているが、環境分野において EU は数多くの国際協定を締結してきている。それぞれの域内政策において目的を達成するに必要であれば、条約締結もその手段の 1 つとなりうる（EU 運営条約 216 条）。

II 共通外交安全保障政策（CFSP）

1 共通外交安全保障政策と他の EU 政策

EU はさまざまな分野で活動しているが、その法的基盤は EU 運営条約に規定されている。つまり、域内市場、競争政策、経済通貨同盟、環境、自由、安全および司法の領域等は、EU 運営条約において措置を採択するための法的根

（8） Ex. OJ 2022 L63/1, Council Regulation 2022/345 of 1 March 2022 amending Regulation 833/2014 concerning restrictive measures in view of Russia's actions destabilising the situation in Ukraine.

拠条文が規定されている。他方、共通外交安全保障政策（CFSP：Common Foreign and Security Policy）は、EU条約に規定されている。EU条約は、EUの諸価値、目的、原則および機関に関する規定等、EUの政策に横断的に適用される規定が置かれている。EU条約第5編は「連合の対外行動に関する一般規定および共通外交安全保障政策に関する規定」となっており、その2章が「共通外交安全保障政策に関する特別規定」である。このことからも分かるように、共通外交安全保障政策に対しては、他の政策とは異なる法行為手続（措置採択手続）が用いられ、EU司法裁判所の管轄権も原則的に及ばず、EU法の中で同政策は特別性（政府間協力的性質）を維持している。

2　発　展

共通防衛政策については、欧州防衛共同体条約が1952年に署名されたが、フランスの国民議会により否決され、未発効のまま終わった。その後、外交安全保障分野における協力という形で徐々に発展してきた。それが、条文という形で規定されるのがマーストリヒト条約によってであった。1993年発効のマーストリヒト条約（EU条約）により、ECとは別にEUが設立され、3本柱からなる構造となった。第1の柱はECの柱であり、EC、EuratomとECSCから構成された。第2の柱は共通外交安全保障政策、第3の柱は司法内務協力であった。アムステルダム条約により、第3の柱の一部（移民・難民など人の自由に関する事項）が第1の柱に移行した（共同体化）。リスボン条約により、第3の柱の残りの部分（警察刑事司法協力）もEC条約に相当するもの、つまりEU運営条約に移行した。他方、第2の柱であった共通外交安全保障政策は移行せず、そのままEU条約に残った。もっとも、リスボン条約により、同政策分野はこれまで以上に機構化されている。以下において、より詳しく見ていくことにする。

3　共通外交安全保障政策の機構枠組

(1) 共通外交安全保障政策分野の権限

共通外交安全保障政策の権限は、排他的権限でも共有権限でもなく、支援、調整または補足的な措置のための権限でもなく、特別な（sui generis）権限である（EU運営条約2条4項）。この分野のEU権限は外交政策のすべての分野および共同防衛に至りうる共通防衛政策の漸進的な確定を含むEUの安全保障政策に関するすべての問題を含む（EU条約2条4項）ため、事項的には包括的な権限となっている。ただ、権限の強度の観点からすると、EU にそもそも権限を移譲されているのか否か不明であり、構成国間の協力という意味合いが大きい。

⑵ 機　関

共通外交安全保障政策分野において、欧州(首脳)理事会、理事会および外交安全保障政策の上級代表が大きな役割を与えられている。他方、欧州委員会および欧州議会の役割は限定的なものになっている。

欧州(首脳)理事会は立法機関ではなく、その他の政策分野では法行為手続にかかわらないが、共通外交安全保障政策分野では、欧州(首脳)理事会が同政策の目的および一般的指針を決定する（EU 条約 26 条 1 項）。また、理事会は、欧州(首脳)理事会の決めた一般的指針および戦略的方針を基礎として、同政策の策定と実施のために必要な決定を行う（EU 条約 26 条 2 項）。欧州(首脳)理事会および理事会での議決は全会一致でなされる（EU 条約 31 条 1 項 1 段）。この分野では中立政策をとっている構成国が存在することから、積極的棄権制度が導入されている。すなわち、ある構成国が棄権したとしても、そのことは全会一致により採択を妨げない。棄権する構成国には措置が適用されず、拘束されないが、措置が EU を拘束することを受け入れなければならない（EU 条約 31 条 1 項 2 段）。①欧州(首脳)理事会が決めた戦略的利益と目標に関する決定に基づく EU の行動または立場を定める行動を決定する場合、②理事会自らの発議または上級代表の発議に基づき、欧州(首脳)理事会の特別要請を受けた上級代表の提案を基礎として、EU の行動または立場を定める決定をする場合、③ EU の行動または立場を定める決定を実施するための決定を採択する場合等は、理事会は特定多数決により決定する（EU 運営条約 31 条 2 項 1 段）。ただ、国内政策の重要なかつ言明された理由から特定多数決による採択に反対する構成国がある場合には、表決は行われない（EU 条約 31 条 2 項 2 段）。

この分野では共通外交安全保障政策の上級代表に特別の任務が与えられている（EU 条約 27 条 1 項および 2 項）。①外務理事会の議長を務める。②共通外交安全保障政策分野で提案をする。③欧州(首脳)理事会および理事会により採択された措置の実施を確保する。④共通外交安全保障政策分野に関する事項において、EU を代表し、国際会議等で EU の立場を表明する。上級代表は、欧州委員会の一員でもあり、欧州委員会における副委員長を兼務する。これにより、上級代表が共通外交安全保障政策で提案をすることにより、間接的に欧州委員会の意向が汲まれることになる。上級代表を支える機関として、欧州対外行動局（European External Action Service）[(9)]が設立された（EU条約27条3項）。同局は、理事会事務走力および委員会の関連部局並びに構成国の外務省から配置される職員により構成される。上級代表は、国における外務大臣に相当するものであり、欧州対外行動局は外務省に相当すると捉えれば、イメージを持ちやすい。

(3) 措　置

共通外交安全保障政策は、①一般的指針を定めること、②EUの行動の採択、③EUの立場の採択、④②と③を実施するための措置、⑤構成国間の組織的協力の強化により行われる（EU条約25条）。共通外交安全保障政策の措置は、規則や指令という形はなく、形式的には決定（decision）のみとなる。

国際情勢を受け、EUの行動が必要とされる場合には、理事会が必要な決定（decision）を採択する（EU条約28条1項）。採択された決定は、構成国の行動および立場について構成国を拘束する（EU条約28条2項）。上述したように積極的棄権をした国は拘束しない。また、特定の問題についてEUの方針を定めるために、理事会は、EUの立場につき決定を採択する（EU条約29条）。加えて、EUは、共通外交安全保障政策の実施のために条約を締結することができる（EU条約37条、手続についてEU運営条約218条）。

たとえば、2022年2月にロシア侵攻を受け、ウクライナに武器供与をするために欧州平和ファシリティ（European Peace Facility）[(10)]の下での金融援助手段について理事会は2つの決定[(11)]を採択した。同決定は、EU条約28条1項と41条2項を法的根拠条文にしている。なお、EU条約41条2項は、実施によって生じる活動支出が原則EU予算から負担される旨が規定されている。これらの理事会決定は、上級代表の提案に基づき、理事会が決定をした。また、2014年にロシアによるクリミア併合の際に理事会は、ウクライナの領土保全、主権お

---

(9)　日本では、EEASの一部である駐日欧州連合代表部が東京・麻布におかれている。https://eeas.europa.eu/delegations/japan_ja.

(10)　OJ 2021 L102/14, Council Decision（CFSP）2021/509 establishing a European Peace Facility.

(11)　OJ 2022 L60/1, Council Decision（CFSP）2022/338 of 28 February 2022 on an assistance measure under the European Peace Facility for the supply to the Ukrainian Armed Forces of military equipment, and platforms, designed to deliver lethal force; OJ 2022 L61/1, Council Decision（CFSP）2022/339 of 28 February 2022.

よび独立が危ぶまれていることに関して、制限的措置を採択した(12)。この際の法的根拠条文はEU条約29条であった。2022年2月のロシアによるウクライナ侵攻の際には、この措置を改正する形でいくつもの制限的措置が採択された(13)。

(4) 措置の履行確保

共通外交安全保障政策と他のEUの政策の間の措置は措置採択手続が異なっていることだけではなく、EU司法裁判所の管轄権が及ぶか否かという点が違っている（EU条約24条1項2段)。EU司法裁判所の管轄権は、共通外交安全保障政策に対しては原則的として及ばない。例外的に、共通外交安全保障政策の実施が他の政策の権限を侵害しないか否かあるいは他の政策の実施が共通外交安全保障政策の権限の行使に影響を与えないか否かということを定めるEU条約40条と、自然人または法人に対する経済制裁などの制限的措置の合法性を審査する訴訟（EU運営条約275条2項参照）に対しては、EU司法裁判所は管轄権を有する。

この分野では管轄権が制限されているため、構成国の協力義務が強調されている。構成国は、EUの外交安全保障政策を誠実と相互連帯の精神の下で積極的かつ留保なく支援し、この分野におけるEUの行動に従わなければならない(EU条約24条3項1段)。構成国は、相互の政治的連帯を強化しかつ発展させるために協力しなければならない。また、構成国はEUの利益に反する行動または国際関係における結束した力としてのEUの実効性を損なわす可能性のあるいかなる行動も慎まなければならない（同2段)。また、構成国の協力義務がEU条約32条、国際的な場における構成国の協力義務がEU条約34条にも規定されている。

4　共同防衛

EU条約第5編第2章第2節は「共通安全保障防衛政策に関する規定」と題されている。EU構成国の中には、オーストリア、フィンランド、アイルラン

(12) OJ 2014 L78/16, Council Decision (CFSP) 2014/159 of 17 March 2014 concerning restrictive measures in respect of actions undermining or threatening the territorial integrity, sovereignty, and independence of Ukraine.

(13) Ex. OJ 2022 L52/1, Council Decision (CFSP) 2022/331 of 25 February amending 2014/145 CFSP; Council Decision 2022/337, Decision 2022/354, Decision 2022/354, Decision 2022/397 etc.

ド、スウェーデンなど中立政策を採っている国があり、防衛政策への参加は義務づけられていない（もっともウクライナ侵攻を受け、2022年5月にスウェーデンとフィンランドはNATOに加盟申請を行い、加入が認められた）。EUは、構成国から提供される能力を用いて、非軍事的および軍事的手段に基づき共通安全保障防衛政策をなす。そのためにEU条約には欧州防衛機関（European Defence Agency）が設立された（EU条約45条）。なお、デンマークは参加していない。加えて、EU運営条約46条に定められる常設の制度的協力（Permanent Structured Cooperation）には、デンマークとマルタを除く25か国が参加している。

ロシアのウクライナ侵攻により注目されているのがEU条約42条7項である。同項は、構成国のその領域において武力侵略の犠牲となった場合は、他の構成国は、国際連合憲章51条に従い、侵略に対してその権限内にあるあらゆる手段により援助および支援の義務を負うと定められている。この条文は、もともとは西欧同盟（Western European Union, WEU）の条文から取り入れられたものである。ただ取り入れる際に、軍事的な支援ではなく、援助および支援という文言に変更された。ウクライナがEU構成国であったら、EU構成国がどのような行動をとるのかが議論された。

Ⅲ　加入と脱退

1　加　入

EU条約49条は、EUへの加入について条件と手続を定めている。加入申請するには、まず欧州の国であることが前提となる。日本は、地理的にEUには加入申請できない。ヨーロッパとアジアの両方に領土がまたがっているトルコは、加入申請を認められた。加入には、さらに大きく分けて3つの条件がある。①EUの諸価値の尊重、②EU法の総体（acquis）の無条件の受諾、③経済的条件である。①は、EU条約2条に規定される、人間の尊厳、自由、民主主義、平等および法の支配の尊重、並びに少数者に属する人々の権利を含む人権の尊重というEUの諸価値の尊重となる。これらの諸価値については、加入後も引き続き尊重すべき義務となっている。②EU法の総体の無条件の受諾は、加盟候補国は、EU構成国と同様にすべてのEU法が問題なく適用されるように国内法および国内制度を整えなければならない。留保は許容されず、すべてのEU法を受諾しなければならない。過渡的期間は認められる。③については、域内市場で競争が円滑に行われるような経済力を備えなければならない。経済通貨同盟への加入は義務であるが（オプトアウトは許容されない）、EU加入時に、同同盟への加入条件を満たしていることは要請されない。

ロシア侵攻を受け、ウクライナ、ジョージアおよびモルドバは、通常の加入条件を満たすことを要請されずにEUへ加入することが認められるように求めた。2022年6月、ウクライナとジョージアは加盟候補国として認められた。また2022年7月19日、バルカン地域の北マケドニア（旧マケドニア）とアルバニアとの加盟交渉を開始した。ウクライナ侵攻がヨーロッパの結束を固くする方向で影響を及ぼしている。

交渉の中で加盟候補国が加入条件を満たすか否か、また、その進捗状況は欧州委員会が審査する。欧州委員会のGOサインが出された後、欧州議会の同意を得た後、理事会が全会一致で決定を行う。加入条約は、すべての構成国により憲法上の規定に従って批准されなければならない。

2　脱　退

リスボン条約により脱退に関する規定がEU条約50条に入れられた。すべての構成国は、その憲法上の要件に従い脱退する権利を有する。まず、脱退を決定した構成国は、その意思を欧州(首脳)理事会に通知する。EUは、同理事会が定める指針に照らして、脱退を希望する構成国と交渉を行い、脱退に関する協定（離脱協定）を締結する。EU法は、脱退協定が発効した日に、または、それが存在しない場合には、欧州(首脳)理事会が当該構成国と合意したうえで期間の延長を全会一致により決定しない限り、最初の通知から2年後に、適用がされなくなる。なお、Wightman事件[14]により脱退の意思を通知した後の撤回は可能であるとことはEU司法裁判所により明確化されている。

英国は、1973年にEU（当時のEC）に加入した。その後、約50年間、EUの構成国であったが、英国での国民投票の結果を受け、2017年3月29日にEU条約50条に従い離脱意思を欧州首脳理事会の議長に通知した。その後、交渉が開始され、2019年1月24日に離脱協定に署名がなされ、EUと英国でその協定の批准が行われ、2020年1月31日午後11時（イギリス）、2月1日午前0時

⒁　Case C-621/18, Andy Wightman and Others, Judgment of 10 December 2018, ECLI: EU:C:2018:999; 中西優美子「英国のEU離脱とEU条約50条の解釈」自治研究95巻3号（2019年）114-125頁。

（ブリュッセル）に英国が EU から離脱した。その後、離脱協定において 2020 年 12 月 31 日までが移行期間とされた。2020 年 12 月 30 日に EU と英国の将来の関係を定める、貿易および協力協定（Trade and Cooperation Agreement, TCA）が署名され、2021 年 1 月 1 日暫定適用が開始された。TCA は、EU と英国のそれぞれによって批准され、2021 年 5 月 1 日に発効した。

〈参考文献〉

中西優美子『EU 法』（新世社、2012 年）第 19 章
同「リスボン条約と対外権限—— CFSP 分野を中心に」同『EU 権限の法構造』（信山社、2013 年）
中村民雄「第 1 章 法的基盤」植田隆子編『EU スタディーズ 1　対外関係』（勁草書房、2007 年）1-54 頁
同「リスボン条約による EU 対外関係の方と制度の改革」森井裕一編『地域統合とグローバル秩序——ヨーロッパとアジア』（信山社、2010 年）27-68 頁
Bart Van Vooren/Ramses A. Wessel, *EU External Relations Law*, 2014, Cambridge University Press
Ramses A Wessel/Joris Larik, *EU External Relations Law*, 2nd edition, 2020, Hart Publishing

第14章
自由、安全および司法の領域(1)
―― 民事司法協力 ――

本章のあらまし

EU運営条約67条は、EUが自由、安全および司法の領域を構築することをうたう。そのために、同条4項では、「特に民事における裁判上の判決および裁判外の決定の相互承認の原則を通じて、司法へのアクセスを円滑化する」ことを目標としており、81条で民事司法協力に関してとる措置に関する具体的な規定を置いている。ここでいう民事司法協力とは、準拠法、国際裁判管轄および外国判決の承認執行を含む、広義の国際私法が主な対象である。

ところで、ECが設立された当初、その統合の対象には、民事司法協力は含まれてはいなかったのであるが、徐々に現在のような形になってきたという経緯がある。そこで本章ではまず、民事司法協力が現在のようになるまでの沿革を概観する（Ⅰ）。次に、この問題についてのEUの権限について、現在でもなお若干残っている通常の場合とは異なる点に注意しながら説明する（Ⅱ）。最後に、この権限を行使して、この分野においてこれまでにEUが採択した措置について概観する（Ⅲ）。

Ⅰ　沿　革

1　EEC条約220条

物・人・サービス・資本の4つの移動の自由を基本的自由として経済統合を目指して発足したECにおいて、民事司法協力は統合の直接の対象ではなかった。ただし、欧州経済共同体（EEC）設立条約には、この問題に関連する規定として220条が置かれていた。同条はそこに掲げる事項について、構成国は必要な限り、相互の交渉を行うと規定していた。ただ、通常の国際条約であるから、そのような作成交渉をすることは、構成国にとって元々可能であり、同条によって特段、構成国に権限が付与されたわけではない。ましてやECに特段の立法権限が付与されたわけではない。

同条はそのような事項の第4に、「裁判上の判決および仲裁判断の相互の承認執行の手続の簡素化」を挙げていた。これを根拠にして、ECの原構成国である6ヵ国間で1968年に締結されたのが、民商事事件における裁判管轄および裁判の執行に関する条約(1)である。ブリュッセル条約と呼ばれるこの条約は、民商事事件一般について、どの国の裁判所で訴えることができるかという国際裁判管轄のルールを構成国間で統一するとともに、構成国裁判所で下された判決の相互の承認執行を容易にするものである。ブリュッセル条約は1973年に発効して大きな成功を収めたが、構成国間の国際条約であるにもかかわらず、通常のEC法と同様に、同条約の解釈について欧州司法裁判所への先決問題付託を義務づける、ルクセンブルク解釈議定書が1971年に締結され、1975年に発効したことが、その成功の要因の1つである。実際、欧州司法裁判所の先決裁定により、ブリュッセル条約の規定の解釈に関する重要な判断が解釈議定書発効当初から多数示されて、解釈の統一が図られた。その中には、日本などの域外諸国の国際私法の立法・解釈に影響を及ぼしたものもある。たとえば、ライン川下流のオランダで園芸栽培を営む会社が、上流のフランスの会社の排水のために損害を被ったとして、オランダの裁判所においてフランスの会社に対して損害賠償を求めた事案において、1976年の先決裁定はブリュッセル条約5条3号の不法行為地管轄について、加害行為地も結果発生地もいずれも不法行為地であるとして、オランダに国際裁判管轄が認められるとの解釈を示した(2)。これと基本的に同様の立場は、わが国の民事訴訟法3条の3第8号でも採用されている。

2　マーストリヒト条約――EU第3の柱へ

マーストリヒト条約により、ECなどの3つの共同体（第1の柱）、共通外交安全保障政策（第2の柱）と並んで、司法および内務分野における協力（第3の柱）の3つの柱からなるEUが成立した。司法および内務分野における協力に関するEU条約K.1条6号およびK.3条によると、民事司法協力について、理事会は条約を作成し、各構成国がその憲法規定に従ってそれを採択することを推奨

(1)　OJ 1972 L299/32.

(2)　Case 21/76, *Handelskwekerij G. J. Bier BV v Mines de potasse d'Alsace SA*, Judgment of 30 November 1976, ECLI:EU:C:1976:166.

することができるとされていた。

この段階では民事司法協力は、EUが行う活動の中に明示的に位置づけられたものの、第3の柱であり、超国家的な共同体方式ではなく政府間協力の方式にとどまっていた。そのため、EU条約の上記の規定を根拠に作成されたこの分野における条約は、1998年の婚姻事件における裁判管轄および裁判の承認執行に関する条約（ブリュッセルⅡ条約）など若干あったものの、全構成国の批准を得られずにいずれも未発効のままであった。このように、EU第3の柱としての民事司法協力は、見るべき成果はほとんどなかった。

3 アムステルダム条約による共同体化

しかしながら、1997年に署名され、1999年に発効したアムステルダム条約により、状況は一変する。アムステルダム条約はEU第3の柱のうち、刑事警察・司法協力を第3の柱に残して、民事司法協力を含むそれ以外の事項を、EU第1の柱に移したからである（共同体化）。

(1) アムステルダム条約

アムステルダム条約は「ビザ、庇護、移民および人の自由移動に関するその他の政策」と題する第4編をEC条約に新たに追加した。そして、民事司法協力についてEC条約65条において、裁判上および裁判外の文書の国境を越える送達ならびに告知のシステムなどのいくつかの事項を例示して、その改善および簡素化の措置を採択できることを定めた。このようにして、民事司法協力についてECの立法権限が及ぶようになり、アムステルダム条約発効後ただちに、派生法が多数制定された。上述のブリュッセル条約を規則化した、民商事事件における裁判管轄および裁判の承認執行に関する規則44/2001（ブリュッセルⅠ規則）[(3)]がその一例である。

もっとも、この段階では、通常の共同体事項とは異なる制度的特徴がいくつか存在していた。まず、アムステルダム条約発効後5年の過渡期間における立法手続（EC条約67条）は、①欧州委員会に発議の独占権がないこと、②欧州議会は諮問を受けるのみであること、③理事会では全会一致で議決がされること、以上の3点で、通常の場合とは大きく異なっていた。また先決裁定手続は、通常とは異なり、欧州司法裁判所へ先決問題を付託できる構成国裁判所が、最終審の裁判所に限定されていた。この点はブリュッセル条約についてのルクセ

---

(3) OJ 2001 L12/1.

ンブルク解釈議定書と比べても限定的であった。さらに、英国およびアイルランドならびにデンマークには、この分野で EU が採択する措置に参加しない（オプトアウト）特別の立場が認められていた。

(2) ニース条約

通常の場合と異なる上記の制度のうち、ニース条約による改正では、立法手続について、通常の場合と同じ手続（EC 条約 251 条の共同決定手続〔現在の通常立法手続に相当〕）によることとされた（EC 条約 67 条 5 項）。ただし、家族法に関する側面は除外され、これは現在でもそのままである。

Ⅱ　民事司法協力の基本枠組

1　制　度

(1) 原　則

アムステルダム条約による共同体化、ニース条約による若干の改正を経て、リスボン条約においては、EU 運営条約 81 条が民事司法協力のための措置について具体的な規定を置いているが、現在、制度面では通常の場合とほとんど同様になっている。なお、リスボン条約により、かつての EEC 条約 220 条にあたる規定は削除された。

まず、立法手続に関しては、EU が民事司法協力に関して規則などの措置を採択する場合、原則として、通常立法手続に従って行われる（EU 運営条約 81 条 2 項）。

また、EU 司法裁判所への先決問題付託について、現行の EU 運営条約では、アムステルダム条約でされていたような限定はなくなった。したがって、通常の場合と同様に、民事司法協力に関する EU の措置の効力および解釈が構成国裁判所で問題となった場合、通常の国内裁判所は先決問題を付託することができ、最終審である国内裁判所は先決問題を付託する義務がある（EU 運営条約 267 条）。

(2) 例外――なお残されている第 3 の柱的要素

もっとも、リスボン条約による現行規定においても、民事司法協力に関する制度枠組には、以前に政府間協力方式だった名残がなお若干残っている。

(i) 家族法に関する措置についての立法手続

EU 運営条約 81 条 3 項によると、家族法に関する措置については、特別立法手続による。具体的には、欧州議会に諮問した後、理事会が全会一致で議決するという手続による（同項第1段）。なお、家族法の一定の側面に関する措置について、通常立法手続へと移行する余地が認められているものの、そのための理事会の決定に対して各構成国国内議会に拒否権が認められているため（同項第2段以下）、将来的にこのような移行がなされる可能性は大きくないし、これまでそのような試みが行われたこともない。

家族法に関する措置の採択についてこのような特別立法手続、特に、理事会における全会一致が求められていること、つまり構成国に拒否権が認められている理由は、この分野が、各国の宗教、習俗、社会経済的特性の影響を色濃く受けていることにある。たとえば、同性婚に関する各国の態度が大きく異なっていることを想起すれば、このことは容易に理解できるだろう。

ただ、このような立法手続によると、ごく一部の構成国だけが反対する場合であっても、EUは措置を採択することができなくなり、家族法に関する事項についての民事司法協力について、EUの活動が停滞することになりかねない。そこで、先行統合（EU運営条約326条以下）が用いられた。EUは、構成国が多数になり、また多様な分野で統合を図るように発展したこともあり、多段階統合の考えに従って、先行統合の制度を導入し、構成国の一部が先に統合を進める余地を、アムステルダム条約以来認めるようになっていたが、実際には、リスボン条約以前には先行統合が用いられることはなかった。これが初めて用いられたのは、民事司法協力の分野であり、離婚の準拠法についてであった。この問題につき当初は、構成国すべてでの立法を目指していたものの、規定内容について一部構成国の反対が根強かったために断念して、先行統合を利用することとされた。理事会が2010年7月の決定[(4)]で14ヵ国による先行統合を許可し、これに基づき、離婚および法的別居の準拠法の分野における先行統合を実施する規則1259/2010（後述Ⅲ）が制定された。

なお、採択される措置が部分的に家族法に関係している場合もあるが、そのような場合もこの家族法の例外に含めるのは、例外的場合は厳格に制限的に解釈すべきとの原則に反するし、そのような措置の家族法に関しない部分と家族法に関する部分とで法的根拠を異にして、両立し得ない異なる立法手続によることになるために、分割して措置を採択しなければならなくなるという不都合

---

(4)　OJ 2010 L189/12.

がある。そのため、採択される措置が本質的に家族法に関する場合、例えば上述の離婚準拠法の抵触規則に関する規則のような場合に限定されるべきであり、実際、そのように運用されている[5]。

(ii) アイルランドおよびデンマークの立場

アムステルダム条約により、従来のEU第3の柱が共同体化された際に、英国およびアイルランドならびにデンマークの3ヵ国は、共同体が採択する措置に参加しない（オプトアウト）という特別の立場が、EC条約69条で認められた。リスボン条約ではEU運営条約本体ではなく、リスボン条約付属議定書に規定されている（英国およびアイルランドの立場については第21議定書、デンマークの立場については第22議定書）。英国のEU離脱に伴い、現在ではアイルランドとデンマークのみが対象であるが、両国に認められている特別の立場は若干異なる。EU運営条約67条以下の自由、安全および司法の領域に関する分野におけるEUの措置について、アイルランドは原則では参加しないこととされているものの、EUが採択する措置に参加すること（オプトイン）が、採択過程においても採択後においても認められている。これに対してデンマークは、この分野のEUの措置から完全にオプトアウトしており、参加する余地は認められていない。

ところで、おそらく両国とも、移民等の自由、安全および司法の領域の他の諸分野とは異なって、民事司法協力に関しては、EUによる権限行使にさほど反対していないのではないかと思われる。アイルランドは上記のようにオプトインができるため、EUが採択する民事司法協力に関する措置に適宜参加すればよいので、大きな問題は生じない。実際、ブリュッセルⅠ規則など大半の措置に参加している。

これに対して、オプトインができないデンマークについては、民事司法協力に関する措置に参加したくとも参加できないという問題がある。準拠法を指定する抵触規則については、EU規則中の抵触規則の内容をデンマークがコピーした国内法を制定することで対応できるが、ブリュッセルⅠ規則など裁判管轄と外国判決の承認執行に関するものについては、このような対応もできない。そこで、EUとデンマークとの間で2005年に協定が締結され[6]、これにより、

(5)　一例を挙げれば、送達規則2020/1784（後述Ⅲ）は、離婚訴訟での訴状の送達も規律しているが、通常立法手続で採択されている。

(6)　OJ 2005 L299/62. なお送達規則についても、同様のEUとデンマークとの間の協定が

ブリュッセルⅠ規則をデンマークとの間でも適用させることができるようにしている。

2　基本原則――相互承認原則

EUの4つの基本的自由において、1979年のカシス・ド・ディジョン事件先決裁定以来、相互承認原則が基本的な考えとされている（→第1章Ⅱ2(2)）。これと同様に、EU運営条約81条1項は、裁判上の判決および裁判外の決定の相互承認原則を、民事司法協力の基礎に据える。判決の相互承認原則は、リスボン条約以前の基本条約において明文では言及されてはいなかった。しかし、自由、安全および司法の領域の創設に関する1999年5月のタンペレ欧州首脳理事会特別会合およびそれを受けて欧州委員会および理事会により2000年に作成された、相互承認原則実施措置に関するプログラム(7)など、アムステルダム条約発効の当初から、民事司法協力において、この原則が基礎となることの重要性は認識されていた。

判決の相互承認のためには、そもそも、構成国間において他国の司法制度への相互信頼があることが前提となる。これを示す一例として、2003年のGasser事件(8)を紹介しよう。この事件は、契約当事者間でオーストリア裁判所への専属的な管轄合意がなされていたにもかかわらず、当事者の一方がそれに反してイタリアで訴えを起こし、その後相手方当事者が管轄合意に基づきオーストリアで提訴したという、国際的訴訟競合の事案である。欧州司法裁判所はこの場合でも、ブリュッセル条約の定める先訴優先原則に従って、イタリア裁判所が管轄合意に従って訴えを却下するまで、オーストリア裁判所は手続を中止して待つべきと判断した。また、一般にイタリアでは裁判手続が遅延することが知られていたが、そうであったとしても上記原則に従うべきとした。その理由として、ブリュッセル条約が、締約国間で相互の法制度、司法機関に寄せる信頼という基本理念に立脚していることを強調している。

もっとも、判決の相互承認のみを一方的に推し進めるわけにはいかない。理念としては構成国司法制度間で相互信頼ができるとしても、個々の事案において、当初の判決国で手続的基本権が侵害されたという場合もありうるからであ

ある。OJ 2005 L 300/55.

(7)　OJ 2001 C12/1.

(8)　Case C-116/02, *Erich Gasser GmbH v MISAT Srl.*, Judgment of 9 December 2003, ECLI:EU:C:2003:657.

る。自由、安全および司法の領域の構築に当たって基本権尊重の重要性は、EU運営条約67条1項でも言及されている。上記Gasser事件でも、欧州人権条約6条1項（EU基本権憲章47条2項）の公正な裁判を受ける権利として保護対象となりうる、迅速な裁判を受ける権利が問題となりうるところである。相互承認促進のためには、構成国司法制度間の最低限の調和もあわせて進める必要があろう。

Ⅲ　民事司法協力に関するEUの成果

1　総　説

EU運営条約81条1項は、EUは、「越境的関連を有する民事司法協力を発展させる」と規定する。通常、民事司法協力に関する場合は複数国に関係する渉外的法律関係を対象とするので、このことが問題となることはない。厳密に考えれば、たとえばブリュッセルⅠ規則は裁判管轄について、国内のどの地域の裁判所が管轄を有するかについても定めているが、国際裁判管轄という越境的関連がある場合と同時に定めているので、この点は問題とはされていない。

また同条2項は、「特に、域内市場の円滑な運営に必要である場合に」措置を採択すると規定する。これにあたる文言は、リスボン条約以前は、「域内市場の円滑な運営に必要である限り」との表現であったため、たとえば、第三国との関係が問題となる場合についてもEUの措置が規定してよいのかという議論があった。しかし実際には、後述のローマⅠ規則もローマⅡ規則も、構成国法が準拠法となるか第三国法が準拠法となるかを区別せずに一般的に規定していた。現在のEU運営条約の文言は上記のように、域内市場の円滑な運営に必要であることは、EUの権限行使の要件ではなく例示にすぎないものになっているので、今後はこの点は問題とならない。

2　採択された措置

民事司法協力に関してこれまでにEUが採択した措置の概要は以下の通りである。EU運営条約81条2項はa号からh号まで、EUが民事司法協力に関して採択する事項を列挙しているが、以下の整理は必ずしもその順に沿っていない。また、複数の項目と関連している措置もある。

⑴ 裁判管轄および判決の承認執行

(i) ブリュッセルⅠ規則

EU運営条約81条2項a号は、「裁判上の判決および裁判外の決定の構成国での相互承認及び執行」を挙げる。これは、国際私法における主要問題の1つである、外国判決の承認執行である。通常の国内法における外国判決の承認執行制度では、判決国が当該訴えにつき国際裁判管轄を有していたかという間接管轄が主な要件となる（日本では民事訴訟法118条1号）。EUにおける立法の特徴は、ブリュッセル条約以来、外国判決の承認執行のルールのみならず、訴えがいずれの構成国裁判所で提起されるべきかという国際裁判管轄——これも、国際私法における主要問題の1つである——についてのルール（直接管轄と呼ばれる）もあわせて統一している点にある。このことにより、他の構成国の判決の承認執行の際には、間接管轄を原則として審査しないということで、承認執行を容易にしている。

家族法を除く民商事事件一般については、ECの時代に上述のブリュッセル条約が成功を収めていたが、アムステルダム条約後ただちに、規則化されて上述のブリュッセルⅠ規則となった。現在では2012年改正版のブリュッセルⅠ規則1215/2012[9]が妥当している。

提訴された被告がEU構成国のいずれかに住所を有する場合には、ブリュッセルⅠ規則の国際裁判管轄ルールにより国際裁判管轄が判断される。被告住所地の構成国に国際裁判管轄があるのが原則であるが、不法行為事件等、事件類型毎の特別管轄規定によることもできる。また、消費者や労働者などの弱者保護のための特則も設けられている。

これに対して、日本に住所を有する被告がドイツで提訴されるように、被告がEU域外に住所を有する場合には、ブリュッセルⅠ規則ではなく、各構成国の国内法としての国際裁判管轄ルール——この設例ではドイツ民事訴訟法上の国際裁判管轄ルール——により、国際裁判管轄は判断される。しかし、このような場合も含めて、構成国で下された判決の、他の構成国での承認執行は、つねにブリュッセルⅠ規則の簡素化された要件により判断される。

外国判決の執行のためには一般に、執行国裁判所で執行を許可する、exequaturという中間手続が必要とされ、わが国では執行判決（民事執行法24条）

⑼　OJ 2012 L351/1.

がこれにあたる。欧州委員会は判決の相互承認執行を推し進めるために、この中間手続の廃止を進め、ブリュッセルⅠ規則については 2012 年改正で実現した。ただし、承認執行が無条件となったわけではなく、判決債務者は事後に異議申立てができる。また、2012 年改正では管轄合意の効力を強化しており、上述の Gasser 事件先決裁定の処理を変更している。

(ii) ブリュッセルⅡ規則

EU は民商事一般でなく、特別の分野についても、裁判管轄および判決の承認執行に関する統一を進めている。離婚事件については、EU 第 3 の柱の時代に作成されたが未発効のブリュッセルⅡ条約が、アムステルダム条約発効後にただちに規則化されブリュッセルⅡ規則 1347/200 となったが、まもなく、親責任に関する事件もカバーするように改正された（ブリュッセルⅡ a 規則 2201/2003）。これが最近さらに改正されたのが、婚姻事件および親責任事件の裁判管轄および裁判の承認執行並びに国際的な子の奪取についての規則 2019/1111[10]（ブリュッセルⅡ b 規則）である。1980 年の国際的な子の奪取に関するハーグ条約はEU 構成国すべてが締約国となっているが、ブリュッセルⅡ b 規則では、EU 構成国間での国際的な子の奪取の場合の協力を通常よりも緊密にしている。

ブリュッセルⅡ b 規則は家族法に関するものであるため、EU 運営条約 81 条 3 項の特別立法手続により改正が行われた。一部の構成国による先行統合となることを避けるため、改正は大幅なものとはなっていないが、2012 年改正のブリュッセルⅠ規則と同様に、外国裁判の執行についての exequatur 手続を廃止している。

(2) 準 拠 法

EU 運営条約 81 条 2 項 c 号は、「法および裁判権の抵触に関し構成国において適用される規則の両立性」を挙げる。このうち裁判権の抵触とは、上述(1)でブリュッセルⅠ、Ⅱが、国際裁判管轄についての統一ルールを規定している部分にあたる。これに対して、法の抵触とは、各国法が異なる場合に判断基準として適用されるのはいずれの国の法か、という準拠法を定めるもので、これも国際私法の主要問題の 1 つである。準拠法を定めるルールを抵触規則と呼ぶが、抵触規則を EU で統一することが c 号で掲げられていることになる。これ

(10)　OJ 2019 L178/1. なお、表題に婚姻事件とあるが、主として離婚事件を対象とする。また、親責任とは日本法にいう親権を指す。

については、財産関係の次の２つの規則と離婚に関するものが代表的なものである。なおいずれも、準拠法が構成国法になる場合に限らず、日本などの第三国法が準拠法となる場合についても区別せずに規定している。

(i) **ローマⅠ規則**

ブリュッセル条約により国際裁判管轄ルールを統一しても、各国の抵触規則が異なっていると、いずれの国で裁判するかによって適用される準拠法が異なるために、当事者は自己に有利な法が準拠法となる法廷地を選ぼうとするフォーラム・ショッピングが誘発されるが、それは望ましい状況ではない。このような認識から、構成国は抵触規則を統一する条約を作成しようとした。そこでまず1980年に作成されたのが、契約債務の準拠法に関する条約で、ローマ条約と呼ばれた。これが、アムステルダム条約発効後に規則化されたものが、契約債務の準拠法に関する規則593/2008[11]（ローマⅠ規則）である。ローマⅠ規則は、契約準拠法を当事者が合意で決定できる当事者自治の原則を認めるほか、消費者契約や労働契約などの準拠法について弱者保護の特則を設けている。

(ii) **ローマⅡ規則**

構成国は事務管理・不当利得・不法行為といった契約外債務についてもその準拠法に関する条約を作成しようとしたが、アムステルダム条約以前には条約は作成されるにいたらなかった。アムステルダム条約発効後に、この問題についても立法作業が行われ、契約準拠法に関するローマⅠ規則より一足先に成立したのが、契約外債務の準拠法に関する規則864/2007[12]（ローマⅡ規則）である。ローマⅡ規則は不法行為準拠法について一般原則を定めるほか、生産物責任、競争制限、環境損害などの個々の不法行為類型についての特則も定めている。

(iii) **ローマⅢ規則**

EUは財産法分野だけでなく、家族法分野でも抵触規則の統一を目指した。たとえば、夫婦関係にあるかなど、個人の身分を規律する準拠法が構成国毎に不統一であると、国境を越えた人の移動の支障になる可能性があるから、このような統一の必要性は理解できるであろう。ただ、離婚の準拠法については、上述のように、構成国すべてで意見の一致を見ることはなかったため、先行統合が用いられた。その結果成立したのが、離婚および法的別居の準拠法の分野

---

(11) OJ 2008 L177/6.

(12) OJ 2007 L199/40.

における先行統合を実施する規則1259/2010[13]（ローマⅢ規則）である。ローマⅢ規則は日本法とは異なり、離婚準拠法の決定についても当事者自治を認めている。

(3) 裁判管轄、準拠法、承認執行をあわせて規律するもの

上述の２つの類型と異なり、１つの規則のなかで、裁判管轄と裁判の承認執行、さらには準拠法もあわせて規律しているタイプのものも現れている。

相続に関しては、裁判管轄、準拠法、裁判の承認執行を規律する相続規則650/2012[14]が成立している。なお、日本では親族・相続法をあわせたものを家族法と呼ぶのが一般であるが、この相続規則はEU運営条約81条3項の家族法に関するものとは考えられておらず、特別立法手続によらずに通常立法手続により採択された。これに対して以下の２つの分野の規則は同項の家族法に関するものである。

扶養義務に関して、裁判管轄、準拠法、裁判の承認執行および国際協力を規律するのが扶養規則4/2009[15]である。扶養義務に関する裁判管轄と裁判の承認執行はブリュッセルⅠ規則の対象であったが、この規則の制定時にこちらに移された。この規則は、後述の2007年の扶養に関するハーグ条約と議定書をEUが締結したことに伴うものである。

夫婦財産制および登録パートナーシップの財産関係に関しては、裁判管轄、準拠法、裁判の承認執行を規律する規則が、2016年にそれぞれにつき制定されている（規則2016/1103[16]および規則2016/1104[17]）。いずれも、先行統合手続によったもので、現時点では18ヵ国が参加している。

(4) 送達および証拠収集

EU運営条約81条2項は、裁判上および裁判外の文書の国境を越える送達（b号）と証拠調べにおける協力（d号）を挙げている。裁判が行われている国とは別の国で、送達や証拠調べという裁判所による行為がなされるには、実施される国に対して協力を求めることが必要であり、国際司法共助と呼ばれる。これについては従来の規則を改正する、送達規則2020/1748[18]と証拠収集規則

---

(13) OJ 2010 L343/10. 現在は17ヵ国が参加している。
(14) OJ 2012 L201/107.
(15) OJ 2009 L7/1.
(16) OJ 2016 L183/1.
(17) OJ 2016 L183/30.

2020/1783[19]が2020年に成立している。この改正ではとりわけ、電子手段による文書の送付やビデオ会議による証人尋問の実施など、IT化に対応したものとなっている。

⑸ その他の手続

国境を越える倒産手続について、従来の規則を改正した倒産規則2015/848[20]が成立している。

また2000年代半ばに、相互承認原則促進の一環として、上述のexequatur手続廃止を進め、ただちに他の構成国で執行できる債務名義を作出する規則が3つ制定されている（争いのない請求についての欧州執行名義規則805/2004[21]、欧州支払督促手続規則1896/2006[22]、欧州少額請求手続規則861/2007[23]）。また、裁判の執行の支援のために、口座保全命令手続規則655/2014[24]も制定されている。

EU運営条約81条2項は、司法への実効的アクセス（e号）、民事訴訟手続の適切な運営の障害の除去（f号）、代替的紛争解決手続の発展（g号）、裁判官および司法職員の養成への支援（h号）も挙げており、越境性を有する場合における民事訴訟手続の改善を目指す。これらに関連するものとしてたとえば、訴訟費用援助に関する指令2002/8/EC[25]や、調停に関する指令2008/52/EC[26]が作成されている。

3　対外関係

EUが法規を採択すると、そのような共通法規に対して条約締結が影響を及ぼす場合に、EUに黙示的条約締結権限を生じさせるが（EU運営条約216条）、この一般原則が民事司法協力の分野で問題となったのが、新ルガーノ条約に関する裁判所意見1/03[27]である。ブリュッセル条約はアキ・コミュノテール（共

⒅　OJ 2020 L405/40.

⒆　OJ 2020 L405/1.

⒇　OJ 2015 L141/19.

(21)　OJ 2004 L143/15.

(22)　OJ 2006 L399/1.

(23)　OJ 2007 L199/1.

(24)　OJ 2014 L189/59.

(25)　OJ 2003 L26/41.

(26)　OJ 2008 L136/3.

(27)　Case Opinion 1/03, *Competence of the Community to conclude the new Lugano Convention*, Opinion of 7 February 2006, ECLI:EU:C:2006:81; 中西康「新ルガーノ条約に

同体法の集積）として、共同体への新規加盟国をこの条約へも加入させる条約改正が行われて、発展、成功を収めていた。このブリュッセル条約とほぼ同じ内容の並行条約が、1988 年に、近隣の欧州自由貿易地域（EFTA）の当時の加盟国 6ヵ国も含めて締結された。これがルガーノ条約であり、この条約の発効により、ブリュッセル・ルガーノ両条約の裁判管轄および外国判決の承認執行の体制は、EC を越えて拡大してますます成功を収めた。ところが、ブリュッセル条約の方は EU ではブリュッセルⅠ規則となり改正されたことにより、ルガーノ条約も改正して両者の統一性を回復させる必要性が生じた。この新ルガーノ条約の締結権限が EU のみにあるのか、構成国との共有権限であるかが争いとなった。欧州司法裁判所は、新ルガーノ条約がブリュッセルⅠ規則の規定に影響を及ぼすことを理由として EU に排他的権限を認める意見を示した。これを受けて新ルガーノ条約は 2007 年に、アイスランドなど 4ヵ国と EU との間で締結された。

ところで、民事司法協力にほぼ相当する国際私法について、世界的なその統一運動を行っている国際機構としてハーグ国際私法会議がある。21 世紀になってから同会議で作成された条約（ハーグ条約）では、地域的経済統合組織も締約国となれる規定が用意されており、実際、2005 年の管轄合意条約、2007 年の扶養料回収条約と扶養義務議定書は、EU が承認（approval）することにより、EU および EU 構成国がこれらの条約に加盟している。また、EU は 2007 年以降、ハーグ国際私法会議自体の構成メンバーにもなっている。ただし、ハーグ条約の内容が EU の採択した法規以外の問題にかかわるなど、EU が権限を有しない、あるいは構成国との共有権限である場合もあるため、構成国も引き続きハーグ国際私法会議の構成メンバーである。また、裁判所意見 1/13[28]では、1980 年の国際的な子の奪取に関するハーグ条約への第三国の加入に対する同意権限が問題となったが、ブリュッセルⅡ規則に影響を与えることから、EU の排他的権限であるとの意見を EU 司法裁判所は示した。しかし、この条約は以前に作成されたもので EU が締約国となる余地がないため、実際には、新規

ついての EC の対外権限の排他性」貿易と関税 54 巻 12 号（2006 年）72 頁。

(28) Case Opinion 1/13, *Convention on the civil aspects of international child abduction*, Opinion of 14 October 2014, ECLI:EU:C:2014:2303; 中西康「リスボン条約後の EU の黙示的対外権限──ハーグ子奪取条約に関する裁判所意見」法律時報 88 巻 1 号（2016 年）111 頁。

第三国の加入に対して各構成国が同意することを EU が許可して、構成国が同意するという形をとっている。

〈参考文献〉

中西康「アムステルダム条約後の EU における国際私法」国際法外交雑誌 100 巻 4 号（2001 年）31 頁

中西優美子「EU における権限の生成――民事司法協力分野における権限を素材として」国際法外交雑誌 108 巻 3 号（2009 年）31 頁

法務省大臣官房司法法制部編『欧州連合（EU）民事手続法』（2015 年）：これ以前の民事手続に関する EU の規則、指令の翻訳を掲載

Steve Peers, *EU Justice and Home Affairs Law, volume 2*, 2016, Oxford University Press, Chapter 8

Elena Rodríguez Pineau, “Article 81” in H.-J. Blanke,S. Mangiameli (eds.), *Treaty on the Functioning of the European Union : a Commentary, volume 1*, 2021, Springer

第15章

自由、安全および司法の領域(2)
── 刑事司法協力・警察協力 ──

本章のあらまし

14章では、自由、安全および司法の領域の主に民事事項における協力が取り扱われたが、この章では、刑事司法協力と警察協力が取り扱われる。警察・刑事司法協力は、リスボン条約発効以前は、第3の柱として第2の柱である共通外交安全保障政策とともにEU条約に規定されていた。リスボン条約発効後は、EU運営条約に規定され、原則的にその他の政策と同様な手続が用いられている。まず、自由、安全および司法の領域について概略的に説明し（Ⅰ）、刑事司法協力（Ⅱ）、警察協力（Ⅲ）に移っていきたい。

Ⅰ　自由、安全および司法の領域の導入

自由、安全および司法の領域（area of freedom, security and justice、AFSJ）の概念は，域内市場がほぼ完成した後，1997年署名，1999年発効のアムステルダム条約により導入された概念である。1999年にTampere欧州首脳理事会で5年プログラムが採択され、その後2004年にHagueプログラム、2009年にStockholmプログラムが続いた。これらのプログラムによりこの分野が進んできた。また、域内市場がほぼ1992年末に完成し，シェンゲン協定によりパスポートコントロールが廃止されるという状況の中で，単なる経済活動者や学生などの非経済活動者の自由移動のみならず，犯罪者も自由移動に移動が可能になり，国境を越えた組織犯罪も容易になった。そこで，EUレベルで国際犯罪および組織犯罪に対処する必要性が生じ，この分野が発展してきた。自由、安全および司法の領域は、域内市場の実現の次の大きなEUの目標とも捉えられる。マーストリヒト条約時には，同概念は，まだ存在しなかったが，それに関係する分野は，EUの第3の柱「司法・内務協力」（EU条約）におかれていた。

すなわち，政府間協力を基礎としていた分野であった。アムステルダム条約によりシェンゲン協定がシェンゲン・アキとしてEUの枠組に組み込まれ、また、第3の柱の一部がEC条約第3部第4編に「査証，庇護，入国および人の自由移動に関するその他の政策」として規定されることになったが、警察および刑事分野における司法協力は引き続き，EU条約に規定されることになった（EU条約第6編）。その後、リスボン条約により柱構造が解消し，第3の柱はこれまで第1の柱とされてきたEU運営条約（旧EC条約）に移行した。現在は，自由、安全および司法の領域に関する規定がEU運営条約に定められ，法の共同体，あるいは、超国家組織の枠組にある。これまでは特別規定や例外規定が多かった分野であったが，原則的に立法手続も措置等も他のEUの政策と同様なものとなった。リスボン条約によりもっとも変更が加えられた分野の1つである。

EU条約の前文において，「……自由，安全および司法の領域を確立することによって，各国民の安全を確保しつつ，人の自由移動を容易にすることを決意し……」と定められている。また，EUの目的の最初の方に，「連合は，内部に境界のない，自由，安全および司法の領域をその市民に提供する。その領域内では，人の自由移動が対外国境管理，庇護，移民並びに犯罪の防止および撲滅に関する適切な措置と結びついて保障される」と定められている（EU条約3条2項）。EU運営条約においては，第3部「連合の域内政策と活動」の第5編「自由，安全および司法に関する領域」と題される67～89条に定められている。第5編は，5つの章から構成される。第1章は「一般規定」，第2章「国境管理，難民および移民に関する政策」，第3章「民事分野における司法協力」，第4章「刑事分野における司法協力」および第5章「警察協力」である。アイルランドおよびデンマークはこれらの分野からオプトアウトしている[(1)]。なお、主に難民および移民に関しては、本書の第4章「域内市場（4）」、また、民事分野における司法協力に関しては、本書の第14章「自由、安全および司法の領域（1）」で解説している。本章では、刑事分野の司法協力と警察協力を取り扱う。

(1)　アイルランドに関しては、リスボン条約の付属議定書21、デンマークに関しては、付属議定書22に規定されている。もっともアイルランドのオプトアウトは、措置に採択に随時参加できる柔軟性をもったものとなっている。

Ⅱ　刑事分野における司法協力

1　概　略

刑事分野における司法協力に対しては，個別の章「刑事分野における司法協力」(EU運営条約第5編第4章) が設けられ，EU運営条約82条～86条に定められている。刑事分野における司法協力を進める手段としては，相互承認，国内法の調和およびEUレベルでの法の統一、EU下部機関の創設等がある。

警察協力とともに刑事司法協力は、リスボン条約発効以前は、第3の柱として、EU条約に規定されていた。そこでは、EC条約の措置とは性質が異なる措置が採択され、EU司法裁判所の裁判管轄権が制約されていた。リスボン条約発効により、他のEU政策と同様にEU運営条約に規定されるようになった。それゆえ、この分野に特有の規定が存在する。まず、立法提案が欧州委員会でなく、構成国の発案という措置の採択が認められている (EU運営条約76条)。立法手続では、欧州委員会が提案して、欧州議会と理事会が採択する (通常立法手続)、または、欧州議会または理事会が単独で採択することになるが (特別立法手続)、構成国の発案が認められている。第二に、警察刑事司法協力分野で、構成国の警察もしくは法執行機関により実施される活動の有効性または比例性について、または、法と秩序の維持および国内治安の確保に関して構成国に課せられる責任の行使については、EU司法裁判所は審査する管轄権を有さないという規定がおかれている (EU運営条約276条)。さらに、EU運営条約82条3項および83条3項において、理事会の構成員が、指令案が刑事司法制度の基本的な側面に影響を与えると考える場合には、その指令案を欧州首脳理事会に付託するよう要請することができると、特別の手続 (緊急ブレーキ手続) が規定されている。この場合、通常立法手続が停止され、その後4か月以内に欧州首脳理事会において、審議の後にコンセンサスが形成される場合は、理事会に差し戻され、通常立法手続に戻ることになる。4か月以内にコンセンサスに至らず、しかし、少なくとも9か国が指令に基づく先行統合 (enhanced cooperation) を行うことを希望するときには、その先行統合手続規定が用いられることになる (EU条約20条、EU運営条約326条～334条)。第4に、EU運営条約83条2項では、「指令により最小限の法規を採択することができる」と定められ、EU措置が構成国の裁量を認める「指令」の形での採択が指定されている。加えて、「この法規は、構成国の法的伝統および制度の相違を考慮に入れるものとする」と規定されている。

2　EU 運営条約 82 条

EU 運営条約 82 条は，刑事司法協力が判決および裁判所の決定の相互承認原則に基づくことを明示的に定めている。同条は，1 項と 2 項が別の法的根拠条文となっている。前者は，すべての形式の判決および裁判所の決定の EU 全域における承認を確保するための規則および手続の確定，構成国間の管轄権抵触の防止および解決，裁判官および司法職員の研修の支援，刑事分野における訴訟手続および決定の執行に関する構成国の司法機関またはそれに相当する機関相互間の協力の促進の事項に関する措置を採択するために用いられる。他方，同条 2 項は，国際的側面を有する刑事分野における判決および司法決定の相互承認並びに警察および司法協力を容易にするために必要な範囲において，最小限の法規を採択するために用いられる。特に，構成国間の証拠の相互許容性，刑事手続における個人の権利，犯罪被害者の権利，理事会が決定により事前に明確にした刑事手続の他の特定の側面である。同条 2 項に基づく措置は，EU レベルでの法の統一は最小限のレベルに設定し，それ以上は構成国に任せるものとなっている。さらに，同項に基づく措置は指令に限定され，さらに，構成国の法的伝統および制度の相違を考慮に入れなければならない。指令は，規則に比べ，構成国の裁量が大きい措置ではあるが，刑事法という伝統のある法律を調和させるということで，特別な配慮がなされている。

3　EU 運営条約 82 条にかかわる措置

(1) 欧州逮捕状枠組決定と関連措置

自由安全司法の領域では相互承認原則を基礎としているが、それを顕著に示す刑事司法協力の分野における重要な措置として、2002 年の欧州逮捕状（European Arrest Warrant）枠組決定 2002/584[(2)]が挙げられる。1995 年に EU 構成国間の引渡し続きを簡素化する条約、さらに 1996 年に EU 構成国間の引渡しに関する条約が署名されたが、発効に至らなかった。この措置は、引渡し条約に替わるものとして、国家の政治的関与なく、司法機関間の引渡しを可能とする、迅速かつ単純な引渡し手続を定めている。同措置は、リスボン条約発効前、つまり司法内内務協力が EU の第 3 の柱であったときに採択された措置で

(2)　OJ 2002 L190/1, 2002/584/JHA, Council Framework Decision of 13 June 2002 on the European arrest warrant and the surrender procedures between Member States.

あるが、現在も有効であり、これがEU構成国において運用され、また、この措置に関する裁判判例も積み重なってきている。また、この措置は、リスボン条約発効前であったので、EU条約31条(a)および(b)並びに34条2項(b)を法的根拠条文としており、枠組決定（framework decision）[(3)]という、現在は存在しない措置の形態で採択された。この欧州逮捕状枠組決定は，構成国間の相互信頼を基礎にした相互承認原則に基づいた刑法分野における最初の措置である。同枠組決定は，相互承認原則に基づき，これまでの引渡し条約において原則となっていた双罰性（double criminality）の要件を同決定2条2項に列挙された32の重大犯罪については不要としていることが特徴的である。もっともAdvocaten事件[(4)]では、双罰性要件の廃止と罪刑法定主義また平等および非差別禁止の原則に違反しないか否かが争われた。

これにより，司法を逃れて外国に逃亡している者，犯罪行為を疑われている者あるいは既に判決を受けた犯罪者は，裁判に服することになるあるいは裁判にかけられていたもとの国に迅速に連れ戻されることになった。欧州逮捕状制度の仕組みとしては、ある構成国の裁判所が欧州逮捕状を司法決定の形で発行し、それを受け取った他の構成国の裁判所が被疑者または有罪判決を受けた者を発行国にスムーズに引き渡すことを可能とするものである。欧州逮捕状を受け取った執行裁判所は、逮捕状の対象者を速やかに引渡すことを義務付けられている（当該枠組決定1条）。しかし、ドイツ連邦憲法裁判所が当該枠組決定に従ったイタリアへの対象者の引渡しにつき、被告が裁判のことを知らず、欠席のまま行われたことにより、また、イタリアの訴訟手続法に鑑み、憲法アイデンティティにかかわる基本法1条1項の人間の尊厳の尊重義務から引渡しを拒否すべきであるとした[(5)]。その後、EU司法裁判所は、Aranyosi事件[(6)]においい

(3)　枠組決定は、指令に似ているが、指令とは異なり、直接効果（direct effect）がないことが明示的に規定されている。つまり、国内裁判所においてその条文に依拠することができない。

(4)　Case C-303/05 Advocaten voor de Wereld VZW v Leden van de Ministerrad, Judgment of 3 May 2007, ECLI:EU:C:2007:261; 中西優美子「欧州逮捕状枠組決定の有効性」『EU権限の判例研究』（信山社、2015年）348-356頁。

(5)　BVerfG, Beschluss des Zweiten Senates vom 16. Dezember 2015, 2 BvR 2735/14; 中西優美子「EU欧州逮捕状の執行に関するアイデンティティコントロールの実施」自治研究93巻1号2017年112-121頁。

(6)　Joined Cases C-404/15 and C-659/15 PPU *Aranyosi and Căldăraru v Generalanwaltschaft Bremen*, Judgment of 5 April 2016, ECLI:EU:C:2016:198.

て、基本権保護の観点から例外的な状況において引渡しを拒否できることを認めた。判例法の発展を受け、発行構成国における拘禁状況に基本権保障の観点から問題がある場合には、執行裁判所は、EU 司法裁判所が確立した基準に従いつつ、引き渡すか否かを決定するということになっている(7)。

刑事手続および欧州逮捕状手続における弁護士へのアクセス権並びに自由のはく奪につき第三者に通知し、第三者および領事当局と意思伝達する権利に関する指令 2013/48(8)が 2013 年に採択された。法的根拠条文は、EU 運営条約 82 条 2 項となっている。同指令は、刑事手続および欧州逮捕状手続の対象者の弁護士へのアクセス権、また、第三者に自由はく奪を通知し、第三者および領事当局と意思伝達する権利に関する最小限の基準を定めている。特に 10 条が欧州逮捕状手続における弁護士へのアクセス権を定めている。同指令の前文 6 段では、刑事事項における決定の相互承認は、司法機関のみならず刑事手続におけるすべてのアクターが他の構成国の司法機関の決定を自己の決定と同等なものとみなすという信頼の精神がある場合にのみ機能するとし、相互信頼・相互承認が強調されている。

⑶ 刑事事項における欧州調査命令(EIO)に関する指令

2014 年に刑事事項における欧州調査命令に関する指令 2014/41(9)が採択された。この措置は、刑事分野における司法協力にかかわる EU 運営条約 82 条 1 項(a)を法的根拠条文にしている。特記すべきことは、同法的根拠条文は、通常立法手続で措置が採択されるよう示しているが、この措置は欧州委員会の提案ではなく、EU 構成国（ベルギー、ブルガリア、エストニア、スペイン、オーストリア、スロベニアおよびスウェーデン）の発議に基づいていることである。刑事事項における司法協力および警察協力の分野は、リスボン条約により第 3 の柱から共同体化（従来の EC 条約、現在の EU 運営条約に規定されること）されたが、第

(7)　Case C-128/18 *Dumitru-Tudor Dorobantu*, Judgment of 15 October 2019, ECLI:EU:C:2019:857; 中西優美子「EU 欧州逮捕状をめぐる移送拒否と相互信頼・承認原則」自治研究 98 巻 6 号（2022 年）136-148 頁。

(8)　OJ 2013 L294/1, Directive 2013/48/EU on the right of access to a lawyer in criminal proceedings and in European arrest warrant proceedings, and on the right to have a third party informed upon deprivation of liberty and to communicate with third persons and with consular authorities while deprived of liberty.

(9)　OJ 2014 L130/1, Directive 2014/41/EU of the European Parliament and of the Council regarding the European Investigation Order in criminal matters.

3の柱に置かれていたことの名残がある。EU 運営条約 76 条は、刑事事項における司法協力（第 4 章）および警察協力（第 5 章）に定める分野での法行為は、委員会の提案または構成国の 4 分の 1 の発議により採択されると定めている。

2008 年に欧州証拠状（European evidence warrant, EEW）に関する理事会枠組決定 2008/978/JHA が刑事訴訟において用いる対象物、文書およびデータを得るために採択されたが、EEW は既に存在する証拠にのみ適用された。そこで、EIO 指令が採択された。欧州調査命令（European Investigation Order, EIO）とは、証拠を得るために他の構成国における 1 または複数の特定の調査措置の実施を求め構成国の司法機関により発行されるまたは承認される司法決定である（当該指令 1 条）。EIO は、執行国の管轄機関を既に有する証拠を得るためにも発行されうる（同）。EIO が発布された場合、執行国の管轄機関が調査措置を実施することになるが、その実施が二重処罰の禁止（一事不再理、ne bis in dem）原則や EU 条約 6 条および EU 基本権憲章に従った国家の義務と合致しないと信じるに足りる実質的な理由がある場合等は拒否できる（11 条 1 項）。

(4)　シェンゲン情報システムに関する措置

EU 枠外で締結された 1985 年のシェンゲン実施協定がアムステルダム条約によりシェンゲン・アキ（aquis）として EU の中に取り込まれ、シェンゲン圏においては国境コントロールが廃止された(10)。シェンゲン情報システム（Schengen Information System, SIS）は、ヨーロッパにおいて安全および国境管理のための情報共有システムである。現在は、シェンゲン情報システムⅡ(11)となっている。

EU 運営条約 82 条 1 項(d)を法的根拠にして、欧州犯罪記録情報システム（ECRIS-TCN システム）を補足し支援する第三国国民および無国籍者に関する有罪判決情報を維持する構成国の識別のための集権化されたシステムの設定のための規則 2019/816(12)が採択された。また、警察および司法協力、難民および

(10)　もっとも 2020 年 3 月に生じたコロナ危機では、ドイツを含めいくつかの構成国は、シェンゲン国境法（Schengen Borders Code）に関する規則 2016/399 の 28 条に基づき、国境コントロールを一時的に再導入した。

(11)　OJ 2006 L381/4, Regulation 1987/2006 on the establishment, operation and use of the second generation Schengen Information System（SIS II）.

(12)　OJ 2019 L135/1, Regulation 2019/816 of 17 April 2019 establishing a centralized system for the identification of Member States holding conviction information on third-country nationals and stateless persons（ECRIS-TCN）to supplement the European Criminal

移民のEU情報システム間の相互運用の枠組を設定する規則2019/818[13]、また、関連する、国境およびビザのEU情報システム間の相互運用の枠組を設定する規則2019/817[14]が採択された。

また、自由、安全および司法の領域における大規模IT制度の運用管理のためのEU機関（eu-LISA）に関する規則2018/1726[15]がEU運営条約82条1項(d)を含め、複数の法的根拠条文を基礎にして採択された。eu-LISAは、シェンゲン情報システム（Schengen Information System）II、ビザ情報システム（VIS）およびEurodacの運用管理に責任をもつEU下部機関である。また、同機関は、出入国システム（Entry/Exit System, EES）および欧州トラベル情報および許可システム（European Travel Information and Authorisation System, ETIAS）の準備、発展または運用管理にも責任をもつ。刑事司法協力の分野の措置ではないが、司法と安全にかかわる関連措置として、EU運営条約114条を基礎にして、サイバーセキュリティ法（Cybersecurity Act）と言われるENISA、EUサイバーセキュリティ機関に関する規則2019/881[16]が採択された。

(5)　その他

2011年に欧州保護命令（European protection order, EPO）に関する指令2011/99[17]がEU運営条約82条1項(a)および(b)を法的根拠にして採択された。この指令は、欧州委員会の提案ではなく、複数の構成国の発案により採択された。この指令は、生命、心身、尊厳、自由または性のインテグリティを危

Records Information System.

(13)　OJ 2019 L135/85, Regulation 2019/818 of 20 May 2019 on establishing a framework for interoperability between EU information systems in the field of police and judicial cooperation, asylum and migration; この規則の法的根拠条文は、EU運営条約82条1項(d)の他、16条(2)、74条、78条2項(e)、79条2項(c)、85条1項、87条2項(a)および88条2項となっている。

(14)　OJ 2019 L135/27, Regulation 2019/817 of 20 May 2019 on establishing a framework for interoperability between EU information systems in the field of borders and visa.

(15)　OJ 208 L295/99, Regulation 2018/1726 of 14 November 2018 on the European Union Agency for the Operational Management of Large-Scale IT systems in the Area of Freedom, Security and Justice (eu-LISA).

(16)　OJ 2019 L151/15, Regulation 2019/881 of 17 April 2019 on ENISA (the European Union Agency for Cybersecurity) and on information and communications technology cybersecurity certification and repealing Regulation 526/2013 (Cybersecurity Act).

(17)　OJ 2011 L338/2, Directive 2011/99 of 13 December 2011 on the European protection order.

険にさらしめる他者による犯罪行為からある者を保護するために保護措置が採択された構成国における司法または相当機関に他の構成国の領域においても管轄機関が当該者を保護し続けられるようにするために欧州保護命令の発行を可能にするルールを定めている。

4　EU運営条約83条

EU運営条約83条は、実質的な刑法を接近させる、つまり、犯罪および刑罰の定義に関する最小限のルールを設定するための規定である。

(1) EU運営条約83条1項

EU運営条約83条1項に基づき、欧州議会と理事会は、犯罪の性質もしくはその効果からまたは犯罪に共通の基礎に基づき対処する特別の必要性から特に重大な犯罪の分野における刑事犯罪および刑罰の定義に関する最小限の法規を通常立法手続により採択することができる。採択できる措置は、指令と指定されている。犯罪の分野として、①テロリズム、②人身売買、③女性および子供の性的搾取、④不正な麻薬取引、⑤不正な武器取引、⑥資金洗浄、⑦腐敗、⑧支払い手段の偽造、⑨コンピュータ犯罪並びに⑩組織犯罪となっている。

たとえば、①テロリズムの分野では、テロリズムとの闘いに関する指令2017/541[18]が採択された。②人身売買では、人身の売買の防止および対処並びにその犠牲者の保護に関する欧州議会と理事会の指令2011/36[19]がある。この指令は、EU運営条約83条1項の他に82条2項も法的根拠条文としている。⑨コンピュータ犯罪については、情報システムに対する攻撃に関する指令2013/40（いわゆるCyber-Crime Directive、サイバー犯罪指令）[20]が採択された。

(2) EU運営条約83条2項

EU運営条約83条2項では、構成国の刑事法令の平準化が調和措置の対象となっているEUの政策の効果的な実施を確保するために不可欠であると証明される場合に、関連する分野の犯罪および刑罰の定義に関する最小限の法規を指令により設定するできると定められている。たとえば、金融市場の保全を確保するためにインサイダー取引、内部情報の不正開示、市場操作に対する最小限のルールを設定する、市場濫用のための刑罰に関する指令2014/57（market

(18)　OJ 2017 L88/6, Directive 2017/541 on combating terrorism.

(19)　OJ 2011 L101/1, Directive 2011/36 on preventing and combating trafficking in human beings and protecting its victims.

(20)　OJ 2013 L218/8, Directive 2013/40 on attacks against information systems.

abuse directive）[21]が採択された。

⑶ EU 運営条約 83 条 3 項

上述したように、EU 運営条約 82 条 2 項と同様に緊急ブレーキ手続が定められている。

5　EU 下部機関

⑴ 欧州司法機関（Eurojust）

欧州司法機関（ユーロジャスト（Eurojust））が 2002 年 2 月 28 日の理事会決定 2002/187/JHA により採択された。EU 運営条約 85 条に基づき、刑事司法協力のための EU 下部機関（Eurojust）に関する規則 2018/1727[22]が採択され、あらためて現行のユーロジャストが設立された。ユーロジャストは，独自の法人格を有し，オランダのハーグにおかれている。その任務は，複数の構成国に影響を与える重大犯罪または共通の基盤に基づく訴追を必要とする重大犯罪に関して国内の捜査および訴追機関相互間の調整と協力を支援し強化することである。その際，ユーロジャストは，構成国間の機関および欧州警察機関により行われる活動および提供される情報を基礎とする。ユーロジャストは、重大犯罪に関して国内捜査・訴追機関の調整と協力を支援し、強化するものである。ユーロジャストは、個人データを処理することができる（当該規則 27 条）。ただし，独自の訴追を行う権限をもたず，その権限は構成国の管轄機関に捜査を求めること，あるいは刑事訴追を開始するように要請することにとどまる。各構成国は、検事，裁判官，警察官などの 1 名をユーロジャストに派遣する。それによりユーロジャスト・カレッジ（College of Eurojust）が形成される。

⑵ 欧州検事事務局（European Public Prosecutors' Office, EPPO）

EU 運営条約 86 条 1 項 1 段は、「連合の財政的利益に影響を与える犯罪に対処するために、理事会は、特別立法手続に従い、ユーロジャストから欧州検事事務局（European Public Prosecutors' Office, EPPO）を設立することができる。理事会は、欧州議会の同意を得た後、全会一致で決定する。」と規定している。EU 運営条約 86 条はこの理事会の全会一致が困難であることを見越して、1 項 2 段において、「理事会における全会一致に至らない場合、少なくとも 9 か国か

⑵1 OJ 2014 L173/179, Directive 2014/57 on criminal sanctions for market abuse.

⑵2 OJ 2018 L295/138, Regulation 2018/1727 of 14 November 2018 on the European Agency for Criminal Justice Cooperation (Eurojust) and replacing and repealing Council Decision 2002/187/JHA.

らなる構成国グループは規則案が欧州首脳理事会に委ねられるように要請することができる。この場合、理事会の手続は、停止される。議論の後、コンセンサスに至った場合は、欧州(首脳)理事会は、当該停止後 4 か月以内に理事会に提案を採択のために差し戻さなければならない。」と規定している。また、同条 1 項 3 段において、「コンセンサスに至らない場合、かつ、少なくとも 9 か国が当該規則案に基づき先行統合を設定したいと考える場合、構成国は欧州議会、理事会および委員会に通知する。そのような場合、欧州連合条約 20 条 2 項および本条約 329 条 1 項に規定される先行統合を進めるための許可がなされたとみなされ、先行統合に関する規定が適用される」と規定されている。

2013 年に欧州委員会から EPPO の創設のための提案[23]が提出されたが、EU 運営条約 86 条 1 項 1 段の手続では採択できず、1 項 3 段に従い、2017 年に先行統合措置である理事会規則 2017/1939[24]が採択され、創設された。先行統合に参加する構成国にのみ適用される[25]。

EPPO は、国境を越える詐欺に対処するためには、EU レベルでの密接に調整された、かつ効果的な捜査および訴追が必要であり、EU の財政に影響を与える詐欺、汚職およびマネーロンダリング等の犯罪に対し、EU 自らが捜査、訴追できる機関である。なお、関連する機関としては、情報の交換を容易にし、国内犯罪の捜査および調査を調整するという一般的な委任がなされているユーロジャストおよびユーロポール、また、EU に影響を与える詐欺や違法な活動を調査する権限を与えられているものの、行政的な調査に限定されている、欧州詐欺対策局（European Anti-Fraud Office（OLAF））[26]という機関が存在する。

EPPO 規則は、前文 121 段および本文 120 か条から構成されている。EPPO の基本的な特徴は、以下の通りである。EPPO は、法人格を有する（当該規則 3 条）。EPPO の任務は、EU の財政的利益に影響を与える犯罪の捜査、訴追およ

---

(23) COM (2013) 534: Proposal for a Council Regulation on the establishment of the European Public Prosecutor's Office.

(24) OJ 2017 L283/1, Council Regulation 2017/1939 implementing enhanced cooperation on the establishment of the European Public Prosecutor's Office ('the EPP').

(25) 現在、参加している構成国は、22 か国（ハンガリー、ポーランド、スウェーデン、アイルランドは参加していない。デンマークは、AFSJ からオプトアウトしている）である。

(26) OLAF は、1999 年にサンター欧州委員会が委員の不正行為のために総辞職をしたことを受け、設立された。

び公判開始申請に対し管轄権を有する（当該規則4条）。EPPOは、すべての行動において法の支配および比例性原則により拘束される（当該規則5条）。EPPOは、独立した機関であり、欧州議会、理事会および委員会に対してその一般的活動に対して責任がある（accountable）（当該規則6条）。特に、自らの捜査および訴追等のための権限が付与されている点が特徴である。

Ⅲ 警察協力

1 概 略

「警察協力」は，EU運営条約第5編第5章に独立して規定されるようになった。同章は，87条～89条から構成される。

警察協力分野の目的は，刑事犯罪の防止，探知および捜査に関する警察，税関およびその他の専門的な法執行機関を含むすべての構成国の権限ある機関が関与する警察協力を構築することである（EU運営条約87条）。この目的を達成するために，関連する情報の収集，保管，処理，分析および交換，職員の訓練の支援，職員の交流並びに設備および犯罪探知研究に関する協力の支援，重大な形態の組織犯罪の探知に関する共同捜査技術に関する措置を採択する権限がEUに付与されている。

2 欧州警察機構（ユーロポール、European Police Office, Europol）

ルクセンブルク欧州理事会で欧州警察機構（ユーロポール（European Police Office, Europol））を設立することが1991年に合意された。1995年ユーロポール設立に関する協定が署名され，1998年に発効，翌年施行された。これを受け、リスボン条約発効前に理事会決定2009/371/JHA[27]によりユーロポールが設立された。ユーロポールは，独自の法人格を有する機関で，オランダのハーグにおかれている。欧州警察機関の任務は，複数の構成国に影響を与える重大犯罪，テロリズムおよびEUの政策により規律される共通利益に影響を与える犯罪形態を防止しかつそれと闘うにあたり，構成国の警察機関および他の法執行機関による行動並びに相互協力を支援しかつ強化することにある（EU運営条約88条）。具体的には，構成国間の情報交換を容易にし，情報の収集・分析，他の

(27) OJ 2009 L121/37, Council Decision of 6 April establishing the European Police Office. (Europol).

構成国への迅速な通知，調査支援，情報のデータベース化をし，国家の執行機関がEUを通じての犯罪の情報を共有できるようにすることである。欧州警察機構の要は，国際犯罪の重要なデータを常に利用可能にし，国内の訴追機関への伝達を可能にすることである。もっとも，欧州警察機構は，自らは捜査を行わず，構成国の機関のあるいは複数の構成国により設置された共通の特別調査措置を支援し，また特別な場合には構成国の機関に捜査を要請することにとどまる。同機構は，各構成国の警察官，税官吏，憲兵，入国管理官などから構成される。

EU運営条約88条2項において、ユーロポールの組織、運営、行動の範囲および任務を定める規則が定められることになっている。そこで、決定法執行協力のためのEU下部機関（Europol）に関する規則2016/794[28]が2016年5月11日に採択された。この規則は、上述した決定2009/371/JHAにとって代わった（当該規則1条）。ユーロポールは、EUにおける法執行機関間の協力を支援する目的で設立された（同）。ユーロポールは、複数の構成国に影響を与える重大犯罪、テロリズム、また、共通利益に影響を与える犯罪を防止かつ対処するにあたって構成国の管轄機関による行動および相互の協力を支援しかつ強化する（当該規則3条）。ユーロポールは、その目的を達成するために、犯罪情報を含む情報を収集、蓄積、処理、分析および交換する（当該規則4条）。また、構成国の管轄機関により行動を支援しかつ強化するために、捜査および操作的活動を調整、組織または実施する（同）。構成国とユーロポールとの協力では、共同捜査チームにユーロポールが参加したり、犯罪捜査の開始をユーロポールが要請したりする（当該規則5条および6条）。また、ユーロポールは、(a)国内法に従った構成国、(b)EUの機関、第三国および国際組織、(c)私的団体および私人により提供された情報のみを処理しなければならない（当該規則17条1項）。ただ、ユーロポールは、インターネットや公的データを含む、公表されている源から個人データを含め、情報を直接検索し、処理することもできる（当該規則17条2項）。他方、欧州データ保護監督官は、ユーロポールによる個人データの処理にあたっての基本権および基本的自由に関する当該規則規定の適用の監視と確保に対し管轄権を有する（当該規則43条）。

---

(28)　OJ 2016 L135/53, Regulation 2016/794 on the European Union Agency for Law Enforcement Cooperation (Europol).

3　その他

(1) 欧州警察大学（European Police College, CEPOL）

2000年12月22日の理事会決定2000/820/JHA[29]により，国際犯罪に対処するためにEUレベルで働き，協力する警官を育成するために、欧州警察大学（European Police College, Cepol）が設立された。リスボン条約発効、あらためて法執行訓練のためのEU下部機関（CEPOL）に関する規則2015/2219[30]がEU運営条約87条2項(b)に基づき採択された。現在のCEPOLは、この規則を設立根拠とする。

(2) シェンゲン情報システムの強化

2018年11月28日に、国境管理に関して、EU運営条約77条2項(b)および(d)並びに79条2項(c)を法的根拠条文にして、これまでのシェンゲン情報システム（Schengen Information System, SIS）を強化するためにSISの設立、運営および利用に関する規則2018/1861[31]が採択された。また、同時に、刑事事項における警察協力および司法協力分野におけるシェンゲン情報制度（SIS）の設立、運営および利用に関する規則2018/1862[32]が採択された。加えて、不法滞在第三国国民の返還に関する規則2018/1860も採択された。

〈参考文献〉

中西優美子『EU法』（新世社、2012年）の「第18章　自由・安全・司法の領域」
同「（巻頭言）先行統合と欧州検事局（EPPO）規則」EU法研究4号（2018年）1-5頁
須網隆夫「リスボン条約とEU刑事手続法の生成」『民主的司法の展望　四宮啓先生古稀記念論文集』（日本評論社、2022年）447-468頁

---

(29) OJ 2000 L336/1, Council Decision of 22 December 2000 establishing a European Police College (CEPOL).

(30) OJ 2015 L319/1, Regulation 2015/2219 of 25 November 2015 on the European Union Agency for Law Enforcement Training (CEPOL) and replacing and repealing Council Decision 2005/681/JHA.

(31) OJ 2018 L312/14, Regulation 2018/1861 on the establishment, operation and use of the Schengen Information System (SIS) in the field of border checks.

(32) OJ 2018 L312/56, Regulation 2018/1862 on the establishment, operation and use of the Schengen Information System (SIS) in the field of police cooperation and judicial cooperation in criminal matters.

浦川紘子「EU『自由・安全・司法の地域』における刑事司法協力関連立法の制度的側面」立命館国際地域研究 38 号（2013 年）37-52 頁

Maria Fletcher, Ester Herlin-Karnell and Claudio Matera, *The European Union as an Area of Freedom, Security and Justice*, 2017, Routledge

Christopher Harding, "EU Criminal Law under the Area of Freedom, Security and Justice", in Anthony Arnull and Damian Chalmers (ed.), *The Oxford Handbook of European Union Law*, 2015

Wolfgang Bogensberger, Articles 82-89, in Manuel Kellerbauer, Marcus Klamert and Jonathan Tomkin (ed.), *The EU Treaties and the Charter of Fundamental Rights, A commentary*, 2019, Oxford University Press

主要参考文献

＊書籍のみ。関連論文については各章末の参考文献欄参照

井上朗『ＥＵ競争法の手続と実務』(民事法研究会、2016 年)
植田隆子編『ＥＵスタディーズ１ 対外関係』(勁草書房、2007 年)
臼井陽一郎編『ＥＵの規範政治――グローバルヨーロッパの理想と現実』(ナカニシヤ出版、2015 年)
同編『変わりゆくＥＵ――永遠平和のプロジェクトの行方』(明石書店、2020 年)
小川英治編『ユーロ圏危機と世界経済』(東京大学出版会、2015 年)
笠原宏『ＥＵ競争法』(信山社、2016 年)
小久保康之編『ＥＵ統合を読む』(春風社、2016 年)
佐藤智恵『ＥＵ海洋環境法』(信山社、2021 年)
嶋田巧・高屋定美・棚池康信編著『危機の中の EU 経済統合』(文眞堂、2018 年)
庄司克宏『新ＥＵ法 基礎篇』(岩波書店、2013 年)
同『新ＥＵ法 政策篇』(岩波書店、2014 年)
同『はじめてのＥＵ法』(有斐閣、2015 年)
同編『ＥＵ法 実務篇』(岩波書店、2008 年)
同編著『ＥＵ環境法』(慶應義塾大学出版会、2009 年)
須網隆夫『ヨーロッパ経済法』(新世社、1997 年)
同編『ＥＵと新しい国際秩序』(日本評論社、2021 年)
高橋英治『ヨーロッパ会社法概説』(中央経済社、2020 年)
田中素香・長部重康・久保広正・岩田健治『現代ヨーロッパ経済（第６版)』(有斐閣、2022 年)
中西優美子『ＥＵ法』(新世社、2012 年)
同『ＥＵ権限の法構造』(信山社、2013 年)
同『ＥＵ権限の判例研究』(信山社、2015 年)
同『概説ＥＵ環境法』(法律文化社、2021 年)
同『ＥＵ司法裁判所概説』(信山社、2022 年)
同編『ＥＵ環境法の最前線――日本への示唆』(法律文化社、2016 年)
同編『人権法の現代的課題――ヨーロッパとアジア』(法律文化社、2019 年)
中村民雄『ＥＵとは何か――国家ではない未来の形（第３版)』(信山社、2019 年)
中村民雄・須網隆夫編著『EU 法基本判例集(初版)』(日本評論社、2007 年)
同編著『EU 法基本判例集（第２版)』(日本評論社、2010 年)
同編著『EU 法基本判例集（第３版)』(日本評論社、2019 年)
橋本陽子『労働者の基本概念』(弘文堂、2021 年)

主要参考文献

羽場久美子『ＥＵ(欧州連合)を知るための63章』(明石書店、2013年)
福田耕治編著『ＥＵ・欧州統合研究（改訂版）』(成文堂、2016年)
森井裕一編『地域統合とグローバル秩序――ヨーロッパとアジア』(信山社、2010年)
柳原正治ほか編『国際法秩序とグローバル経済 間宮勇先生追悼』(信山社、2021年)
山本直『ＥＵ共同体のゆくえ』(ミネルヴァ書房、2018年)
鷲江義勝編『EU ――欧州統合の現在(第4版)』(創元社、2020年)

Arnull. Anthony and Damian Chalmers (eds.). *The Oxford Handbook of European Union Law*, 2015, Oxford University Press.

Costa, Marios and Steve Peers, *Steiner & Woods EU Law*, 14th edition, 2020, Oxford University Press.

Craig, Paul and Gráine de Búrca, *EU Law, Text, Cases, and Materials*, 7th edition, 2020, Oxford University Press.

Fletcher, Maria, Ester Herlin-Karnell and Claudio Matera, *The European Union as an Area of Freedom, Security and Justice*, 2017, Routledge.

Folsom, Ralph H, *European Union Law in a nutshell*, 10th edition, 2021, West Academic Publishing.

Foster, Nigel, *Foster on EU Law*, 8th edition, 2021, Oxford University Press.

Kellerbauer, Manuel, Marcus Klamert and Jonathan Tomkin (eds.), *The EU Treaties and the Charter of Fundamental Rights, A Commentary*, 2019, Oxford University Press.

Kingston, Suzanne, Veerle Heyvaert adn Aleksandra Čavoški, *European Environmental Law*, 2017, Cambridge University Press.

Langlet, David and Said Mahmoudi, *EU Environmental Law and Policy*, 2016, Oxford University Press.

Schütze, Robert, *An Introduction to European Law*, Third Edition, 2020, Oxford University Press.

Streinz, Rudolf, *Europarecht*, 11 Aufl., 2019, C.F. Müller.

Van Vooren, Bart and Ramses A. Wessel, *EU External Relations Law*, 2014, Cambridge University Press.

Wessel, Ramses A and Joris Larik, *EU External Relations Law*, 2nd edition, 2020, Hart Publishing.

事項索引

◆あ　行◆

◆か　行◆

〈編著者〉

中西優美子

〈執筆者・担当章〉　＊掲載順

氏名	所属	担当章
中西 優美子（なかにし ゆみこ）	一橋大学大学院法学研究科教授	序章, 第 4 章, 第 5 章, 第10章, 第11章, 第12章, 第13章, 第15章
佐藤 智恵（さとう ちえ）	明治大学法学部教授	第 1 章, 第 2 章
上田 廣美（うえだ ひろみ）	亜細亜大学法学部教授	第 3 章
多田 英明（ただ ひであき）	東洋大学法学部教授	第 6 章, 第 7 章
カール=フリードリヒ・レンツ（Karl-Friedrich Lenz）	青山学院大学法学部教授	第 8 章, 第 9 章
中西 康（なかにし やすし）	京都大学大学院法学研究科教授	第14章

ＥＵ政策法講義

2022（令和 4 ）年 9 月15日　第 1 版第 1 刷発行

編著者　中　西　優美子
発行者　今　井　　　貴
発行所　株式会社　信山社

〒113-0033 東京都文京区本郷6-2-9-102
Tel 03-3818-1019 Fax 03－3818－0344
info@shinzansha.co.jp
出版契約№ 2022-8631-1-01010　Printed in Japan

印刷・製本／亜細亜印刷・渋谷文泉閣
ISBN978-4-7972-8631-1 C3332 分類329. 640-c010
p260 012-080-050